本书由中共上海市委党校（上海行政学院）
学术著作出版基金资助出版

唐珏岚◎著

防范短期资本流向逆转研究

FANGFAN DUANQI ZIBEN LIUXIANG NIZHUAN YANJIU

上海人民出版社

目 录

导　论

20 世纪 90 年代以来，跨境资本流动带来的外部冲击，是新兴经济体金融危机频繁发生的主要诱因。跨境资本流动具有显著的顺周期和超调特征，往往是东道国经济好的时候，资本大量过度流入，造成当地经济过热和资产泡沫；经济不好的时候，资本集中撤离，造成当地经济萧条、泡沫破灭。[①]改革开放 30 多年，因我国经济的持续稳定增长，以及内外利差、人民币升值预期等因素的共同作用，驱使资本大量涌入境内；一旦出现国内经济增速放缓、人民币汇率贬值、境外加息等因素变化，又会发生跨境短期资本流向逆转现象。对一国而言，资本高度流动具有“双刃剑”效应：大量跨境资本的进入，能扩大国内投资、推进金融深化，但也会加剧一国流动性过剩、加大通胀压力，还将助推资产价格泡沫，并影响到货币政策的独立性；资本自由流动，有利于本国投资者在全球范围进行资源配置，获取高收益，分散投资风险，但短期内大规模跨境资本的撤离有可能导致泡沫破灭，造成金融震荡，甚至引发严重的经济危机。为了更好地获取跨境短期资本流动收益、防范资本流动风险，在加快推进人民币资本项目可兑换的进程中，建立健全宏观审慎管理框架下的资本流动管理体系，是一个值得各界认真研究的重大课题。

① 管涛：《资本项目可兑换进程中的挑战及应对》，《中国外汇》2012 年第 9 期。

一、相关概念界定

跨境资本流向逆转是与国际资本流动，以及资本流入、资本流出等有关的概念，为了便于研究的展开，首先有必要界定相关概念。

（一）跨境资本流动、资本流入、资本流出和短期资本流向逆转

跨境资本流动也称国际资本流动，是国际经济学经常使用的概念，"当一国居民（资本输出者）向另一国居民（资本输入者）提供贷款，或者购买财产所有权时，就形成了国际资本流动"。①可见，跨境资本流动是指资本跨越国界，到别的国家或地区进行生产方面或金融方面的投资或者投机活动。跨境资本流动不同于商品或实物资本的移动，跨境资本流动所指的"资本"一般是指货币或现金资本，不包括纯属贸易往来的商品或实物资本，但与投资活动相联系的商品资本或实物资本的移动也属于资本流动；资本流动又不同于资本输出入，资本输出入以谋利为目的，资本流动不仅包括以谋利为目的的资本移动，还包括弥补国际收支逆差的资本移动，例如，一国用黄金外汇来弥补对外贸易或国际收支赤字属于资本流动，但不是资本输出，因为这部分黄金外汇流出是作为国际支付手段而不是为了获取高额利润。

基于不同的标准，可以对跨境资本流动进行不同的分类。按资本所有者的性质，可以分为官方资本流动和私人资本流动；按照期限的长短，可以分为长期资本流动和短期资本流动；根据资本流动方式可以分为直接投资、证券投资和国际信贷等；按资本流动的规模可以分为资本流动总额与净额；根据资本流动的方向，一国资本流动又可分为资本流入与资本流出。②

---

① 见[英]约翰·伊特韦尔、[美]默里·米尔盖特、[美]彼得·纽曼：《新帕尔格雷夫经济学大辞典》②，经济科学出版社 1996 年版，第 964 页。

② 以上划分是相互交叉的，例如，资本流出可以是官方资本流出，也可以是私人资本流出，可以是私人长期对外直接投资，也可以是私人短期对外间接投资。

资本流入是指资本从境外流向境内，意味着本国对外负债的增加，或国外对本国负债的减少；资本流出是指资本从境内流向境外，意味着国外对本国负债的增加，或本国对外负债的减少。

资本流向逆转表明境外资本大量流入本国后所发生的迅速撤离现象。①对一国而言，资本流向逆转是一种特殊的资本流出，是境外短期资本在一国超量汇聚后所发生的迅速、大量地撤离。②对其本质特征的把握要注意以下几点：

(1) 资本流向逆转是特殊的资本外流。就资本流动方向而言，两者都是由国内流向国外。但资本外流侧重于资本流动的方向，是与资本内流或资本流入相对而言的；资本流向逆转则是一种特殊形式的资本外流，是境外资本在一国超量汇聚后，迅速、大量地撤离。可见，资本外流是个大概念，既包括一般的资本流出，也包括特殊的资本流出，即资本流向逆转。

(2) 资本流向逆转不只发生于传统定义的一年期以下的短期资本。随着金融工具的不断创新，即使期限较长的投资工具，其流动性也大大增强，也可能发生流向逆转。所谓的长、短期资本，并不是从期限划分的，而是从投资者目的划分的。

(3) 资本流向逆转通常会引发本国资本外逃。资本流向逆转除了境外资本在一国大量汇聚后发生的突然撤离，也可能引发本国资本的大量外逃，与此相应的是，资本流向逆转的主体不只是境外投资者。

(4) 资本流向逆转的效应是错综复杂的。对微观主体而言，是一种理性的选择，试图在安全性、收益性与流动性之间寻求最佳平衡：安全性是前提，赢利性是根本，流动性是保障；对发生国而言，跨境资本流向逆转会抑制其经济发展，造成金融市场动荡，甚至引发金融危机与经济危机，因而，一般认为资本流向逆转对一国经济发展的影响是弊多利少。

---

① 对一国而言，资本流向逆转有两种情况：可能是大量资本流入后的迅速撤离，也可能是大量资本流出后的迅速涌入。由于考虑到更好地吸引外资、促进本国经济发展，一直是各国经济管理当局共同关注的话题，而且大量资本流入后的迅速撤离极易成为一国金融危机、经济危机的导火索，因此，本书所分析的资本流向逆转主要是指第一种情况。

② 在境外资本撤离的过程中，甚至会带动国内资本的大量外逃。

（二）长期资本流动与短期资本流动

按期限是否超过一年，通常将资本流动划分为长期和短期两种类型。由于早期通讯手段不发达，资本市场不完善，长期资本的流动性较差，因此，发生流向逆转的主要是短期资本。但如今，国际金融市场高度发达，金融工具的创新层出不穷，长期资本与短期资本的界定日益困难，即使期限较长的投资工具，其流动性也大大增强。为此，国际货币基金组织《国际收支手册》第五版将金融项目改为按投资类型、信用主体和投资主体划分，中国也于1997年起执行这一标准。从这一角度而言，对资本流向逆转的理解仅仅停留于传统短期资本的流动似乎已不符合国际资本市场的现状。

但跨境资本流动冲击的难以防范主要产生于流向的易变性，而非投资形式与投资主体的差别。资本流向的易变性又是以资本的流动性为前提的。金德尔伯格（Kindleberg）主张用投资者的目的来区分国际长期资本流动和短期资本流动。在他看来，只要投资者的意图旨在短期内改变或扭转资本移动方向的，就属于短期资本流动。[①]从这一界定出发，对资本流向逆转的研究重点放在短期资本上，仍然是可行的。

（三）跨境短期资本流动规模

跨境资本流动与一国国际收支有着直接关系，学者们通常基于一国国际收支平衡表的相关数据来研究一国国际资本流动状况。国际收支平衡表的金融账户与储备资产的累积差额可反映一国跨境资本净流动规模。金融账户差额代表私人资本流动，私人资本流动主要取决于私人投资者经过风险收益权衡后的投资行为；储备资产变动代表官方资本净流动，主要体现货币当局出于外汇储备保值增值、金融经济稳定考虑而对外汇储备进行的运作和管理。相比较而言，私人资本流动更具有逐利性与流向易变性。20世纪90年代以来，私人资本流动逐渐成为跨境资本流动的主要方式。因此，本书的研究对象主要是私人资本的流向逆转。由于资本账户不包括生产性、金融性资产的积累，因而未计入跨境资本流动；误差与遗漏项目是一国国际收支平衡表的轧平项目，对于存在资本流

---

① 见陈岱孙、厉以宁：《国际金融学说史》，中国金融出版社1991年版，第248页。

动管制的国家而言，该项目既包含了统计误差，也包含了逃避官方监管的隐蔽性私人资本流动。①因此，通过国际收支平衡表中金融账户和误差遗漏之和可测算跨境私人资本流动的总体规模，两账户的贷方余额之和为私人资本流入总额，借方之和为私人资本流出总额，两账户净额之和为私人资本跨境流动净额。长期资本包括国际收支平衡表中金融项下的直接投资和其他投资中的长期贷款，贷方余额之和表示流入，借方之和表示流出，贷方与借方之差表示净额；短期资本包括国际收支平衡表中所有证券投资、除长期贷款以外的其他投资及误差与遗漏。②

1982 年，我国首次编制国际收支平衡表，此后，我国外汇流入规模不断扩大。1994 年汇率并轨后，基本形成了国际收支双顺差下的外汇持续流入格局。1994—2013 年，我国跨境资本流动总规模和净流量都获得快速增长，其中，国际收支总规模从 3 361 亿美元增长到 82 726 亿美元，国际收支顺差规模从 403 亿美元增长到 5 090 亿美元。从跨境资本流入的渠道来看，经常项下资本流入规模的增长较快，2005—2009 年一度占据了主导地位。资本和金融项目在东南亚金融危机之前一直是资本流入的主要渠道，近年来呈不断加强之势，但波动特征明显（见图 0-1）。净误差与遗漏项目的资本净流量相对较大且呈随机波动之势，但 2013 年其占进出口贸易总值的比例的绝对值仅为 1.9%，仍在可接受的范围，即 5%之内（见表 0-1）。

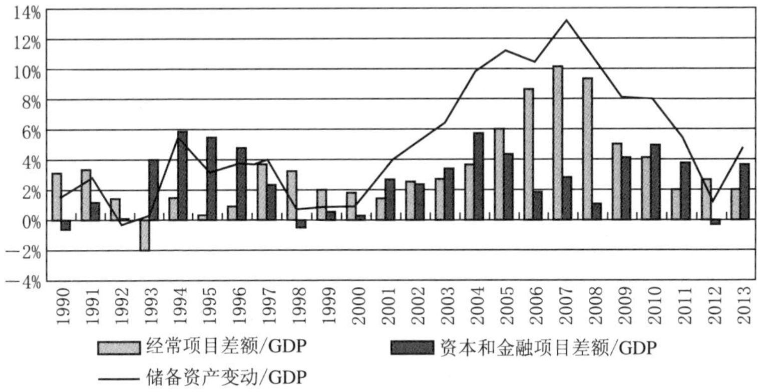

图 0-1　经常项目、资本和金融项目差额以及储备资产变动与 GDP 之比

① 尤其是数目大且长时间得不到扭转的误差与遗漏，不能仅归结为统计误差。

② 见杨海珍：《国际资本流动研究：动因、影响、管制与风险预警》，中国金融出版社 2011 年版，第 3—5 页。

表 0-1　1994—2013 年国际收支顺差结构　　单位:亿美元

年份	国际收支		经常项目		资本和金融项目		净误差与遗漏项目	
	总规模	总差额	差额	比重 1	差额	比重 2	规模	比重 3
1994	3 361	403	77	19%	326	81%	−98	−4.1%
1995	4 036	554	167	30%	387	70%	−178	−6.3%
1996	4 575	1 127	727	65%	400	35%	−155	−5.3%
1997	5 641	580	370	64%	210	36%	−223	−6.9%
1998	5 888	252	315	125%	−63	−25%	−187	−5.8%
1999	6 266	263	211	80%	52	20%	−178	−4.9%
2000	7 596	224	205	92%	19	8%	−119	−2.5%
2001	7 827	522	174	33%	348	67%	−49	−1.0%
2002	9 639	677	354	52%	323	48%	78	1.3%
2003	14 277	979	430	44%	549	56%	82	1.0%
2004	20 261	2 293	689	30%	1 082	70%	130	1.1%
2005	25 502	2 334	1 324	57%	1 010	43%	229	1.6%
2006	34 837	2 844	2 318	82%	526	18%	36	0.2%
2007	44 766	4 483	3 532	79%	951	21%	133	0.6%
2008	50 007	4 669	4 206	89%	463	11%	188	0.7%
2009	42 534	4 241	2 433	74%	1 808	26%	−414	−1.9%
2010	56 797	5 247	2 378	45%	2 869	55%	−529	−1.8%
2011	70 768	3 572	1 361	38%	2 211	62%	−138	−0.4%
2012	74 534	1 836	2 154	117%	−318	−17%	−871	−2.2%
2013	82 726	5 090	1 828	36%	3 262	64%	−776	−1.9%

注:比重 1 为经常项目差额占国际收支总差额比重;比重 2 为资本和金融项目差额占国际收支总差额比重;比重 3 为净误差与遗漏项目的资金净流量占进出口贸易总值的比重。

资料来源:国际外汇管理局:《中国国际收支平衡表》(年度表)。

2008 年全球金融危机发生后,由于出口受阻,经常项下资本流动出现了明显下降,资本和金融项下资本流动明显增长,其中直接投资顺差保持较高水平,证券投资呈现净流入态势,但其他投资项目对于经济环境非常敏感,仅 2008 年和 2009 年该项资本净流动规模就相差 1 929 亿美元,是同期资本和金融项目差额变动的 1.4 倍，主要归因于“热钱”潮汐般地跨境流动。

“热钱”，又称“游资”、“投机性资本”、“逃避资本”等，“是资金持有者或者出于对货币预期贬值（或升值）的投机心理，或者受国际利率差收益明显高于外汇风险的刺激，在国际间掀起大规模短期资本流动”。①

我国“热钱”流动渠道主要有：虚假贸易、增资扩股、货币流转与转换、地下钱庄、货柜车夹带现金、“赡家款”，以及资本项下的 FDI、证券投资、贸易信贷和贷款等。②

由于“热钱”流动的隐蔽性和不可预见性，学术界对“热钱”跨境流动的规模尚未形成统一的测算方法，主要有以下几种测算方法（见表 0-2）。

表 0-2　国内外部分学者对“热钱”跨境流动规模的测算方法

学者（或机构）	测　算　方　法
The World Bank，1985	外债增加额＋外国直接投资净流入＋官方储备的增加＋经常项目逆差
Cuddington，1986	私人非银行部门短期资本项目＋错误与遗漏
Morgan Guaranty Trust Company，1986	外债增加额＋外国直接投资净流入＋官方储备的增加＋经常项目逆差－银行体系和货币当局所持有的短期外币资产
Cline，1987	外债增加额＋外国直接投资净流入＋官方储备的增加＋经常项目逆差－银行体系和货币当局所持有的短期外币资产－旅游和边贸收入－其他资本收入
Dooley，1986	可识别的资本外流加总－正常的对外债权存量变动数
李杨，1998	国际资本往来（运用）＋净误差与遗漏＋其他－国际储备资产－库存现金
杨胜刚、刘宗华，2000	资本流入－经常项目逆差－外汇储备增加额
李晓峰，2000	对外债务增加＋外国直接投资净流入＋外国证券投资净流入＋外国其他投资净流入＋经常项目变动＋储备资产变动＋对外直接投资净流出＋对外证券投资净流出＋对外其他投资净流出

① 见[英]约翰·伊特韦尔、[美]默里·米尔盖特、[美]彼得·纽曼：《新帕尔格雷夫经济学大辞典》②，经济科学出版社 1996 年版，第 724—725 页。

② 见刘仁伍：《资金跨境流动与货币政策》，社会科学文献出版社 2011 年版，第 57—58 页。

续 表

学者(或机构)	测 算 方 法
杨海珍、陈金贤,2000	债权资本流入+股权资本流入+其他债务流入+外国直接投资净流入+官方储备增加+经常项目
吴少新、马勇,2005	资本外流量-存款货币银行非储备性的国外净资产-非银行私人部门境内外币净资产-对外投资-对外贷款-进出口延期收款-误差与遗漏的正常统计误差+贸易转移形式资本外逃
唐旭、梁猛,2007	外资利润+FDI折旧额-收益汇出+外资外债新增

尽管关于"热钱"流动规模的测算没有一致的观点,但世界银行测算法,是其他测算方法的基础,即"热钱"流动规模=外债增加额+外国直接投资净流入+官方储备的增加+经常项目逆差。因受数据可得性影响,可以将其进一步修正为更为简单的估算方法,即用当年新增外汇储备减去贸易顺差,再减去外商直接投资后的差额。①该指标不仅包含了上述的证券投资,而且还包含了误差与遗漏项,即反映了不受官方控制的资本流动。以此方法测算的"热钱"规模如表0-3所示。由相关数据可见,2003年以来,除2012年外,我国整体呈现"热钱"净流入的状况。2007年、2009—2011年,这四年"热钱"流入规模均超过1 000亿美元。

表0-3 1987—2013年中国国际收支相关项目 单位:亿美元

年份	外商直接投资	贸易顺差	储备资产增减额	"热钱"流动规模
1985	17	-149	24	108
1986	19	-120	20	81
1987	23	-37	-50	64
1988	32	-77	-23	68
1989	34	-66	5	27
1990	35	87	-121	-1

① 这一简化的测算方法存在着明显的不足,例如未剔除投资收益和汇兑损益,未考虑外汇储备资产的市场价值变动,未考虑贸易信贷变化,可能会影响最终测算结果的准确性。但依据这一测算方法计算的结果大致能反映我国"热钱"跨境流动的整体状况。

续　表

年份	外商直接投资	贸易顺差	储备资产增减额	“热钱”流动规模
1991	44	81	−146	21
1992	112	44	21	−177
1993	275	−122	−18	−135
1994	338	53	−305	−86
1995	358	167	−225	−300
1996	402	123	−316	−209
1997	442	403	−357	−488
1998	438	436	−64	−810
1999	388	291	−85	−594
2000	384	241	−105	−520
2001	442	225	−473	−194
2002	527	304	−755	−76
2003	535	256	−1 061	270
2004	606	320	−1 901	975
2005	603	1 020	−2 506	883
2006	695	1 775	−2 848	378
2007	748	2 622	−4 607	1 237
2008	924	2 955	−4 795	916
2009	900	1 961	−4 003	1 142
2010	1 057	1 831	−4 717	1 829
2011	1 160	1 551	−3 878	1 167
2012	1 117.2	2 311	−966	−2 462
2013	1 176	2 592	−4 314	546

资料来源：国家外汇管理局：《中国国际收支平衡表》(1985—2013 年)，http://www.safe.gov.cn/wps/wcm/connect/d0b4268048182d8b92c6d284909d05cd/国际收支平衡表时间序列数据.xls?MOD=AJPERES&CACHEID=d0b4268048182d8b92c6d284909d05cd，其中外商直接投资、贸易顺差数据来自于中华人民共和国国家统计局：《国民经济和社会发展统计公报》(1985—2013 年)，http://www.stats.gov.cn/tjgb/。

“热钱”是以套利为目的的跨境短期资本，国内外因素的变化，都可能引起其顺周期波动。尤其在金融日益全球化的今天，外部不可控因素对我国跨境资本流向的冲击更大。例如，1998 年亚洲金融危机爆发后，由于外部冲击导致国内经济增速放缓，人民币面临较大的贬值压力，当年“热钱”流出规模明显扩大，净流出状况持续到了 2002 年；2008 年全球金融海啸爆发后，“热钱”净流入规模出现明显缩减，因危机的持续影响，2012 年“热钱”净流出规模竟然达到 2 462 亿美元。跨境短期资本的大进大出不仅引起国际收支状况大波动，也放大了我国经济周期的波动。

二、 研究背景和价值

资本流向逆转是一种特殊的资本流出。这种事例在以往几个世纪的经济发展中都可找到。①20 世纪 90 年代以来，其频次不断加剧、影响不断扩大，以至于世界银行、国际货币基金组织等国际机构在对相关国家提供金融支持和援助时，特别关心资本会否撤离受援国。

(一) 研究背景

金融与经济的不稳定往往是资本流向逆转的诱发因素，而资本流向逆转又会放大一国金融与经济的波动。就近期而言，2008 年金融危机给各国金融经济运行带来巨大压力，当前，世界经济仍然处于深度调整期，既有复苏迹象，也面临基础不稳、动力不足、速度不均的问题。2013 年底，随着美联储宣布逐渐退出量化宽松货币政策，新兴市场经济体增速放缓、资本流向逆转风险又开始明显增大。

1. 现实经济背景

在 2008 年金融危机爆发之前，尤其是 2002—2007 年，国际资本流动空前活跃，其中新兴市场经济体资本流入的势头尤为强劲，期间资本流入总量的规模增加了 5 倍，资本流入总量占 GDP 的比重从 2002 年的 2.7％提升到 2007 年的7.5％。②但 2008 年全球金融海啸的爆发改变了这一趋

① 详见[英]约翰·伊特韦尔、[美]默里·米尔盖特、[美]彼得·纽曼：《新帕尔格雷夫经济学大辞典》①，经济科学出版社 1996 年版，第 371 页。

② 陈东、徐炜：《新兴市场　濒临国际资本拐点风险》，《证券时报》2008 年 8 月 9 日。

势。根据国际金融研究所(The Institute of International Finance)的估计,2008年新兴市场资本流入(不包括外商直接投资)为4 660亿美元,只有2007年的一半左右。[①]在资本流入步伐放慢的同时,资本撤离新兴市场的步伐却有所加快。2008年全部新兴市场股市基金净流出占总规模的7%。

2008年,“热钱”流入中国的规模也明显缩减,由上一年的1 247亿美元下降到311亿美元,下降幅度高达75%(见表0-3)。其中2008年6月,我国外汇储备增加118.67亿美元,贸易顺差为213.5亿美元,外商直接投资为96.1亿美元,后两项合计达到309.6亿美元,有190.93亿美元的资金“不明去向”。同年第三季度“热钱”流出85.69亿美元,第四季度为750亿美元。2009年一季度,贸易顺差与外商直接投资共为842.87亿美元,但其中有超过90%的资金流向不明。[②]2011年底因国内经济增速明显放缓,又出现了类似情况。

在欧美启动量化宽松货币政策以应对金融危机之际,一方面,中国等新兴经济体成为全球流动性的蓄水池,廉价的资本从发达经济体大肆涌向新兴经济体,在刺激经济增长的同时,也吹大了房地产等资产价格泡沫;另一方面,为了应对金融危机带来的外部冲击,新兴经济体不断地释放流动性、大量举债,杠杆率节节攀升,债务风险、金融风险不断加大。一旦欧美退出量化宽松货币政策,例如美元走强,新兴经济体就有可能从资本净流入地区变为净流出地区,前期大量涌入的短期资本也将发生流向逆转,资产价格泡沫面临破灭风险。2013年5月,美联储主席伯南克向市场放出可能退出量化宽松的口风,旋即造成投资者的恐慌,他们纷纷从新兴市场经济体撤离资金。当美联储在2013年度最后一次货币政策会议上,宣布正式启动量化宽松退出程序,更是造成巴西、阿根廷、墨西哥、秘鲁、俄罗斯、南非、印度、土耳其等新兴经济体的货币汇率下跌和股市行情大跌。据新兴市场投资基金研究公司(EPFR)显示的数据,在截至2014年3月19日的一周内,新兴市场的股票基金资金流出40.9亿美元,连续第21周净流出,流出幅度之大堪比2008年。[③]

---

① 李众敏:《中国对外投资要避免四大误区》,《世界知识》2009年第4期。

② 详见唐珏岚:《论国际金融危机背景下的资本流向逆转及其防范》,《社会科学》2009年第12期。

③ 金融界:《3月24日重要财经新闻汇总》,http://stock.jrj.com.cn/2014/03/24134916917503-c.shtml。

可见，跨境资本流向逆转一直是新兴市场经济体经济金融安全的威胁因素。在中国经济高度融入全球经济、不断加快金融改革开放的背景下，研究如何充分获取跨境资本流动的利益、防范跨境资本流动的风险，是一个值得各界探讨的问题。

2. 理论研究背景

随着中国与世界经济关系的日益密切，中国在国际金融格局中的地位不断提升，本国经济周期也更易受到外部事件，尤其是跨境资本流动的影响。研究在前期资本超量流入背景下我国可能发生的跨境资本流向逆转风险，探寻相应对策建议，可以加深对资本流向逆转的规律性认识，提高应对资本流向逆转的能力，对中国经济金融安全具有重要意义。

(1) 国外研究现状

从国外研究来看，早在 1951 年，英国的詹姆斯·米德(James Meade)就探讨了短期资本突然地、大规模地从一种通货转换为另一种通货的问题。20 世纪 80 年代以后，随着国际资本"潮汐"般地涌动，以及新兴经济体金融危机的频繁爆发，资本流向逆转现象也日益为学界所重视。从国外的研究看，大致可分为以下三类：

一是跨境资本流向逆转的动因分析。

有学者从安全性视角展开分析，认为跨境资本流向逆转是投资者对战争、政治不稳定的应对(Kindleberger, 1937)；对一国清偿能力的怀疑，也会导致跨境资本流向逆转(Reinhart and Rogoff, 2003)；亚洲金融危机发生后，克鲁格曼(Krugman, 1998)认为道德风险是国际资本流向突然逆转的原因。

也有不少学者从盈利性角度进行分析，认为只要国外利率相对于国内利率保持较高的利差，这种资本流向逆转的情况就会出现(James Meade, 1951; Eduardo and Montiel, 1995)；当投资者对于一国汇率稳定产生怀疑，资本流向逆转就会发生(Eichengreen and Fishlow, 1998; Krueger and Yoo, 2001)；利率和汇率的联合作用引起了国际资本流向的变化(Fleming, 1962; Mundell, 1968)；交易成本的上升会导致国际资本流入减少，甚至出现资本撤离(Woochan Kim and Shang-Jin Wei, 1999)。

还有学者从资产组合角度进行分析，认为当资产组合中包括不同国家的资产时，资产持有人就会对这些资产预期收益率和风险进行对比，从而对资产比例作出调整，如果一国资产的收益率下降、风险上升，会导致跨境资本流向逆转(Markowitz，1952；Tobin，1978)。共同的国际金融冲击会导致不同的货币政策反应，货币错配率高的国家遭受到的影响更大(Josifidis Kosta，Allegret Jean-Pierre，Gimet Céline，Pucar Emilija Beker，2014)。

二是跨境资本流向逆转的效应分析。

从微观经济角度而言，跨境资本流向逆转是投资者在风险收益衡量下的一种“理性”选择，可以提高投资者的福利水平(The World Bank，1985)。但从宏观经济角度而言，资本流向逆转会降低一国社会福利与国民效用(Cuddington，1986)；降低投资水平，进而降低经济增长率(Lessard and Williamson，1987；Pastor，1990)；恶化收入分配(Dornbush，1987；Monique Morrissey and Dean Baker，2003)；加重一国债务问题(Cuddington，1987；David and Lester，1991)；甚至有可能引发金融危机(Kindleberger，1996；Kaminsky and Reinhart，1999)。

三是防范跨境资本流向逆转的对策研究。

有的学者主张加强资本管制(Meade，1951)；对所有外汇交易征收比例极小的税金(Tobin，1978；Spahn，1996)；实施无息准备金制度(Gregorio，Edwards，Valdes，2000)。

但也有学者分析后认为，资本管制只能是短期有效、长期无效(Haque，Lahiri and Montiel，1993；Obstfeld，1995；Edwards，1999)。防止资本流向逆转的最佳方案，只能是重建有利于投资和经济增长的国际国内环境(Pedro-Parlo Kuczynski，1987)；一国可以采用宏观经济政策调节国际资本流动(Reinhart and Dunnaway，2009)；新兴市场经济国家不要急于推进资本账户自由化(Prasad，Rogoff，Wei and Kose，2003；Ilan Noy，Joseph P. Jance，2007)；应该共同监管机构投资者(IMF，1999)；2010年乔纳森·奥斯特里(Jonathan D. Ostry)领导的IMF研究小组研究后提出，当一国处于以下情况——当一国面临资本激增、货币估值不合，已经拥有足够的外汇储备，没有运用财政政策的空间时，若采用资本管制可以表示谨慎性支持。

(2) 国内研究现状

国内有关跨境资本流向逆转的研究，除了部分对国外理论的介绍和梳理外，绝大部分是实证研究，通过对案例的研究，得出某些一般性的结论，归纳起来可分为以下三类：

一是关于跨境资本流向逆转的动机和原因的研究。

跨境资本流向逆转的现实原因主要有以下几方面：金融压制；汇率风险；财政赤字与通货膨胀；不健全的产权保护制度安排；资产的保密性较差。代表性的学者有李心丹和钟伟(1998)、宋文兵(1999)、李晓峰(2000)、杨海珍(2000，2002，2005)、田宝良(2003)、牛晓健(2005，2006)、全海欣(2009)、陈俊和汪小勤(2012)等。

二是关于跨境资本流向逆转的途径和影响的研究。

作为资本管制国，中国的资本流向逆转往往借用合法渠道并以隐蔽、非法的手段实现，常通过商品贸易的进口高报与出口低报、贸易信贷的提前付汇与延迟收汇等渠道进行。短期资本的大规模逆转有可能导致银行危机；引发货币危机；引起利率的上升；降低资产价格；降低出口竞争力；对国际收支产生不利影响；不利于货币政策执行。代表性的学者有钟伟(1997)、李晓峰(2003、2006)、李翀(2004)、曲凤杰(2005)、孙恒(2005)、王振全(2006)、王海静与周先龙(2009)、牛晓健与钱科(2010)、罗刚(2012)等。

三是有关防范跨境资本流向逆转的对策研究。

学者主要有以下建议：对跨境短期资本流动征税；谨慎推进我国资本项目的开放；根除经济结构、金融体系以及政策选择上的隐患；推进利率市场化改革；进一步完善人民币汇率形成机制。代表性的学者有杨胜刚(2000，2003)、丁志杰(2005)、曹诗画(2006)、兰振华和陈玲(2007)、杨海珍(2011)、周建珊(2013)、马骏(2013)等。

国内外关于跨境资本流向逆转理论的相关研究，为进一步研究此问题提供了很好的方法和思路。但现有文献中，对于重大外部冲击，如国际金融危机对新兴市场经济国家资本流向逆转的影响研究还是比较少。特别是对中国这样的发展中大国，当在全球化进程中受到外部重大冲击时，跨境资本流向会发生怎样的演变，还需有针对性的深入研究。

在加入经济全球化的过程中，随着我国开放程度和国际化程度的不断增强，受外部冲击的概率和影响也越来越大。近二十年来新兴市场经济体的历次金融危机表明，跨境资本流向逆转的速度在金融危机时会明显加快,甚至会出现大规模的撤离。2008 年爆发的全球金融危机是中国经济转型和开放战略背景下所面临的外部冲击,尽管在危机发生后一度又出现了跨境短期资本大量涌入中国的情况,但 2008 年下半年至 2009 年上半年,以及 2011 年底出现的资本流向逆转现象,仍然值得引以为戒。当前不仅需要关注未来全球经济复苏非同步、主要经济体政策分化对国际资本流向的影响,更应未雨绸缪,警惕前期跨境短期资本超量流入下的逆转风险。

(二)研究价值

1. 预期的理论价值

通过理论梳理和演绎,试图总结跨境短期资本流向逆转的一般规律,并把金融危机的外部冲击纳入资本流向逆转的理论解释当中,分析金融危机对跨境资本流向逆转影响的机制,为进一步完善资本流向逆转研究作出相应的理论探索。

2. 预期的应用价值

通过分析 2008 年金融危机对中国资本流向逆转的影响,说明在资本管制国中国同样面临着跨境资本流向逆转的威胁,为中国防范大规模资本流向逆转提供警示性研究。

通过提出防范大规模跨境资本流向逆转的具体对策建议,为政府防范外部经济不确定对资本流动的不利影响,以及未来我国进一步开放过程中更好地防范外部冲击提供应对措施方面的探索性研究。

三、研究思路、研究方法及基本框架

(一)研究思路

本书将从影响跨境资本流向逆转因素的理论基础出发,从全球经济不稳定、不确定性上升情况下资本流入和流出之间的转化关系,说明我国未来存在的流向逆转风险,从历史维度分析全球或区域性金融危机对一国资本流向逆转的影响,并把外部冲击对资本流向逆转的影响,放在中国成本上升、经济转型和开放升级的大背景下加以研究，通过外部冲击视角分析金融危机的实体经济冲击效应，说明金融危机对资本流向逆转影响的内在机制，从而提出防范资本流向逆转的相关对策建议。

（二）研究方法

分析一国跨境资本流向逆转风险，不能只是一个单纯的理论推导过程，需要结合相应国家的实际情况，用数据说话，用案例佐证。因此，本书采用了定性的理论研究、计量研究与理论模型相结合，规范研究与实证分析相结合，通过这几种研究方法的综合运用，努力探索一条研究资本流向逆转的新路。

1. 经验研究方法

为考察中国跨境资本流向逆转的情况，以及境外投资者对中国经济发展前景的预期，通过对跨国公司和相关主管部门的调研，结合问卷调查，对流向逆转情况进行分析，了解逆转渠道和不同国别投资者的状况。

2. 案例分析方法

本书将针对大量典型案例进行分析，特别是 20 世纪 90 年代以来发生金融危机的新兴市场经济体，如 1994 年墨西哥、1997 年东南亚各国、2001 年阿根廷等，研究这些国家金融危机爆发后，资本流向逆转以及长期资本和短期资本的转化、撤离情况。

3. 比较分析方法

在分析本次金融危机下中国资本流向逆转情况时，拟将之与历史上发生金融危机的国家进行对比，并把本次金融危机下我国的资本流向逆转情况与 21 世纪初的情况进行对比，研究资本流向逆转可能发生的演变和中国应采取的对策。

（三）基本框架

首先，从影响跨境资本流向逆转因素的理论基础出发，以 20 世纪 90 年代以来爆发金融危机的新兴市场经济体为案例，说明资本流向逆转会引爆金融危机，而金融危机又会进一步加大资本流向逆转的风险。

其次，研究推动资本潮汐般进出新兴市场经济体的根本因素：主要是出于对安全性、收益性，以及流动性的综合考虑，而引发三性原则变化的力量既有可能来自于国内,也有可能来自于国外。

第三,分析持续较长时期境外资本大量流入的中国也可能面临资本流向逆转威胁。2008 年金融危机发生后,全球经济在相当长的时间内将处于艰难、缓慢复苏之中,国际资本流动将出现新特征;国内经济在改革开放后驱动高速增长的一些传统优势因素正在逐渐丧失,中国经济的潜在增长率会出现下降,人民币升值的预期可能会改变;无论是全球经济的再平衡、还是国内经济的转型升级都将是一个长期的过程。内外因素的叠加变化,可能将改变中国跨境短期资本长期流入的态势。

然后,从管制与非管制两个角度,探讨了应对跨境资本流向逆转的政策工具选择。

最后,本书提出了中国迈向资本项目可自由兑换进程中,防范大规模资本流向逆转的对策建议。

参 考 文 献

Anne O.Krueger and Jungho Yoo. 2001. "Chaebol Capitalism and the Currency-Financial Crisis in Korea", In *Preventing Currency Crises in Emerging Markets*, NBER Conference Report Series. University of Chicago Press.

Barry Eichengreen and Albert Fishlow. 1998. "Contending with Capital Flows: What is Different About the 1990s?"In *Capital Flows and Financial Crises*, Edited by Miles Kahler. Cornell University Press, pp.23—64.

Carmen M.Reinhart, Kenneth S.Rogoff, Miguel A.Savastano. 2003. "Debt Intolerance", *NBER Working Paper* 9908. http://www.nber.org/papers/w9908.

Carmen Reinhart and Steve Dunnaway. 2009. "Dealing with capital inows: Are there any lessons?", *MPRA Paper* 13764. http://mpra.ub.uni-muenchen.de/13764/.

Eswar S. Prasad, Kenneth Rogoff, Shang-Jin Wei and M. Ayhan Kose. 2003. "Effects of Financial Globalization on Developing Countries: Some Empirical Evidence", *IMF Occasional Paper* 220. Washington, DC: IMF.

John Cuddington. 1986. "Capital Flight: Estimate, Issues, and Explanations", *Princeton Studies in International Finance*, Vol.58.

John Cuddington. 1987. "Macroeconomic Determinants of Capital fl Ight", In

Donald Lessard and John Williamson(ed.). *Capital Flight and Third World Debt*. Institute for International Economics, Washington, DC: 85—96.

Charles Adams, Donald J. Mathieson, and Garry Schinasi. 1999. International Capital Markets: Developments, Prospects, and Key Policy Issues, *World Economic and Financial Surveys*(September 1999). Washing, DC: IMF.

Charles P.Kindleberger. 1937. International Short-term Capital Movements, New York: Columbia University Press.

Charles P. Kindleberger. 1996. World Economic Primacy: 1500—1990, Oxford University Press.

David W.Hornbeck and Lester M.Salamon. 1991. "Human Capital and America's future: An Economic Strategy for the '90s", Baltimore, MD: Johns Hopkins University Press.

Donald Lessard and John Williamson. 1987. "Capital Flight and the Third World Debt", Washington, DC: Institute for International Economics.

Eduardo Fernandez-Arias and Peter J.Montiel. 1995. "The Surge in Capital Inflows to Developing Countries: An Overview", *Policy Research Working Paper* 1473, Washington, DC: The World Bank.

Graciela Kaminsky and Carmen Reinhart. 1999. "The Twin Crisis: The Causes of Banking and Balance of Payments Crises", *American Economic Review*, 89(3): 473—500.

Harry Markowitz. 1952. "Portfolio Selection", *The Journal of Finance*, Vol.7 (1):77—91.

Ilan Noy, Joseph P.Jance. 2007. "The IMF and the Liberalization of Capital Flows", *Working Paper* 07—6. http://www.economics.hawaii.edu/research/workingpapers/WP_07-6.pdf.

James Tobin. 1978. "A Proposal for International Monetary Reform", *The Eastern Economic Journal*, Vol.4(3—4):153—159.

J.Marcus Fleming. 1962. "Domestic Financial Policies Under Fixed and Under Floating Exchange Rates", *IMF Staff Papers* 9, pp.369—379.

Jonathan D. Ostry, Atish R. Ghosh, Karl Habermeier, Marcos Chamon, Mahvash S.Qureshi, and Dennis B.S.Reinhardt. 2010. "Capital Inflows: The Role of Controls", *IMF Staff Position Note* SPN/10/04.

Jonathan D. Ostry, Atish R. Ghosh, Karl Habermeier, Luc Laeven, Marcos Chamon, Mahvash S.Qureshi, and Annamaria Kokenyne. 2011. "Managing Capital

Inflows: What Tools to Use?", *IMF Staff Position Note* SDN/11/06.

Jose De Gregorio, Sebastian Edwards and Rodrigo O.Valdes. 2000. "Controls on Capital Inflows: Do they Work?", *NBER Working Paper* 7645. http://www.nber.org/papers/w7645.pdf.

Josifidis Kosta, Allegret Jean-Pierre, Gimet Céline, Pucar Emilija Beker. 2014. "Macroeconomic Policy Responses to Financial Crises in Emerging European Economies", *Economic Modelling*, Vol.36(C): 577—591.

Michael P.Dooley. 1986. "Country Specific Risk Premiums, Capital Flight and Net Investment Income Payments in Selected Developing Countries", *International Monetary Fund Departmental Memorandum* 86/17.

Manuel Pastor. 1990. Capital Flight from Latin America. *World Development*, 18(1):1—18.

Maurice Obstfeld. 1985. "Capital Mobility in the World Economy: Theory and Measurement", *NBER Working Paper* 1692. http://www.nber.org/papers/w1692.pdf.

Maurice Obstfeld, Jay C.Shambaugh, Alan M.Taylor. 2004. "Monetary Sovereignty, Exchange Rates, and Capital Controls: The Trilemma in the Interwar Period", *CIDER Working Paper* C04-134.

Monique Morrissey and Dean Baker. 2003. "When Rivers Flow Upstream: International Capital Movements in the Era of Globalization", CEPR. http://www.cepr.net/documents/publications/capital_flows_2003_03.htm.

Nadeem Haque, Kajal Lahiri and Peter J.Montiel. 1993. "Estimation of A Macroeconomic Model with Rational Expectations and Capital Controls for Developing Countries", *Journal of Development Economics*, Vol.42(2).

Paul Bernd Spahn. 1996. "The Tobin Tax and Exchange Rate Stability", *Finance and Development*, Vol.33(2):24—27.

Paul Krugman. 1998. "What Happened to Asia?", for a conference in Japan, http://web.mit.edu/krugman/www/disinter.html.

Pedro-Parlo Kuczynski. 1987. "Panel on Policy Issues", In Donald R.Lessard and John Williamson. *Capital Flight and Third World Debt*. Washington: Institute for International Economics.

Robert A.Mundell. 1968. "International Economics", New York: Macmillan, pp.250—271.

Rudiger Dornbusch. 1987. "Open Economy Macroeconomics: New Directions",

NBER Working Paper 2372.

Sebastian Edwards. 1999. "How Effective Are Capital Controls?". *NBER Working Paper* 7413. http://www.nber.org/papers/w7413.

The World Bank. 1985. "World Development Report", Washington, DC: The world Bank.

William R. Cline. 1987. "Capital Flight and Third World Debt", Washington, DC: Institute for International Economics.

Woochan Kim, Shang-Jin Wei. 1999. "Foreign Portfolio Investors Before and During a Crisis", *Journal of International Economics*, Vol.56(1):77—96.

曹诗画:《对中国短期资本流动的分析及其风险防范》,《世界经济情况》2006 年第 9 期。

陈俊、汪小勤:《资本外逃行为发凡及其引申》,《改革》2012 年第 12 期。

丁志杰:《价格型资本管制方法的比较分析》,《国际商务》2005 年第 3 期。

兰振华、陈玲:《中国短期资本流动规模测算及其影响因素的实证分析》,《金融经济》2007 年第 4 期。

李翀:《关于短期资本投机性冲击的预警系统》,《河北学刊》2004 年第 1 期。

李晓峰:《中国资本外逃的理论与现实》,《管理世界》2000 年第 4 期。

李晓峰:《资本外逃对中国经济影响的实证分析》,《金融研究》2003 年第 12 期。

李晓峰、王维:《加强资本外逃管理国际合作的探讨》,《海南金融》2006 年第 5 期。

李心丹、钟伟:《国际资本逃避理论及对我国的实证分析》,《统计研究》1998 年第 6 期。

李扬:《中国经济对外开放过程中的资金流动》,《经济研究》1998 年第 2 期。

罗刚:《警惕资本外逃的风险》,《经济导刊》2012 年第 3 期。

马骏:《资本项目开放下对短期资本流动应如何管理》,《国际融资》2013 年第 5 期。

牛晓健:《中国转型时期资本外逃研究》,上海人民出版社 2005 年版。

牛晓健:《中国资本外逃的成因:文献评述及政策含义》,《社会科学》2006 年第 7 期。

牛晓健、钱科:《非正常国际资本流动的测算:比较与评论》,《经济问题探索》2010 年第 4 期。

曲凤杰:《人民币汇率改革对资本流动的影响》,《国际金融研究》2005 年第 9 期。

全海欣:《资产组合理论视角:我国资本外逃影响因素的实证分析》,《中央财经大学学报》2009 年第 6 期。

宋文兵:《中国的资本外逃问题研究:1987—1997》,《经济研究》1999年第5期。

孙恒:《对新形势下我国短期资本流动的分析与监管》,《学术交流》2005年第8期。

唐旭、梁猛:《中国贸易顺差中是否有“热钱”,有多少?》,《金融研究》2007年第9期。

田宝良:《国际资本流动分析、比较与监管》,中国金融出版社2003年版。

王海静、周先龙:《金融危机与我国资本流向逆转探析》,《经济研究导刊》2009年第17期。

王振全:《我国资本外逃的渠道、规模与对策》,《中国科学院院刊》2006年第3期。

吴少新、马勇:《中国资本外逃的规模测算:1988—2004》,《湖北经济学院学报》2005年第3期。

杨海珍、陈金贤:《中国资本外逃:估计与国际比较》,《世界经济》2000年第1期。

杨海珍、罗永立:《中国资本外逃影响因素的计量分析》,《数理统计与管理》2002年第6期。

杨海珍:《资本外逃——国际趋势与中国问题》,中国金融出版社2005年版。

杨海珍:《新兴经济体国际资本流动态势》,《中国金融》2011年第1期。

杨胜刚、刘宗华:《资本外逃与中国的现实选择》,《金融研究》2000年第2期。

杨胜刚、吴立源:《开放经济背景下中国资本的外逃渠道》,《财经科学》2003年第4期。

钟伟:《我国资本外逃规模和动因分析》,《江苏统计》1997年第11期。

周建珊:《国际短期资本流动及其对我国货币政策影响研究》,《经济问题》2013年第4期。

[美]查理斯·P.金德尔伯格:《经济过热、经济恐慌及经济崩溃——金融危机史》,朱隽、叶翔译,北京大学出版社2000年版。

[美]詹姆斯·米德:《国际经济政策理论》第1卷《国际收支》,李翀译,首都经济贸易大学出版社2001年版。

第一章

为何要应对跨境短期资本流向逆转

计量经济学之父、首届诺贝尔经济学奖获得者丁伯根(J. Tinbergen)认为,“经济政策就是为达到一定目的而有意变动各种手段”。[①]在开放经济背景下,一国宏观经济政策的基本目标通常包括:经济增长、物价稳定、充分就业和国际收支平衡。对于新兴市场经济体而言,国际资本的高度流动性,既是幸事,又是祸根。[②]跨境短期资本的大量流入,拓展了由外国储蓄融通的国内投资机会,推进了金融深化。然而,资本流向的逆转,抑制了旨在扩大国内储蓄政策的效应,加大了金融系统的风险,并削弱了宏观经济政策的有效性。因此,无论是过去还是现在,经济政策的制定者和研究者都热衷于探寻与跨境短期资本流动相联系的国内经济政策。

一、 新兴经济体跨境短期资本流向逆转的易发性

跨境短期资本流向逆转,一直是威胁新兴市场经济体经济金融安全的突出因素。无论是1994—1995年的墨西哥金融危机、1997—1998年的东南亚金融危机、2001—2002年的阿根廷金融危机,还是2008年金融危机发生后的新兴市场经济体金融动荡,每一次金融危机都伴随着资本流向的突然逆转。

---

① [荷]J.丁伯根:《经济政策:原理与设计》,张幼文译,商务印书馆1988年版,第3页。

② [美]吉利斯等:《发展经济学》,彭刚等译,中国人民大学出版社1998年版,第305页。

(一) 墨西哥的资本"潮汐"

20 世纪 90 年代初，国际货币基金组织、世界银行等国际机构在新兴市场的投资超过所有私人投资之和，但随后，流入新兴市场的官方机构的资本放缓了，私人资本流入出现突飞猛进。私人资本的流入额由 1990 年的 310 亿美元增长到 1996 年的 2 408 亿美元，增长了 6.8 倍。[①]最初这些资金大多流入了拉美，尤其是墨西哥。

20 世纪 80 年代末 90 年代初，墨西哥由于稳定的经济、对外资的优惠政策、金融市场的彻底开放，一跃成为拉美吸引外资最多的国家，成为投资者眼中一块充满良机的乐土。1990—1993 年墨西哥私人资本流入总额为 944 亿美元，平均每年流入量超过 200 亿美元。在墨西哥吸引的外资中，注重短期高回报率的证券资本和短期私人资本高达 80%以上(见表 1-1)。决定短期资本流向的不只是收益的差别，还在于风险的大小。在墨西哥政治事件[②]和美国因经济回升接连提高利率的背景下，外资纷纷从墨西哥金融市场撤走，仅 1994 年被撤资金就高达 180 亿美元。

表 1-1　1990—1993 年墨西哥的跨境资本流动情况

年份	外资净流入额(亿美元)	直接投资占比(%)	证券投资占比(%)
1990	84	30.2	10
1991	251	18.9	—
1992	271	16.2	—
1993	338	13	76.8

资料来源：IMF. October 1995. International Financial Statistics；IMF. June 1996. International Financial Statistics。

而最初集中流入的资产性质埋下了日后资本流向逆转的"祸根"。由

① 国际货币基金组织：《国际资本市场：发展、前景和主要政策问题》，中国金融出版社 1998 年版，第 13 页。

② 1994 年元旦，主要由原住民印第安人组成的民族解放军悄悄地控制了恰尔帕斯镇，向墨西哥政府军宣战。1994 年 3 月 23 日，制度革命党(执政党)的总统候选人——路易·唐纳多·卡洛索遇刺。9 月 28 日制度革命党总书记约瑟·佛朗西斯科·卢茨·马修遇害，政治局势再度紧张。就在新当选的总统赛狄略 12 月 1 日上任不久，恰尔帕斯镇再次出现暴乱。

于流入墨西哥的外资，大部分是注重短期高回报率的证券资本和短期私人资本，当金融危机爆发时，证券流入马上就出现了逆转，从1993年流入230亿美元的顶峰跌至1995年的净流出140亿美元，其逆转的数额高达370亿美元，相当于该国国内生产总值的13%。①

（二）东南亚的资本“潮汐”

1994年墨西哥比索危机爆发后，看上去较为安全的东南亚成为私人资本投资的热土。1994—1996年，亚洲曾是吸引私人资本最多的地区，全球私人资本中的45%流向亚洲国家，1996年流入总额达1 022亿美元。新加坡、马来西亚、泰国、印度尼西亚、韩国等国家，在金融危机爆发之前的1996年，都出现了私人资本流入的高峰期（见表1-2）。

表1-2 净私人资本流入占GDP的比例(%)

年份	印度尼西亚	韩国	马来西亚	新加坡	泰国
1991	4.6	2.2	11.2	1.6	10.7
1992	2.5	2.4	15.1	2.0	8.7
1993	3.1	1.6	17.1	2.6	8.4
1994	3.9	3.1	1.5	5.0	8.6
1995	6.2	3.9	8.8	4.6	12.7
1996	6.3	4.9	9.6	9.8	9.3
1997	1.6	2.8	4.7	4.7	−10.6

资料来源：国际货币基金组织：《国际金融统计》和《世界经济展望》数据库。

1997年东南亚金融危机的爆发，使得流向亚洲的国际资本骤然下降。据华盛顿的国际金融研究所估计，印度尼西亚、马来西亚、韩国、泰国、菲律宾等五国由1996年的私人资本净流入938亿美元转为1998年的净流出246亿美元，仅私人资本一项的流向逆转额就超过1 100亿美元。从上述五国的总体情况来看，1997年的资本流向逆转主要表

① 国际货币基金组织：《国际资本市场：发展、前景和主要政策问题》，中国金融出版社1999年版，第15页。

现为银行贷款的缩减，该类资本从 1996 年净流入 400 亿美元变为净流出 300 亿美元，逆转了 700 亿美元，占这五个国家同期国内生产总值的 7%(见图 1-1)。

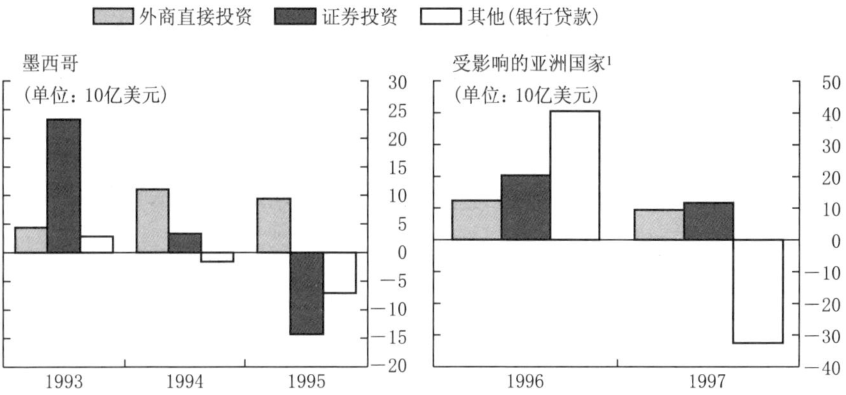

图 1-1　墨西哥和受东南亚金融危机影响国家在危机之前的资本流入情况

注：1.受影响的亚洲国家包括印度尼西亚、韩国、马来西亚、菲律宾和泰国。

资料来源：国际货币基金组织：《国际资本市场：发展、前景和主要政策问题》，中国金融出版社 1998 年版，第 15 页。

(三) 阿根廷的资本“潮汐”

在历史上，阿根廷一直饱受通货膨胀之苦。1991 年推行货币局制度①后，其通货膨胀率迅速降到近乎为零，经济逐渐恢复正常。卡洛斯·萨乌尔·梅内姆(Carlos Saúl Menem)政权在资本收支方面采取了大胆的开放政策，使阿根廷经济的开放度不断扩大，于是投资者信心大增，国际资本纷纷涌入。1991—1998 年间，阿根廷共吸引了 303.8 亿美元的净外国直接投资和 772.5 亿美元的证券投资。②

阿根廷比索虽然与美元挂钩，但其对美国的贸易依赖程度并不高，两国在经济周期上具有明显的非同步性。1999 年在巴西雷亚尔贬值，以及美联储提高利率的双重夹击下，阿根廷的出口竞争力被大大削弱，经济陷入衰退，国际资本纷纷撤离。

---

① 该制度的核心是让比索以 1∶1 的比价与美元挂钩，货币发行必须完全以央行的外汇储备资产额为保证。

② 根据国际货币基金组织：《国际金融统计》2002 年 4 月号的资料计算得到。

由于在金融危机之前流入阿根廷的主要是证券资产①，因此危机爆发后资本流向的逆转也主要体现为证券流入的逆转：从1998年的流入87.9亿美元变为1999年净流出69.1亿美元，逆转了157亿美元②，相当于该国国内生产总值的6%。

不只是短期资本，就连长期资本也开始撤离。从1999年起，北美许多大企业，如特尔菲、联合利华、固特异、通用汽车、特百惠等，陆续把一些生产线迁离了阿根廷。③

(四) 2008年金融危机发生后新兴经济体的资本"潮汐"

过去20多年中新兴市场经济体已经经历了两次大规模资本"潮汐"：一次是20世纪90年代初到东南亚金融危机，另一次是21世纪初直到2008年金融危机爆发。

1. 越南的资本"潮汐"

自1986年实行全面"革新开放"后，越南经济保持了快速增长，尤其是进入21世纪之后，凭借仅次于中国的高速增长，使其获得了位居"金砖四国"④之后的第五个新兴经济体的美誉。

越南经济的高增长与外资的大量涌入是密不可分的。为了解决国内资本短缺问题，越南政府不仅大量举借外债，还迅速开放资本项目，促使国际资本纷至沓来。2007年，流入越南的外商直接投资总额为178.56亿美元，比上年同期增长232.9%，占整个越南GDP的1/4强。在2008年前5个月，FDI高达142.73亿美元，同比增长298%⑤，其中有45%投资

---

① 就1991—1997年间的情况看，阿根廷资本收支年平均顺差额为104亿美元，但其中只有36亿美元是直接投资资本，证券投资竟高达2/3。

② 阿根廷资本逆转的数据根据[日]镰田信男：《阿根廷金融危机发生的体制上原因》，《经济资料译丛》2003年第1期相关数据计算得到。另据美洲开发银行的专家分析，仅2002年上半年从阿根廷流出的资本就高达200亿美元。

③ 丁一凡：《平衡木上的金融游戏——从债务危机到金融危机》，华夏出版社2002年版，第376页。

④ "金砖四国"的概念是由美国高盛公司首席经济师吉姆·奥尼尔(Jim O'Neill)于2001年首次提出的。"金砖四国"(BRIC)引用了巴西(Brazil)、俄罗斯(Russia)、印度(India)和中国(China)的英文首字母。由于该词与英语单词的"砖"(Brick)类似，因此被称为"金砖四国"。2010年南非(South Africa)加入后，其英文单词变为"BRICS"，并改称为"金砖五国"或"金砖国家"。

⑤ 李东卫：《越南金融危机表现、成因及启示》，《金融教学与研究》2008年第5期。

于住房开发，27%投资于酒店与旅游业。在资本和金融项目的流入中，股票市场是另一个主要领域。据越南证券机构分析，越南开户炒股的外国客户占越南股民的 40%左右。而从资金实力上看，外国投资者远超过越南本土客户。[①]

越南投资快速增长的 2007 年恰逢美国“次贷危机”爆发。危机发生后，美元极度走软，从而导致以美元计价的原油以及部分大宗商品价格一路走高。为了减少进口支付，越南政府选择了允许本币升值的做法，但这样做的后果是鼓励了进口、抑制了出口。对越南盾的升值预期又进一步刺激了短期投机资本的流入，但随之而来的却是贸易平衡和外汇平衡被双双打破，投资者预期越南盾将大幅度贬值、通货膨胀将猛烈抬头。越南作为投资目的地的吸引力一下子被削弱了。因前几年外资过度进入价格虚高的楼市、股市，随着投资者信心的动摇，越南的股市、楼市马上跌入了深渊。

越南利用外资主要有三种形式：外商直接投资、官方发展援助和侨汇。[②]外商直接投资主要投资到基础设施和工厂等项目，这些投资并不容易撤离；如果说早期的侨汇更多地是为了满足国内亲友的生活需求，那么现在的侨汇在很大程度是追逐利差、汇率升值、资产泡沫的一种“类投机”资本。在预期实体经济增速放缓、越南盾大幅度贬值的情况下，侨汇出现了明显的撤离。据越南国家银行统计，截至 2009 年 12 月 31 日，越南侨汇收入 62.83 亿美元，与上年同期相比下降 12.8%。在侨汇资本撤离的同时，越南吸引外资金额也出现了明显的下降。2008 年越南吸引外国投资合同金额约 640 亿美元，2009 年为 214.8 亿美元，同比下降 70%，实际利用外资约 100 亿美元，同比下降13%。[③]

2. 其他新兴经济体的资本“潮汐”

2008 年金融危机发生后，随着全球超低利率以及发达国家量化宽松政策释放的流动性，追逐经济增长与高额回报的全球资本再次流向新兴经济体，新兴经济体似乎又迎来了第三轮大规模的资本流入。据国际金

---

① 赵庆民：《越南金融危机：似曾相识的故事》，《南风窗》2008 年第 14 期。

② 海外越南人带回的资本。

③ 驻越南使馆经商处：《2009 年越南吸收外商直接投资逾 200 亿美元》，http://www.mofcom.gov.cn/aarticle/i/jyjl/j/200912/20091206706739.html。

融协会(Institute of International Finance,IIF)的统计,2009年国际资本净流入新兴经济体规模高达6 690亿美元,2010年更是达到9 630亿美元,比2009年增长43.9%,约占新兴经济体GDP的4.5%。[①]但从2011年下半年开始,欧债危机的爆发以及美国等发达国家的结构性调整让国际资本从新兴经济体开始回流发达国家。进入2011年7月后,印度、巴西、俄罗斯等新兴经济体货币一改以往持续升值的态势而转向大幅贬值,同时伴随着罕见的资本大规模净流出。仅2011年9月,主要新兴经济体外汇储备合计流出了804亿美元。特别是随着发达国家与新兴经济体利差的缩小、新兴市场国家货币升值预期的削弱甚至逆转、资产价格溢价预期的下降,跨境短期资本开始大量撤离新兴市场国家。

根据联合国贸易发展会议(UNCTAD)于2012年7月5日发布的报告,2011年东亚和东南亚发展中经济体共吸引境外投资3 360亿美元,占全球外商直接投资总流入的22%;而以印度为主导的南亚地区2011年外商直接投资流入仅为390亿美元,仅占全球外商直接投资总量的2.6%左右。由于宏观经济局势不稳,2011年印度外商直接投资流出150亿美元,比2010年增加12%。

2011年第三季度中国外商直接投资流入591亿美元,较第二季度的667亿美元减少了76亿美元,减少近11.4%。这种趋势一直延续到了第四季度。2011年11月我国外商直接投资流入与上年同期相比下降9.76%。尤其是美国对华投资出现明显的下降,2011年前10月,美国对华实际投资同比下降18.13%,比前9个月降幅扩大近一倍。国家外汇管理局公布的数据显示,2011年11月,银行代客结汇为1 289亿美元,银行代客售汇为1 297亿美元,银行代客结售汇逆差为8亿美元。这是银行代客结售汇[②]录得数据正式公布以来的首次逆差。上述现象表明我国也呈现了跨境资本流出之势。

---

① 王晶晶、徐长生:《新兴经济体面临的国际资本流动趋势分析》,《武汉金融》2012年第9期。

② 银行代客结售汇是指外汇指定银行为客户办理的结汇和售汇业务,不包括外汇指定银行为自身办理的结售汇和银行间外汇市场交易数据,统计时点为人民币与外汇兑换行为发生时。其中,结汇是指外汇所有者将外汇卖给外汇指定银行,售汇是指外汇指定银行将外汇卖给外汇使用者。结售汇差额是结汇与售汇的轧差数。银行代客形成的差额将通过银行在银行间外汇市场买卖平盘,是引起我国外汇储备变化的主要来源之一,但其不等于同期外汇储备的增减额。

20 世纪 90 年代以来爆发金融危机的新兴市场经济体宏观经济基础都比较薄弱。然而更多的事实证明，恰恰是那些非宏观经济基本面的随机因素，如短期跨境资本流动的随机扰动，是引发金融危机的更为一般性的原因。①发生金融危机的国家在危机爆发前都有大量境外短期资本流入，而危机爆发时都伴有大量境外短期资本的迅速撤离。

二、跨境短期资本流向逆转：个体的理性与集体的非理性

从理论上讲，跨境资本流动对借贷双方都有好处。②但在实际经济活动过程中，短期资本流向逆转所带来的效应是错综复杂的：对于投资者而言，资本的流入或撤离也许是一种理性的选择，但对于资本输入国而言，境外短期资本流向的逆转会抑制其经济发展，引发金融市场动荡，甚至引爆金融危机与经济危机。

（一）逆转主体：理性选择

经济运行是以个体为决策单位的。个体通常会考虑以下三方面的因素：一是国内资产相对于国外资产的收益率比较；二是国内资产与国外资产的风险比较；三是国内资产与国外资产的流动性比较，即投资者往往是基于安全性、盈利性、流动性而作出相应决策。③

投资者之所以选择改变资本流向，是由于国外资产较之国内资产，在一定风险前提下收益更高，或者是因为在一定收益的前提下风险更小，从而将其资产在国内外进行合理的组合，使预期可获得收益最大化。因此，凡是能够显著影响到国内外资产风险收益水平，造成国内资本真实回报

---

① Graciela Kaminsky, Saúl Lizondo, Carmen M. Reinhart. 1997. "Leading Indicators of Currency Crises", *Policy Research Working Paper Series* 1852, Washington, DC: The World Bank.

② 西方传统经济学家引用"报酬递减率"、收入分析法等论证了资本流动对流出国和流入国的积极影响。见陈彪如：《国际金融概论》，华东师范大学出版社 1991 年版，第 397 页。

③ 详见第二章。

率低于国外资本真实回报率的因素，如通货膨胀率、税率、汇率、利率等，都有可能导致资本流向逆转。①

（二）资本流向逆转发生国：更多的是消极效应

所有个体理性行为的累加效果可能是集体行为的非理性。正如英国经济学家凯恩斯所描述的：

> “蜜蜂之寓言”是一首寓言诗，内容是说有一个很繁荣的社会，忽然其中公民都决定放弃奢侈生活，国家也削减军备，大家都致力储蓄，结果却弄得一团糟。因为大家都崇尚节俭，于是奢侈品无人过问，原有之奢侈品，如衣饰、车马、宫室之类，或变卖偿债，或任其荒芜。结果是土地、宫室等之价格大跌，依供给奢侈品为生者无法谋生；又因各业皆有人满之患，亦无法改行。②

所有投资者出于自身利益最大化的理性选择可能会带来整体利益的损失。

资本市场的恐慌和大众的非理性有关。个体的理性与集体的非理性之间存在着复杂的关系。③在资本流向逆转效应的分析中，存在着明显的合成谬误④(Fallacy of Composition)现象，对于个体而言或许是一种理性的选择，但对一国经济可能会带来极为不利的影响。⑤

---

① 详见唐珏岚：《发展中国家的资本外逃研究》，上海人民出版社 2007 年版，第 59—63 页。

② ［英］凯恩斯：《就业利息和货币通论》，徐毓枫译，商务印书馆 1987 年版，第 320 页。

③ 美国经济学家金德尔伯格认为主要有以下六种：(1)大众恐慌；(2)在某一连续过程的不同阶段，人们行为的变化；(3)不同群体间的不同理性；(4)合成谬误；(5)市场失灵；(6)经济主体选择了错误的模型。详见［美］查尔斯·P.金德尔伯格：《金融危机史》(第 4 版)，朱隽等译，中国金融出版社 2008 年版，第 28 页。

④ 简言之，“合成谬误”指的是个体理性行为的累加效果可能是集体行为的非理性。美国经济学家保罗·萨缪尔森(P.A.Samuelson, 1979)曾指出，经济学领域中存在着“合成谬误”现象，对个人来说是对的东西，对整个社会来说并不都是对的；反之，对大家来说是对的东西，对任何个人来说可能是十分错误的。正如英国经济学家凯恩斯所描述的，好比许多人站在一个露天剧场看戏，一个人踮起脚来会高一些，可以看得清楚一点。从个体的角度，这是合理的行为。但是如果人人都踮起脚来，虽然大家都高了一些，但观看的效果一点也没有提高。

⑤ 尽管任何效应都有积极、消极之分，但考虑到资本流向逆转对一国经济的严重危害性，本书侧重分析其负面效应。

1. 理论分析

一般说来，跨境资本流向逆转会增加一国货币政策的操作难度，抑制实体经济增长，加剧金融市场动荡。当投资者意识到一国存在着经济、社会，或者政治问题，并认为该国是一个投资有风险（或收益过低）的地方时，就会出售该国资产，并增加别国安全（或收益更高）资产的持有量。这种行为可能会增加该国的国外净投资，并影响到外汇市场上该国货币的供给。由于可贷资金需求既来自于国内投资也来自于国外净投资，因此，资本流向的逆转会影响可贷资金市场的需求。

当国外净投资增加时，可贷资金的需求也增大了，如图 1-2(a)所示，可贷资金需求曲线由 D_1 向右移动到 D_2，该国利率从 r_1 上升到 r_2；由于在任何一种既定利率下国外净投资增加了，所以，如图 1-2(b)所示，国外净投资曲线也从 NFI_1 右移到 NFI_2；国外净投资增加使外汇市场上该国货币的供给从 S_1 增加到 S_2，并使该国货币从 E_1 贬值为 E_2，如图 1-2(c)所示。因此，总体而言，一国资本流向的逆转会提高国内利率并降低外汇市场上本币的价值，影响该国金融与经济的稳定运行。

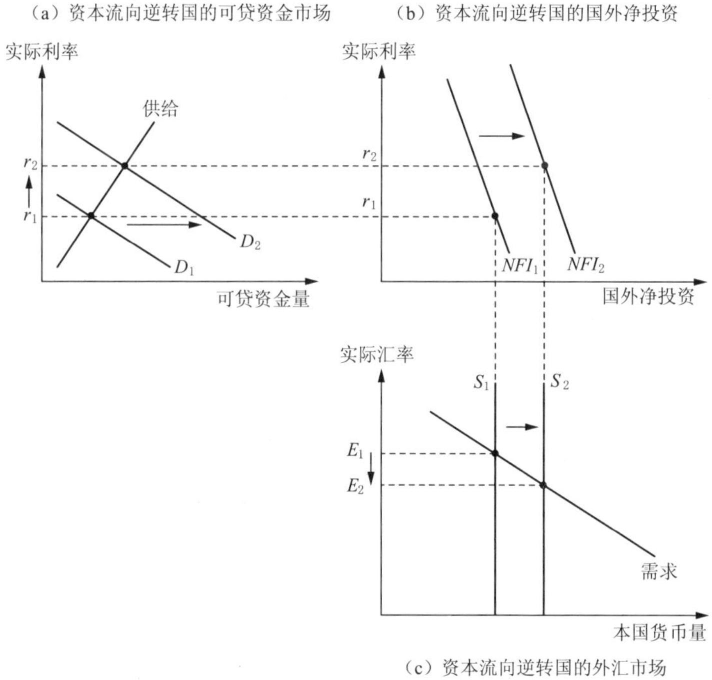

图 1-2　资本流向逆转的影响

具体而言：

(1) 跨境资本流向逆转会加大一国货币政策的操作难度

作为一个开放经济体，中央银行的外汇储备与本国银行体系的国内信贷共同构成其货币供给，即

$$B = W + R \tag{1.1}$$

式(1.1)中，B 表示基础货币，W 表示国内信贷额，R 表示外汇储备金额。

如果用增量的形式可以表示为：

$$\Delta B = \Delta W + \Delta R \tag{1.2}$$

一国外汇储备与货币供应量之间存在如下关系：

$$M_s = k(W + R) = kW + kR \tag{1.3}$$

式(1.3)中，R 表示用本国货币计价的外汇占款额，如果引入汇率 e，可得：

$$M_s = kW + keF \tag{1.4}$$

式(1.4)中，F 表示央行用外币计价的外汇储备额，k 表示货币乘数。

假设 k 和 e 为常数，则货币供应增量可表示为：

$$\Delta M_s = k\Delta W + ke\Delta F \tag{1.5}$$

由式(1.5)可见，国际资本流入会增加一国外汇储备从而增加货币供给量。同理，国际资本流向逆转会造成外汇储备的减少从而缩减一国货币供给量。

早在 1937 年，金德尔伯格就在《国际短期资本流动》一书中指出，国际短期资本的流出会影响一国的货币供给，并会减少银行体系的储备以及法定储备，对货币供给产生继发性影响，从而缩减货币供给量。[①]在实际操作中，由于事先很难精确估算货币缩减的规模，增大了货币政策操作的难度。

---

① Charles P. Kindleberger. 1937, *International Short-term Capital Movements*, New York: Columbia University Press, pp.46—59, 98—135.

(2) 跨境资本流向逆转会抑制实体经济增长

哈罗德—多马模型表示：投资所创造的资本，是增长的主要决定因素；而储蓄，使投资成为可能。[①]

根据凯恩斯的国民收入理论：

$$Y = C + I + G + (X - M) \tag{1.6}$$

$$Y = C + S + T \tag{1.7}$$

其中，Y 表示国民收入；C 表示国内消费；I 表示国内投资；G 表示政府支出；X 表示出口；M 表示进口；S 表示国民储蓄；T 表示税收。

假设 $G = T$，令(1.6)式等于(1.7)式，得：

$$I - S = M - X \tag{1.8}$$

在新兴市场经济国家，如果储蓄小于投资，就会出现“储蓄缺口”；如果出口小于进口，就会出现“外汇缺口”。钱纳里(H.B.Chennery)和斯特劳特(A.M.Strount)的“双缺口”模型(Two Gaps Model)较好地论证了国际资本流入与经济增长的关系。[②]一国可以利用国外资本来克服国内储蓄和外汇的约束，并提高投资率，进而促进经济增长。

> 即使来自这种投资的一部分收益要流回外国所有者手中，这种投资也增加了一国资本存量，这就提高了生产率和工资。此外，来自外国的投资也是穷国学习富国开发并运用的先进技术的一种方式。[③]

资本流向逆转则意味着资本形成中的漏出，并且会通过该国的货币传导机制，减少实际流通的货币量，抑制实体经济增长。

在固定汇率制下，发生资本流向逆转后，虽然名义汇率保持稳定，但资本的流出会转化为央行外汇储备的减少，并最终转化为国内货币供应量的减少。如果央行听任货币供应减少，国内商品与服务的价格、资产的

---

① [美]吉利斯、波金斯、罗默、斯诺德格拉斯：《发展经济学》，彭刚等译，中国人民大学出版社 1998 年版，第 40 页。

② H.B.Chennery and A.M.Strount. 1966. “Foreign Assistance and Economic Development”, *The American Economic Review*, Vol.56：697—733.

③ [美]曼昆：《经济学原理》下册，梁小民译，北京大学出版社 1999 年版，第 155 页。

价格都会下降,而利率会上升,信贷将会紧缩,投资将会下降,从而有可能陷入通货紧缩与经济增速下滑的双重困境。

在浮动汇率制下,资本流向逆转则表现为外汇供给的增加,在外汇需求一定的情况下,本币汇率有可能下降。在贬值预期下,会引发更多的国际资本,甚至带动国内资本流出本国,动摇投资者信心,影响实体经济增长。

(3) 跨境资本流向逆转会加剧金融市场动荡

在开放经济条件下,基于一国政治、经济风险而发生的资本流向逆转,在投资者"从众行为"和市场间"感染效应"的作用下,会进一步放大资本流向逆转的规模。在固定汇率制度下,会发生因储备耗尽而导致的货币危机;在浮动汇率制下,也会因汇率过度波动而发生货币危机。如果最初流入的资本大量涌入房地产市场与股票市场,资本流向逆转必然会引发资产泡沫破灭。国际资本的大量撤离,往往会使国内银行陷入流动性困境,甚至发生挤兑风潮。

不管最初的恐慌是如何发生的,它一旦发生,马上就有一种自我证明机制,即恐慌本身可以为恐慌证明其合理性。①不管诱发资本流向逆转的最初原因是什么,但这一现象的出现势必会加重市场的恐慌情绪,加剧金融市场动荡。这正如英国经济学者约翰·凯(John Kay)所言:我不知道下一次危机的"震中"在哪里,但我知道,除非人性发生变化,否则,又将再次出现另一种基于天真推断和不可思议的集体思维的表现形式。②

2. 事实验证

近二十年来新兴市场经济体的历次金融危机表明,跨境资本流向逆转的速度在金融危机爆发时会明显加快,甚至会出现大规模的撤离;而大规模的资本流向逆转又会进一步加重危机程度,从而形成恐慌→资本流向逆转→危机爆发→恐慌加剧……式的恶性循环。

(1) 墨西哥跨境资本流向逆转的负效应

20 世纪 90 年代初,在一系列动摇投资者信心的事件发生后,墨西哥

---

① [美]保罗·克鲁格曼:《萧条经济学的回归》,朱文晖等译,中国人民大学出版社 1999 年版,第 129 页。

② [英]约翰·凯:《金融失控:一切危机之源》,http://www.ftchinese.com/story/001030740,2010-01-12。

出现了国际资本撤离现象，股权流动及储备的变化充分反映了这一趋势。

1994 年 3 月墨西哥股权流入量的急剧下降，一开始反映了当年 2 月美国提高利率以及其他工业化国家随即提高利率所带来的影响。而 1994 年 3 月革命制度党总统候选人——路易・唐纳多・卡洛索遇害加大了墨西哥金融市场的不确定性，4 月就出现资本净流出，当年 9—11 月期间，共流出 7.44 亿美元。

外汇储备的锐减也明显反映出金融市场上的焦虑情绪，以及投资者信心的崩溃。20 世纪 90 年代初，宏观经济调整的成功以及资本的大量净流入，使墨西哥的外汇储备在 1994 年 2 月底达到最高点——293 亿美元。卡洛索遇刺对墨西哥比索产生了贬值压力，导致外汇储备在 3 月下降了 34 亿美元，4 月又下降了 82 亿美元。5 月初以后，外汇储备基本上保持稳定。9 月 28 日制度革命党总书记约瑟・佛朗西斯科・卢茨・马修遇害，政治局势再度紧张。11 月，抛售比索的压力再度上升，墨西哥外汇储备又下降了 48 亿美元。到 11 月末，外汇储备总量减至 129 亿美元。至 1995 年 2 月时仅剩 50 亿美元左右。在国际资本撤离的浪潮中，夹杂着大量本国投资者将股票、证券和其他资产兑换成外汇的行为。据国际货币基金组织《全球资本市场调查报告》的数据，在 1994 年 12 月 20 日前的两周内，墨西哥居民抛售的股票、证券和其他比索资产占墨西哥当月流失的 67 亿美元外汇储备总额的 2/3 以上。①

当银行和其他金融机构陷入困境的时候，政府很难通过提高利率来扭转资本流向的逆转，也很难维护本币币值稳定。此刻，墨西哥政府陷入了“两难境地”：如果大幅度提高利率，将加重企业的融资成本，并抑制贷款和投资，导致实体经济陷入紧缩；如果不提高利率，资本流向逆转难以遏制，本币币值稳定难以维系。②一开始，墨西哥中央银行以抛售外储干预外汇市场、大幅度提高利率相应对，但这些举措依然无法抵御资本流向逆转的狂潮，最终只能允许比索贬值(1994 年 12 月 20 日)。资本流向逆转也使墨西哥的国内生产总值增长率由 1994 年的 3.8%迅速下滑至 1995 年的－6.2%。

① 转引自姚凯：《墨西哥的资本积累体制与经济危机》，《国际金融研究》1996 年第 8 期。

② [美]弗雷德里克・米什金：《下一轮伟大的全球化》，姜世明译，中信出版社 2007 年版，第 61—62 页。

国际货币基金组织前总裁米歇尔·康德苏(Michelle Camdessu)认为,墨西哥金融危机是“金融市场全球化中新兴经济体出现的最严重的金融危机”。①但事实上,1994—1995年的墨西哥金融危机只是20世纪90年代以来新兴市场经济体一系列危机的开始。

表1-3 墨西哥的国际储备、GDP增长率、失业率和汇率

年份	国际储备(亿美元)	GDP增长率(%)	失业率(%)	汇率(1美元合本币数)
1994	62.8	3.8	3.8	5.325 0
1995	168.5	−6.2	4.7	7.642 5

注:国际储备中不包括黄金储备;货币汇率为年末中间价。

资料来源:中华人民共和国统计局:《国际统计数据》(1996),http://www.stats.gov.cn/tjsj/qtsj/gjsj/。

(2) 东南亚国家跨境资本流向逆转的负效应

1994—1996年新兴市场私人资本流入中的46%流向亚洲国家,其中1996年的流入总额达1 104亿美元,但1997年,流向亚洲的国际资本骤然下降,减至139亿美元。②亚洲地区资本流入的总体下降在很大程度上反映出严重受危机影响的国家——印度尼西亚、马来西亚、韩国、泰国、菲律宾——所出现的资本流向逆转。1996年,这5个国家的私人资本净流入高达730亿美元,1997年转为净流出110亿美元③,仅私人资本一项的资金逆转就超过800亿美元。大规模资本流向逆转使这些国家的经济一蹶不振,1997年泰国经济出现负增长,1998年,其余四国也出现了明显的经济收缩,印度尼西亚、马来西亚、韩国经济下滑的幅度分别达到18.3、14.5和11个百分点(见表1-4)。伴随GDP增长率下滑的是失业率的明显上升,1998年,印度尼西亚失业率上升至5.5%,韩国为6.8%,菲律宾的失业率接近10%(见表1-5)。

---

① Michelle Camdessus. 1995. “Drawing Lessons from the Mexican Criss: Preventing and Resolving Financial Crises—The Role of the IMF”, 25th Washington Conference of the Council of the Americas on “Staying the Course: Forging a Free Trade Area in the Americas”, Washington, DC: IMF.

② 国际货币基金组织:《国际资本市场发展、前景和主要政策问题》,中国金融出版社1999年版,第13页。

③ 国际货币基金组织:《国际资本市场发展、前景和主要政策问题》,中国金融出版社1999年版,第12页。

表 1-4 印度尼西亚、马来西亚、韩国、泰国、菲律宾的 GDP 增长率(%)

年份	印度尼西亚	马来西亚	韩国	泰国	菲律宾
1996	8.0	8.6	7.1	5.5	5.7
1997	4.6	7.7	5.5	−0.4	5.2
1998	−13.7	−6.8	−5.5	−8.0	−0.5

资料来源:国际货币基金组织:《世界经济展望》(1998 年 5 月),中国金融出版社 1998 年版,第 25、33 页;国际货币基金组织:《世界经济展望》(1999 年 5 月),中国金融出版社 1999 年版,第 9、16 页。

表 1-5 印度尼西亚、马来西亚、韩国、泰国、菲律宾的失业率(%)

年份	印度尼西亚	马来西亚	韩国	泰国	菲律宾
1996	4.0	2.5	2.0	1.1	7.4
1997	4.7	2.5	2.6	0.9	7.9
1998	5.5	3.2	6.8	3.4	9.6

资料来源:中华人民共和国统计局:《国际统计数据》(2002),http://www.stats.gov.cn/tjsj/qtsj/gjsj/。

东南亚金融危机中受冲击国家的货币都有一个显著特点——这些国家货币的币值都是由官方固定的,只能在非常狭小的范围内浮动。资本流入的放慢形成了普遍看跌的货币市场。关于泰国经济的坏消息,以及对日本即将提高利率的敏感反应,从 1997 年 5 月 7 日起对泰铢产生了沉重的贬值压力。这一压力迅速扩散到其他亚洲国家的货币,包括印度尼西亚卢比、马来西亚林吉特、菲律宾比索等。这些国家的中央银行出于对危机进一步蔓延的恐慌,决定统一对外汇市场进行干预,并提高短期借贷成本。但利率的累积上升使国内公司部门、实际经济活动,尤其是这些国家的国内金融体系付出了巨大的代价。而这又进一步强化了这些国家货币实际贬值的预期。在 5 月的整个干预过程中,这些国家银行的远期账户上积累了巨额的外汇头寸短缺额,从而丧失了为阻止资本流向逆转而对市场进一步干预的能力。7 月 2 日,泰国银行放弃了泰铢盯住传统的一篮子货币的做法,泰铢对美元的汇率随即急剧下降(见表 1-6)。印度尼西亚银行于 7 月 11 日扩大了卢比交易的上下限。①菲律宾比索和马来

① 国际货币基金组织研究人员:《资本流动的可持续性及投机性货币冲击》,《金融与发展》1997 年 12 月号。

西亚林吉特的压力也明显增加。

7月2日，当泰国放开汇率时，菲律宾央行把隔夜拆借利率从15%提高到24%，希望通过紧缩市场的流动性来打击投机者；并卖出5.43亿美元、买进比索，希望通过对外汇市场的干预来维持汇率稳定。然而，利率的上升，使菲律宾股市全线崩溃；随着泰铢的贬值，对泰铢的投机已蔓延成区域性的恐慌，这不是菲律宾一国所能阻挡得了的。①7月11日，仅在泰国放开汇率的9天后，菲律宾也被迫让其货币贬值，至1998年1月8日，贬值幅度高达41%(见表1-6)。

当泰铢贬值、比索受冲击之时，马来西亚央行面临着更为严峻的考验。为了维护林吉特币值的稳定，马来西亚央行在一周内耗掉了超过10%的外汇储备，使储备下降了85亿林吉特，只剩下619亿林吉特。利率远远高于基准利率，3个月银行间利率上调至11.1%，后又进一步上升至14.4%。股市对此反应只能是全线崩溃，吉隆坡股指在1996年以来第一次跌破1 000点。政府和央行最终意识到，保卫林吉特付出的代价太高了。7月14日，马来西亚央行放弃了保卫林吉特的努力，至1998年1月8日，贬值幅度接近50%(见表1-6)。

当泰铢放开浮动并急剧下跌，林吉特和比索遭受冲击时，印度尼西亚盾(卢比)也引起市场的注意。印度尼西亚银行迅速反应，将美元兑印度尼西亚盾的限价由8%放宽到12%。放开限价后，印度尼西亚盾在7月14日就开始下跌，跌了1.4%。但在总体的区域性货币危机中，放宽限价实际上不是降低反而是增加了印度尼西亚盾的预期风险。不久印度尼西亚就采取了完全的浮动汇率制。7月21日，印度尼西亚盾贬值7%，这迫使印度尼西亚央行卖出远期美元进行反击，并允许隔夜利率上升以限制货币流通。8月13日，尽管有印度尼西亚央行的频繁干预，印度尼西亚盾还是跌掉了2%，美元对印度尼西亚盾突破限价以2 684.650报收。隔夜利率已经上提到16%，但仍不能阻止印度尼西亚盾的抛售与资本的抽逃。8月14日，印度尼西亚央行放开了印度尼西亚盾汇率，外汇部门宣布从此不再干预汇率，也不会再有兑换率。但在一个事实的而不是情

① 1997年上半年，比索在菲律宾交易系统中的日均交易量是2.0亿—2.5亿美元，而在7月初每天的卖出量竟高达13亿美元。如果日交易额持续达10亿美元，菲律宾央行必须每天卖出相当数量的美元才能维持比索汇率的稳定。但这样一来，央行的外汇储备最多只能支撑20天。

绪上的通知后，印度尼西亚盾将进一步贬值的担心被证实了，随即掀起了印度尼西亚盾的新一轮抛售风潮。印度尼西亚银行对新一轮本币抛售风潮的反应是紧缩货币流通，隔夜利率进一步上调至42%。但由于这一轮抛售风潮主要是由保值需求而不是投机需求引起的①，印度尼西亚央行的这一举措并未能阻止印度尼西亚盾的进一步下跌。从7月1日到11月中旬，印度尼西亚盾对美元几乎贬值了20%，最多时达到28%，而到1998年1月9日，贬值幅度竟然超过了80%(见表1-6)。

表1-6　泰国、菲律宾、马来西亚和印度尼西亚的汇率和股票市场波动

	汇　率			股　市		
泰　国	泰铢/美元			泰国股指		
	1997年5月14日	1998年1月9日	变动幅度	1997年7月28日	1998年9月3日	变动幅度
	26.15	55.68	−53.04%	685.69	206.73	−69.85%
菲律宾	菲律宾比索/美元			菲律宾综合指数		
	1997年5月14日	1998年1月8日	变动幅度	1997年7月1日	1998年9月11日	变动幅度
	26.540 0	45.040 0	−41.07%	2 815.54	1 082.18	−61.56%
马来西亚	马来西亚林吉特/美元			吉隆坡综合指数		
	1997年5月14日	1998年1月8日	变动幅度	1997年7月2日	1998年9月1日	变动幅度
	2.532 6	4.724 9	−46.40%	1 086.24	262.70	−75.82%
印度尼西亚	印度尼西亚盾/美元			雅加达综合指数		
	1997年5月14日	1998年1月9日	变动幅度	1997年7月8日	1998年9月21日	变动幅度
	2 569.33	16 756.94	−84.67%	740.88	256.83	−65.33%

注：汇率贬值是从1997年5月14日泰国实施资本管制开始计算；股票市场贬值的百分比是相对1997年7月时的最高水平。

资料来源：彭博资讯社。转引自［美］戴维·德罗萨：《金融危机真相》，朱剑锋等译，中信出版社2008年版，第76页。

① 当时印度尼西亚公司共有550亿美元的债务，其中大部分都没有保值，有限价时由于风险可以预测，外汇风险或多或少被忽略了，放开印度尼西亚盾汇率后，这些公司都慌忙并且同时购进美元进行保值。

就外汇市场而言，东南亚金融危机的冲击经历了三个阶段：第一个阶段是在泰铢下滑的同时，林吉特、比索、印度尼西亚盾等其他东盟货币逐个贬值；第二个阶段是韩国和中国台湾的货币在冲击下贬值①；第三个阶段是中国香港的货币受到投机力量的打压②，股市出现大幅度波动（如图 1-3 所示）。

（1997 年 1 月 1 日＝100）

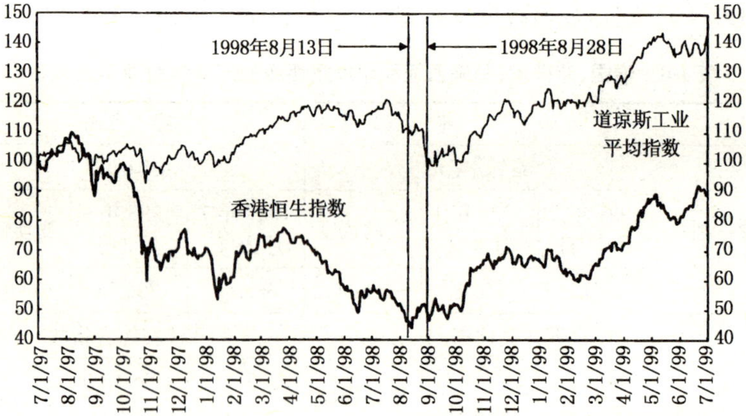

图 1-3　股市指数：香港恒生指数和道琼斯工业平均指数

资料来源：Bloomberg Financial Markets，L.P.转引自 IMF. 1999. International Capital Markets. Washington，DC：IMF，pp.171.

（3）阿根廷跨境资本流向逆转的负效应

1998 年秋，俄罗斯金融危机的爆发致使资本突然停止流入阿根廷，而同期巴西雷亚尔的崩溃以及由此导致的贷款短缺使阿根廷出现了利率攀升：阿根廷国债的利率从高于美国国债不到 500 个基点，增加到高出 1 000 个基点。高利率使阿根廷经济持续衰退，失业率一路飙升（见表 1-7）。疲

① 债务问题，以及经常项目逆差使韩元面临严重的贬值压力。1997 年 8 月 1 日，韩元贬值 10%。这使中国台湾地区的出口竞争力受到极大打击。为了保护台币稳定，台湾地区“中央银行”实行了高利率政策，而这又伤及了证券市场。到 9 月底，台湾证券指数在两个月的时间内垂直下跌了 25%。10 月 8 日，台湾地区“中央银行”宣布不再保卫台币，台币在当天贬值 3.3%，证券市场也表现出极度的恐慌。1997 年 12 月 16 日，韩国当局也放弃了之前＋/－10%的日限，允许韩元自由浮动。

② 在 1997 年 10 月 21 日和 22 日，由于谣传中国香港将继台币危机之后放弃其货币局制度，港元遭遇了严重的抛售压力，香港的联系汇率制也经历了严峻的考验。详见[英]卡拉姆·亨德森：《亚洲在衰弱？》，朱宝宪等译，机械工业出版社 1998 年版，第 89—116 页。

软的经济进一步加剧了阿根廷的财政失衡，而 GDP 的下降又意味着债务/GDP 比重的上升，阿根廷经济陷入了“增长—债务怪圈”。[①]

“增长—债务怪圈”使阿根廷国债与美国国债的利差呈现螺旋式上升，并最终导致违约。政府将国债兜售的目标转向了银行，要求银行购买更多的政府债券。到 2001 年底，银行持有的政府债券已占总资产的 20%。尽管可兑换计划导致央行无法通过印钞为财政赤字融资，但联邦和省级财政实际上仍然可以采取变通的做法——它们发行了可用于支付的小额债券，即准货币。截至 2001 年底，这些准货币占比索发行量的比重超过了 25%，2002 年 3 月更是接近 40%。公众对银行体系的信心遭受了严重打击。储户纷纷从银行取钱。曾经被认为是新兴市场国家中最健全、监管最有效的阿根廷银行体系开始处于风雨飘摇之中。[②]2001 年 11 月，银行恐慌开始爆发。脆弱的银行同时也意味着，政府已经无法用高利率保卫比索币值，并维护货币局制度。

比索贬值的预期不断被强化，投资者开始抛售比索买进美元，央行的外汇储备快速减少。阿根廷中央银行的国际储备在 2001 年 1 月曾达到 361 亿美元。但随着金融市场形势的恶化，在资本流向逆转、银行储蓄下降、国际货币基金组织停止贷款等因素的影响下，从 2001 年 2 月起，阿根廷国际储备迅速减少，全年净减少 200 亿美元，至 2001 年底降到 145.5 亿美元。2002 年前 8 个月，国际储备又继续下降，至 8 月底甚至降到 89 亿美元的危险水平，8 个月累计净减少 50 多亿美元。针对这种情况，阿根廷政府决定从 9 月起不再动用国际储备偿还外债。随着出口的逐渐恢复，以及进口的萎缩，2002 年 11 月 27 日阿根廷的国际储备终于增加到 100.314 5 亿美元。[③]

恶劣的财政收支状况不仅使政府无法偿还债务，而且进一步助长投资者将资金撤离阿根廷，进而加剧了比索的贬值压力。12 月 23 日，阿根

---

① ［美］弗雷德里克・米什金：《下一轮伟大的全球化》，姜世明译，中信出版社 2007 年版，第 112 页。

② Eduardo Levy Yeyati, Maria Soledad Martinez Peria, Sergio L. Schmukler. 2004. Market Discipline under Systemic Risk: Evidence from Bank Runs in Emerging Economies, *Policy Research Working Paper Series* 3440, Washington, DC: World Bank.

③ 见沈安：《阿根廷国际储备逾 100 亿美元》，http://news.xinhuanet.com/newscenter/2002-11/28/content_643927.htm。

廷政府宣布至少暂停支付外债60天。至此,货币局制度已难以为继。2002年1月2日,阿根廷总统宣布废除可兑换计划。1月6日,比索对美元贬值至1.4∶1,随后被允许自由浮动。比索出现更大幅度的贬值(见表1-7),至2002年6月,1比索只能兑换不到0.30美元。

表1-7 阿根廷的国际储备、GDP增长率、失业率和汇率

年份	国际储备 (亿美元)	GDP增长率 (%)	失业率 (%)	汇率 (1美元合本币数)
1998	247.5	3.9	12.8	1.00
1999	262.5	−3.2	14.1	1.00
2000	251.5	−0.8	15.1	1.00
2001	145.5	−5.7	17.4	1.00
2002	105.0	−10.9	19.6	3.32

注:国际储备中不包括黄金储备;货币汇率为年末中间价。

资料来源:中华人民共和国统计局:相关年份《国际统计数据》,http://www.stats.gov.cn/tjsj/qtsj/gjsj/。

(4) 越南跨境资本流向逆转的负效应

越南实行的是有管理的浮动汇率制度,但实质上类似于中国香港的联系汇率制:汇率水平管制,但是外汇进出自由。汇率制度的这一特性意味着保持足够的外汇储备规模对于维护官方公布的汇率价格的权威性具有重要的保障意义。2007年越南的国际储备曾高达234.7亿美元,但到2009年时下降到141亿美元(见表1-8)。

表1-8 越南的国际储备、GDP增长率、失业率和汇率

年份	国际储备 (亿美元)	GDP增长率 (%)	失业率 (%)	汇率 (1美元合本币数)
2007	234.7	8.46	4.91	16 114.00
2008	238.8	6.18	4.65	16 977.00
2009	141	5.32	4.66	17 941.00

注:国际储备中不包括黄金储备;货币汇率为年末中间价。

资料来源:中华人民共和国统计局:《国际统计数据2009》,http://www.stats.gov.cn/tjsj/qtsj/gjsj/。越南统计局,http://www.gso.gov.vn/default_en.aspx?tabid=471&idmid=3&ItemID=5049。

2007年以后越南盾表现持续疲软(见表1-8),至2011年初累计贬值超过25%,越南央行不得不六次调整官方汇率。2011年2月11日,越南央行公布新的越南盾对美元官方汇率,其中间价由189 32越南盾兑换1美元调整为20 693越南盾兑换1美元,汇价浮动区间由3%收窄至1%。这是越南盾有史以来最大幅度贬值。在此次贬值前,越南盾在2009年11月、2010年2月和8月已分别贬值5.44%、3%和2.09%。①

资本流向逆转捅破了越南的资产泡沫。2008年6月越南股价、楼价与高峰时相比大跌50%,并将国家拖至金融危机边缘。2008年,为抑制通货膨胀,越南政府实施紧缩性货币政策,三次加息,以严格控制信贷规模。紧缩货币政策对房地产市场造成直接影响。由于越南房地产项目高度依赖银行信贷资金,约75%的资金来自贷款,部分项目贷款比例高达90%。银行信贷受到限制后,越南房地产经营面临不少困难:一是部分中小企业资金链断裂,在建项目停工,企业被迫抛盘还贷;二是消费势头受到抑制,价格下降预期增强,消费者持币观望;三是市场活力和动力减弱,市场信心受到打击;四是银行不良贷款增加。2008年上半年,越南房地产交易量大幅减少。以胡志明市为例,2005年交易量为6 336套,2006年为9 415套,2007年为12 849套,而2008年上半年仅为2 350套。②

由于进口增加、物价指数节节走高③、劳工薪资成本升高、外资流入不稳定,2007年后,越南经济的高增长势头被遏制,GDP增长率由2007年的8.46%下挫到2009年的5.32%,甚至一度引发人们对其可能重蹈1997年泰国金融危机覆辙的担忧。

(5) 2011年底新兴经济体跨境资本流向逆转的负效应

2011年上半年,由于美欧经济复苏势头转好,市场信贷环境相对宽松,新兴市场呈现资本净流入状态。但8月后,随着美欧债务危机不断发

① 褚浩:《越南盾贬值,又一轮亚洲金融危机的开始?》,《世界知识》2011年第6期。

② 中华人民共和国驻越南社会主义共和国大使馆经济商务参赞处:《越南房地产市场遇到困难》,http://vn.mofcom.gov.cn/aarticle/ztdy/200808/20080805712132.html。

③ 根据越南统计总局公布的数据,2007年越南贸易逆差为141亿美元,2008年上半年,越南贸易逆差额约为148亿美元,占出口总额的49.8%,比2007年同期贸易逆差额增长184.6%;越南居民消费价格指数(CPI)2007年上涨12.63%,为1998年亚洲金融危机以来的最大涨幅。进入2008年,CPI直线飙升,2008年前6个月,越南商品平均消费价格比2007年同期上涨20.34%,其中2008年5月CPI同比上涨25.2%,2008年6月达26.8%,为18年来最高。

酵，国际金融市场出现大幅震荡，全球投资风险偏好明显下降，新兴市场经济体普遍由资本流入转为资本流出。

表 1-9 “金砖五国”的国际储备、GDP 增长率、失业率和汇率

年份	国 别	国际储备（亿美元）	GDP 增长率（%）	失业率（%）	汇率（1 美元合本币数）
2010	中 国	28 473	10.45	4.1	6.77
	俄罗斯	4 329	4.50	7.5	30.37
	印 度	2 678	11.23	—	45.73
	巴 西	2 806	7.53	6.7	1.76
	南 非	354	3.09	24.9	7.32
2011	中 国	31 811	9.30	4.1	6.46
	俄罗斯	4 412	4.30	6.6	29.38
	印 度	2 629	7.75	—	46.67
	巴 西	3 434	2.73	6.0	1.67
	南 非	398	3.46	24.9	7.26
2012	中 国	33 116	7.80	4.1	6.31
	俄罗斯	4 731	3.40	5.5	30.84
	印 度	2 617	3.99	—	53.44
	巴 西	3 621	0.87	5.5	1.95
	南 非	412	2.55	25.1	8.21

注：国际储备中不包括黄金储备；货币汇率为年平均价。

资料来源：《中国统计年鉴 2013》。中华人民共和国统计局网站，http://www.stats.gov.cn/tjsj/ndsj/2013/indexch.htm。

跨境资本流向逆转使一些国家的储备出现明显下降。截至 2011 年末，中国外汇储备达 31 811 亿美元，较 2011 年三季度末净减少 206 亿美元，这是中国外汇储备 1998 年以来首次出现季度负增长。2011 年底，印度的外汇储备比上年同期下降 49 亿美元，2012 年又进一步下降 12 亿美元。

资本流向逆转使主要新兴市场经济体的增速明显放缓（见表 1-9）。2011 年，“金砖五国”中，仅南非 GDP 增速比 2010 年提高 0.37 个百分点，其余四国的增速明显放缓，印度增速放缓接近 4 个百分点，巴西接近 5 个百分点。2012 年,“金砖五国”的增速与上年相比,可谓全线下挫,中国增速低于 8%,印度跌破 4%,巴西仅为 0.87%。

因增速放缓,一些国家的失业率处于高位,并出现上升迹象。2010 年、2011 年,南非的失业率处于 24.9%的高位,2012 年更是攀升至 25.1%。

资本流向逆转使主要新兴市场经济体的货币对美元普遍贬值(见图 1-4)。资本流向逆转对贸易赤字国家的影响更为显著。对贸易赤字国而言,如果最初流入的境外资本没有有效地提升其对外贸易竞争力和相应的偿债能力,债务性资本最终会撤离。①2011 年,“金砖五国”中印度和南非货币实际有效汇率全年贬值幅度均超过 10%,原因就在于投资者担心其贸易逆差的国际收支模式不可持续,将最终损及经济增长。

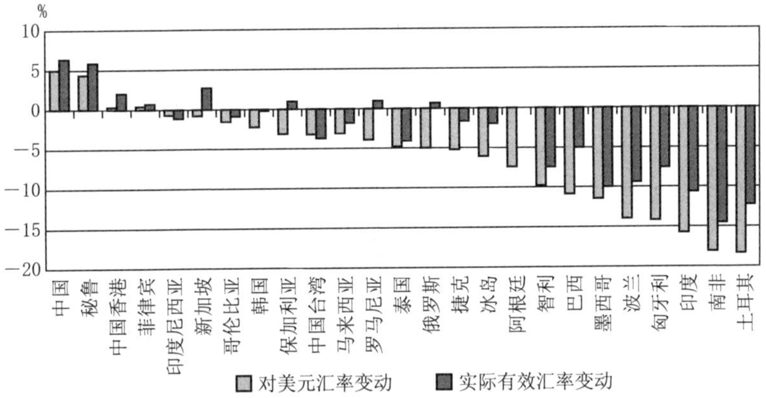

图 1-4　2011 年主要新兴市场经济体汇率变动

资料来源:国家外汇管理局国际收支分析小组:《2011 年中国国际收支报告》,第 39 页,2012 年 3 月 31 日。

小　　结

境外短期资本流向逆转,就个体投资者而言是一种理性选择,但经济学中的理性反应并不意味着所有的反应者都拥有同样的信息、同等的智

① 国家外汇管理局国际收支分析小组:《2011 年中国国际收支报告》,第 40 页,2012 年 3 月 31 日。

力、相同的经验和目的。此外,合成谬误理论也说明即使每个人的行为都是理性的,但合成之后,也会产生非理性的结果。①

对新兴经济体而言,跨境资本流向逆转会加大货币贬值压力,导致外汇储备锐减,偿债能力下降;资本大量撤离也有可能诱发资产价格大幅下挫,冲击金融体系的稳定性;境外短期资本的撤离如果带动国内资本大量外逃,势必抑制相关国家实体经济增长,导致失业率上升,甚至威胁社会稳定。

参考文献

James Tobin. 1978. "A Proposal for International Monetary Reform", *The Eastern Economic Journal*, Vol.4(3—4):153—159.

Kristin J.Forbes. 2007. "One Cost of the Chilean Capital Controls: Increased Financial Constraints for Smaller Traded Firms", *Journal of International Economics*, Vol.71(2):294—323.

Guillermo Le Fort V., Sergio Lehmann. 2003. "The Unremunerated Reserve Requirement and Net Capital Flows: Chile in the 1990s", *Economic Commission for Latin America and the Caribbean(ECLAC)*, Vol.81.

Asian Development Bank. 2007. *Asian Development Outlook 2007: Growth Amid Change*. Manila: Asian Development Bank.

丁志杰:《发展中国家金融开放——效应与政策研究》,中国发展出版社2002年版。

李翀:《短期资本流动的成因、效应与风险》,人民出版社2004年版。

[美]保罗·克鲁格曼:《萧条经济学的回归》,朱文晖、王玉清译,中国人民大学出版社1999年版。

艾格·贝克、布赖恩·查普:《发达国家资本账户自由化的经验》,仲垣译,中国金融出版社2002年版。

世界银行:《全球发展地平线:未来的资本:相互依存的世界中的储蓄与投资》,中国财政经济出版社2013年版。

① 金德尔伯格曾将此作了一个与凯恩斯类似的比方:每一个反映者就像在运动场上,尽管每一个观众都想占据最佳的位子,看得更清楚,但结果可能是一片混乱;再比如,当剧场着火时,每个人都冲向出口,但其后果将是悲剧性的。见[美]查尔斯·P.金德尔伯格:《金融危机史》(第4版),朱隽等译,中国金融出版社2008年版,第271页。

第二章

引发跨境短期资本流向逆转的因素

1999年，查尔斯·亚当斯(Charles Adams)带领的一个国际货币基金组织研究小组分析了资本大量涌入新兴市场经济体的现象，认为这是一个多方面因素共同作用的结果：

> 一是新兴经济体资本账户的开放；二是信用评级机构对新兴市场经济国家评级的提高，增强了其对投资者的吸引力；三是20世纪90年代发达国家名义利率的下降；四是国际机构投资者证券投资规模的扩大；五是机构投资者投资过程中的羊群效应；六是新兴经济体的政府救助助长了投资者的道德风险。①

上述研究分析了国际资本大规模流向新兴市场经济体的因素，同时也隐含了引发新兴经济体跨境资本流向逆转的根本因素。一般而言，推动资本潮汐般进出新兴市场经济体的根本因素主要在于国际资本对安全性、收益性，以及流动性的综合考虑，而引发"三性"变化的力量既有可能来自国内，也有可能来自国外。

---

① Charles Adams, Donald J. Mathieson, and Garry Schinasi. 1999. International Capital Markets: Developments, Prospects, and Key Policy Issues, *World Economic and Financial Surveys* (September 1999), Washington, DC: IMF.

一、根本因素："三性"原则

如前所述，跨境资本流动遵循着"三性"原则，即追求安全性、收益性与流动性。

（一）安全性是前提

国内外的风险水平是决定跨境资本流向的一个重要因素。通常情况下，投资者是属于风险厌恶型[①]的。当一国政治或经济出现不稳定信号[②]时，投资者会作出迅速反应——他宁可接受一个相对于该国而言较低的，但却有更高可预测性的国家投资。在安全缺乏保障时，遭受惊吓的国际资本会争相撤离。正如美联储前主席艾伦·格林斯潘(Alan Greenspan)所言：

> 风险厌恶是一种对预测至关重要的复杂的动物精神，它反映着人们在承担风险时的矛盾态度。每个人都清楚，我们需要通过行动来获取食物、住所和其他生活必需品，但我们也都明白，预先未必能够知道行动的效果。承担与回避何种风险的选择过程，决定着市场上的相对价格结构，进而影响金融业的主要功能——从储蓄到投资的资金流动。
>
> ……承担风险虽然是生活中必不可少的一部分，但并非大多数人积极追求的东西。对所有人而言，找到恰当的风险平衡对日常生活至关重要，这在投资组合风险管理领域的表现或许最为突出。[③]

吉列尔莫·拉兰、赫尔穆特·赖森和朱利亚·冯·马尔灿(Guillermo

① 风险即不确定性。在降低风险的成本与收益的权衡过程中，厌恶风险的投资者在相同的成本或收益下更倾向于作出低风险的选择。

② 通常表现为财政赤字居高不下、通货膨胀率飙升、经济增长速度下滑、国际收支恶化等。

③ [美]艾伦·格林斯潘：《动荡的世界：风险、人性与未来的前景》，余江译，中信出版社2014年版，第8页。

Larraín, Helmut Reisen and Julia von Maltzan)研究了信用评级风险与新兴市场风险的关系，认为信用评级变化对国际资本流动有重大影响。[①]早在1952年，马科维茨(Harry M. Markowitz)就在其发表的论文《投资组合选择》中第一次给出了风险和收益的精确定义，提出在一定的条件下，一个投资者的投资组合选择可以简化为平衡两个因素：投资组合的期望回报及其方差。[②]1958年托宾(James Tobin)发表了论文《作为对付风险的行为的流动偏好》，在文中提出了资产选择理论，认为投资者总是力图在预期收益与风险之间寻求平衡。[③]一般说来，投资者总是通过对自己资产组合的调整，力图达到一种有效的状态——在给定的风险约束下使总收益最大化，或在既定收益下使风险最小化。当资产组合中包括国内资产和国外资产时，资产持有人就会对持有国内资产与国外资产的预期收益率和风险进行对比，从而对资产组合中国内资产和国外资产的比例作出调整。

假如 t 时的财富存量为 W_t，DA 为国内资产，CF 为国外资产，则在 t 时 DA 与 CF 的理想持有量可表示为[④]：

$$(CF/W)_t^d = f_1(V_t) \tag{2.1}$$

$$(DA/W)_t^d = f_2(V_t) \tag{2.2}$$

其中，d 表示理想的比率，V 是与国内资产和国外资产有关的预期收益和风险矢量。

如果持有国内资产的风险相对上升，投资者就有可能将国内资产转换为国外资产。这一可能性可用一个存量调整模型来表示：

$$\frac{(CF/W)_t}{(DA/W)_t} - \frac{(CF/W)_{t-1}}{(DA/W)_{t-1}} = \lambda\left[\frac{f_1}{f_2} - \frac{(CF/W)_{t-1}}{(DA/W)_{t-1}}\right] \tag{2.3}$$

---

① Guillermo Larraín, Helmut Reisen, and Julia von Maltzan. 1997. Emerging Market Risk and Sovereign Credit Ratings. *OECD Development Centre Working Papers* No.124. Paris: OECD.

② Harry Markowitz. 1952. "Portfolio Selection", *The Journal of Finance*, Vol.7(1): 77—91.

③ James Tobin. 1958. "Liquidity Preference as Behavior toward Risk", *The Review of Economic Studies*, Vol.25(2):65—86.

④ 陈雨露：《国际资本流动的经济分析》，中国金融出版社1997年版，第228页。

如果一国金融市场缺乏足够规避风险的工具，那么国内风险的上升会使资产组合中国内资产持有比例出现下降，即国内资产会转换成国外资产。在这种情况下，CF/DA 的比率就表示了转换成国外净资产的情况，上式中 λ 即表示跨境资本流向逆转变量对风险变量的弹性。

（二）盈利性是根本

盈利性，即投资在保值的基础上有较高的收益。古典的及大部分后来的经济学者有一基本假设：只要是受到更高收益率的吸引，资本就会流向国外。[①]这正如马克思所言："资本只有一种生活本能，这就是增值自身。"[②]哪个市场的回报率高，资本就会流向哪里。这一论点已经得到大量实证研究的支持。[③]在风险不变的条件下，外国资产收益率的上升会改变原有的国内与国外资产组合选择，国际投资者会选择减少该国资产的持有量，转而增加国外资产的持有量，从而导致跨境资本流向的逆转。一般而言，国外资产收益率相对上升的幅度越大，资本流向逆转的规模也就越大。

就盈利性而言，具体又受到国内外利差、汇率波动，以及资产组合效应三个方面因素的影响。

1. 国内外利差

米德(James Meade, 1951)曾给出了一个用以分析资本流量的凯恩斯主义模型，其表达形式如下：

$$F = F(i, i^*) \tag{2.4}$$

式(2.4)中，F 代表资本净流量，i 和 i^* 分别代表国内利率与国外利率。米德模型强调资本流动与利率水平之间的关系。国外利率的提高会增加本国对国外的资本输出，只要国外利率相对于国内利率维持较高的水平，这种资本流出就会继续下去。相反，如果国内利率高于国外利率，

① [英]约翰·伊特韦尔、[美]默里·米尔盖特、[美]彼得·纽曼：《新帕尔格雷夫货币金融大辞典》第2卷，经济科学出版社2000年版，第442页。

② 马克思：《资本论》第1卷，人民出版社2004年版，第269页。

③ 详见 Carmen Reinhart, Guillermo Calvo and Leonardo Leiderman. 1993. "Capital Inflows and Real Exchange Rate Appreciation in Latin America: The Role of External Factors", *MPRA Papers* 7125, http://mpra.ub.uni-muenchen.de/7125/1/MPRA_paper_7125.pdf.

国外资本就会流入国内。[①]

弗莱明(J.Marcus Fleming，1962)与蒙代尔(Robert Mundell，1968)也认为，两国之间一定的利率差别会导致一定的连续的资本流。费尔南德兹和爱德华多(Fernandez-Arias，Eduardo，1996)则研究了13个新兴市场经济国家[②]在1989—1993年间的资本流动情况，得出了国际利率变化对新兴市场经济体资本流动的影响程度超过了这些国家的基本面因素(例如国家风险)所带来的影响。新兴经济体资本流入的激增似乎更多地依靠发达国家的低利率，因此，如果国际利率提升，则新兴经济体的资本流入将是不可持续的。卡尔沃和赖因哈特(Sara Calvo and Carmen M.Reinhart，1996)曾分析了拉美11个国家[③]在1970—1993年间的国际资本流动情况，发现国际资本流动都受美国利率变化的影响，美国实际利率下降1个百分点，这些国家的国际资本流入就会增加0.77个百分点。古勒莫·卡尔沃等(Guillermo A.Calvo，Leonardo Leiderman and Carmen M.Reinhart，1996)曾利用结构性VAR方法和主成分方法来解释拉丁美洲国家1988—1992年短期资本流动情形，发现跨境资本容易出现反复，而利率周期是导致跨境短期资本流向改变的主要因素。蒙特埃尔和赖因哈特(Peter J.Montiel and Carmen M.Reinhart，1999)比较了拉美与亚洲的资本流向逆转，实证研究表明流入拉美的短期资本对国际利率更为敏感。

正如学者们所研究的，国内外利差是引发跨境资本进出的主要因素。国内利率的上升会减少资本外流，甚至吸引资本流入；而国外利率的上升会导致资本流向逆转，只要国外利率相对于国内利率保持较高的利差，这种资本流向逆转的情况也会维持相应的时期。这种情况曾反复出现。例如，1994年美国联邦基金利率的上调曾引发了墨西哥资本流向的逆转。20世纪90年代初，伴随着网络高科技的热潮，美国经济逐步产生了过热

---

① 见桂荷发、刘笑松：《现代国际资本流动理论及其政策含义》，《江西财经大学学报》2001年第5期。

② 这13个国家为阿尔及利亚、阿根廷、巴西、智利、马来西亚、韩国、墨西哥、巴拿马、菲律宾、波兰、泰国、乌拉圭与委内瑞拉。

③ 这11个国家分为两组，分别为大国组：阿根廷、巴西、智利、哥伦比亚、墨西哥、秘鲁；小国组：哥斯达黎加、多米尼加、厄瓜多尔、萨尔瓦多和乌拉圭。

的迹象，为此 1994 年 2 月 4 日美联储将联邦基金利率上升 25 个基点（增至 3.25%），尽管利率增幅不大，但这却成为美国乃至整个工业化国家利率上升的第一步。美国的这一轮加息周期一直持续到 2000 年，联邦基金利率也从 3%一路跃升到 2000 年 5 月 6 日的 6.5%（见图 2-1）。在美国联邦基金利率持续上调的同时，全球的利率水平也出现急速上升。1994 年澳大利亚三次上调指标利率，由年初的 4.74%上升至年末的 7.5%[①]；加拿大的年平均存款利率由 1993 年的 4.92%上调至 1995 年的 7.15%；韩国由 8.58%上调至 8.83%；泰国从 8.63%上调至11.58%。[②]在国内外相对收益率变化与其他因素共同作用下，墨西哥的跨境资本流向发生了明显的逆转。

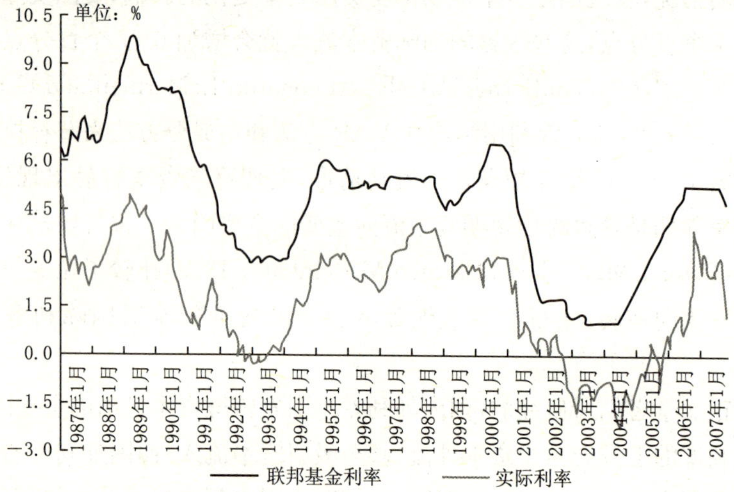

图 2-1　美国联邦基金利率变化

资料来源：CEIC Data，http://www.ceicdata.com/。

2. 汇率波动

赖森（Helmut Reisen，1998）指出，20 世纪 90 年代以来新兴经济体金融危机在某种程度上可归咎于政府努力维持固定或盯住汇率制。博隆

① 澳大利亚储备银行网站，http://www.rba.gov.au/。

② 中华人民共和国统计局网站，http://www.stats.gov.cn/tjsj/qtsj/gjsj/1997/t20020423_402190712.htm。

达和克里斯蒂安森(Sveinbjörn Blöndal and Hans Christiansen, 1999)在对新兴经济体跨境资本流动研究的基础上进一步指出,新兴经济体一旦出现问题,盯住汇率制为投机者提供了“单向赌博”的机会,而放弃盯住汇率制又会严重破坏政府信用度。“金融大鳄”乔治·索罗斯(George Soros)也认为:

> 汇率的错乱是破坏世界经济的一个主要根源,它威胁着已完成投资的价值实现,破坏了长期投资的安全性。市场机制无法令各国货币回归有序的组合,相反,市场投机活动助长了货币的无序流动。但目标区方案未必能够打击投机活动,相反,倒有可能为那些针对管制当局的投机活动大开方便之门,因为风险得到了控制;保密的目标区为投机者和管理当局安排了一场错综复杂的猫鼠游戏,在这个游戏中,如果管理当局协调一致并且有能力调动比投资者更多的资金,那么形势尚有可为,但中央银行似乎都缺乏尝试一下的胆量。①

艾兴格林(有的译为易臣格瑞)和菲什洛(Barry Eichengreen and Albert Fishlow, 1998),以及克鲁格和杨(Anne O.Krueger and Jungho Yoo, 2001)先后研究了20世纪90年代相关国家的金融危机,发现这些国家在危机爆发之前都出现过资本的大量流入,造成这一现象的一个重要原因是这些国家采取盯住美元的汇率政策,汇率几乎没有波动,投资者也就没有汇率风险。但正如艾兴格林所言,这是脆弱的。②一旦投资者对一国汇率稳定产生怀疑,他们就会动用巨额的流动性赌盯住汇率制的失败。为维持汇率稳定,政府将付出高昂的成本,包括政治成本。一旦盯住汇率制度崩溃,汇率出现大幅度波动,投资者的信心以及宏观经济的稳定都会遭到破坏,资本流向逆转就会成为狂潮。

也有学者认为是利率和汇率的联合作用引起了国际资本流向的变化。早在1923年,凯恩斯(John Maynard Keynes)就对汇率、利率、资本

---

① [美]乔治·索罗斯:《金融炼金术》,孙忠、侯纯译,海南出版社1999年版,第318—319页。

② 详见[美]巴瑞·易臣格瑞(艾兴格林):《金融危机的防范与管理》,刘士余等译,经济科学出版社2003年版,第37页。

流动三者之间的关系进行了系统的阐述。俄林(Bertil Ohlin，1929)也认为，影响短期国际资本流动的因素主要有两个：汇率和银行利息率。①弗莱明(J.Marcus Fleming，1962)研究发现，利率和汇率是影响国际资本流动的两个最主要的因素。价格水平和汇率只影响贸易账户，利率仅仅影响资本账户；在浮动汇率制下，资本项目将直接随汇率的波动而变动；国际资本流动在浮动汇率制下比在固定汇率制下对利率更为敏感。蒙代尔(Robert A.Mundell，1963)也认为，利率、汇率都是影响国际资本流动的重要因素。

在其他条件不变的情况下，如果一国当前的实际汇率被认为是高估的，那么就有可能形成将要贬值的预期。为了避免潜在的资产损失，投资者就会把本币资产转换成外币资产，形成资本流向逆转。20 世纪 90 年代东南亚国家出现的大规模资本流向逆转就与货币贬值预期有关。在东南亚金融危机爆发之前，印度尼西亚、马来西亚、菲律宾、泰国的币值分别被高估 7.7%、22.1%、49.9%、29.1%(见表 2-1)。

表 2-1　印度尼西亚、马来西亚、菲律宾、泰国名义汇率与均衡汇率

国　家	汇　率	1990 年	1991 年	1992 年	1993 年	1994 年	1995 年
印度尼西亚	名义汇率	1 842.8	1 950.3	2 029.9	2 087.1	2 160.8	2 268.6
	均衡汇率	1 842.8	1 922.0	2 038.4	2 123.4	2 286.1	2 443.5
马来西亚	名义汇率	2.704 9	2.750 1	2.547 4	2.574 1	2.624 3	2.504 4
	均衡汇率	2.704 9	2.729 9	2.788 3	2.824 0	2.872 0	2.976 3
菲律宾	名义汇率	24.311	27.479	25.512	27.120	26.417	25.714
	均衡汇率	26.243	30.181	32.113	33.820	36.266	38.543
泰　国	名义汇率	25.585	25.517	25.400	25.319	25.150	24.915
	均衡汇率	29.087	29.758	30.299	30.732	31.795	32.173

资料来源：转引自丁亮：《关于东南亚国家汇率泡沫的经验分析》，《世界经济》2000 年第 1 期。

3. *资产组合效应*

20 世纪 50 年代，经济学家注意到跨境资本流动不只是受利率或者

① 见丁冰：《瑞典学派》，武汉出版社 1996 年版，第 10、71 页。

汇率影响，国内外的风险水平，以及投资者水平的高低同样是重要的影响因素。投资者总是在风险与收益权衡的基础上作出抉择的。马科维茨和托宾是这一观点的典型代表。

布兰森(William H.Branson, 1968)运用资产组合理论分析了国际资本流动，发现短期资本的流动是由进出口、国内利率与汇率决定的，而长期资本的流动则是由国内收入水平、国内利率与国外利率所决定的。投资者根据国内利率、国外利率、投资风险，以及财富存量作出决策。如果国外利率上升、国内投资风险上升，资本流向就有可能发生逆转。但布兰森认为，如果财富不变，确定的利率差别会产生资本确定的国际分布，并由此导致资本不发生流动而非不断流动。但事实上，资本流动并不像布兰森所言的那样不连贯。①

在资本自由流动的前提下，投资者既可以购买国内资产，也可以购买国外资产。为了“不把鸡蛋放在一个篮子里”，投资者一般会将资产在国内与国外进行适当的分布。如式(2.2)所示，投资者在分布资产时，既要考虑国内，也要考虑国外资产的预期收益与风险，同时还要受到投资偏好等因素的影响。

假设投资者是风险厌恶型的，其预期效用是预期收益的增函数，是风险的减函数，据此可以作出投资者的无差异曲线与投资组合的有效边界，如图 2-2 所示。当无差异曲线与投资组合的有效边界相切时，即位于图中 E 点时，投资者的效用实现了最大化，而且也是投资者现有资产下可以达到的，因此 E 点是国内外资产的最优投资组合。②

从资产组合效应角度而言，新兴市场经济体发生的跨境资本流向逆转现象，是投资者追求国内外投资收益最大化的结果。因此，所有能够显著影响到国内外资产风险收益水平、造成国外投资回报率高于国内回报

---

① 可能的原因是：(1)由于有新的储蓄，投资者财富随着时间而增加，因此，要保持同样的组合分布意味着资本从净债权人向净债务者的流动；(2)组合的调整并不是瞬间完成的，而要延续一段时间；(3)组合投资理论为有外汇管制的债务国设定了一个可以借款的限额，而未必是实际的借款水平。见[英]约翰·伊特韦尔、[美]默里·米尔盖特、[美]彼得·纽曼：《新帕尔格雷夫货币金融大辞典》第 2 卷，经济科学出版社 2000 年版，第 442—443 页。

② 叶伟春：《资本账户开放后的居民资产组合问题》，《财经科学》2007 年第 3 期。

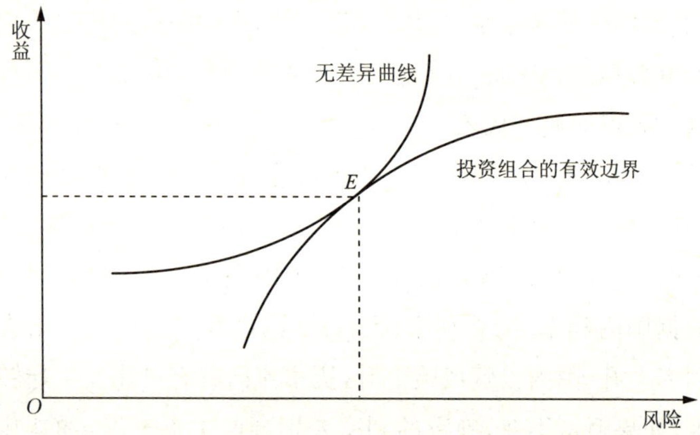

图 2-2　国际范围内的投资资产有效组合

率的宏观经济变量,如进出口、利率、汇率、税率、通货膨胀率等因素,都应纳入资本流向影响因素的范围加以考虑。

(三) 流动性是保障

流动性,即投资能随时变现、灵活调拨。在需要时,随时可以自由地兑换为其他可兑换货币。投资者对一国资产的需求与该资产相对于国外资产的流动性呈正向变化。

交易成本这一概念可以解释流动性对国际资本流动的影响。金(H.M.Kim, 1999)提出了交易成本模型用以解释这一现象。该模型的表述如下:

$$\frac{dY_t}{dI^*}=r(1-C)+r^*(1-C^*) \tag{2.5}$$

其中,Y_t 代表国内外投资收益的总和,I^* 代表国外投资额,r 代表国内实际利率;r^* 代表国外实际利率,C 代表国内交易成本;C^* 代表国外交易成本。

交易成本模型认为,国际资本流动不仅受国内外利差的影响,而且还受国内外投资的交易成本的制约。如果国内外投资交易成本相等,那么资本的流向就取决于利率的差异,当国外利率高于国内利率时,资本就会外流;反之,资本内流。如果利率相同,那么资本的流向就取决于交易成本的差异。一般认为，由于国内信息获取方便、转移成本较低，国内的交易成本通常低于国外。但从国际资本流动的实际情况看，由于一些新兴经济体存在着对外资的“超国民待遇”，或者国内易发生政治经济不稳定事件，或者是国外拥有更为发达的金融市场等，有时会出现国内交易成本高于国外的情况，致使资本流向的逆转。

康德(Kant，1996)认为，对国内投资者与国外投资者的差别待遇是导致新兴经济体资本外逃的主要原因，并且资本外逃与外国直接投资流入呈现正相关关系。①因为税收优惠不同而导致的资本外逃，有很多会在海外打转之后以外资身份重投国内，形成所谓资金迂回现象。1995 年联合国贸发会议(UNCTAD)估计，中国所吸收的外商直接投资中，约有20%是先投到国外再迂回投入(Round tripping)的国内资本。据世界银行估计，1992 年这一比例曾高达25%。②我们很难核实这一数字，但各地政府引进外资的热情以及相关的法律法规制度，确实在相当一段时间内使内外资处于非公平竞争状况：因为与国内企业相比，外资企业曾享受“超国民待遇”，因此资本外流再回流是有利可图的，主要表现在以下方面：在税收方面，外资企业所得税负低于国内企业 40%—70%③；在外汇政策方面，外资企业可以直接向外借债，而国内企业受到国家外汇信贷指标的严格限制；各地政府为了招商引资，曾制定了大量关照外资企业的地方性政策法规，内容涉及土地、原材料、水电等。与外资企业享受“优惠”相对的一面是内资企业遭到的“歧视”，两者实际上是处于一种不平等的竞争环境中，这就诱使国内相当多的资本转移到国外，再摇身一变以“外资”回流并获取高收益。

跨境资本流动取决于安全性、收益性、流动性的综合考虑。安全性与流动性呈同向变化、与盈利性呈反向变化，流动性与盈利性呈反向变化，三者之间存在着复杂的关系。国际投资者通常会从具体情况出发作出选择，力求达到投资组合的最佳平衡点。

---

① Chander Kant. 1996. “Foreign Direct Investment and Capital Flight”, Princeton Studies in International Finance Section No.80.

② World Bank. 1993. World Development Report, Washington, DC: World Bank.

③ 为消除这一歧视性待遇所引发的问题，2008 年我国开始实行“两税合并”，统一了内外资企业所得税。

二、 宏观经济不稳定：新兴经济体跨境资本流向逆转的共同原因

短期资本大量跨境流动必然对一国金融安全、经济稳定产生冲击，而新兴经济体宏观经济的不稳定恰恰是引发境外短期资本流向逆转的根本原因。

通常，一国宏观经济稳定是指经济增长、充分就业、物价稳定和国际收支平衡。导致一国宏观经济不稳定的诱发因素可能是货币的过度投放、国际收支失衡，也可能是债务负担过重，以及汇率不稳定等。

（一）货币过度投放

更低和波动更小的通货膨胀率会有助于新兴市场经济体维持经济政治稳定，从而有助于防止大规模资本流向逆转现象的出现。通货膨胀的改善、金融深化与资本流向逆转的防范是互为动力的：较低的通货膨胀率可以推动金融深化，而金融深化能保证国内政治经济环境的稳定，防止人为制造的高通货膨胀①，进而弱化资本流向逆转的动力。

新兴市场经济体为了追求经济的高速增长，往往需保持比较高的投资增长速度，甚至长期存在“投资饥渴”现象。假如刚刚完成的一项投资暂时满足了投资饥渴，很快又会产生新的饥渴，而且比以前更强烈。这种“投资饥渴”异常强烈，以致对投资资源的需求几乎不可能满足。②而为了满足饥渴的投资，必须配套投放大量的货币。与此同时，大量跨境资本进入新兴市场经济体将产生两个间接后果：中央银行外汇储备增加，以及货币供应量的增加。在这种情况下，新兴市场经济体将发生一场信贷扩张，并为新的投资提供资金。此外，一国政府的对外收支状况越是处于弱势，则为了降低其所承担债务的实际值，政府也越倾向于推行

① [美]莫里斯·戈登斯坦、菲利普·特纳：《货币错配——新兴市场国家的困境与对策》，李扬、曾刚译，社会科学文献出版社 2005 年版，第 114 页。

② [匈]亚诺什·科尔内：《短缺经济》，张晓光等译，经济科学出版社 1986 年版，第 197—200 页。

通货膨胀政策。①

但正如米尔顿·弗里德曼(Milton Friedman, 1963)所言,通货膨胀在任何时候、任何地方都是一种货币现象(Inflation is always and everywhere a monetary phenomenon)。过度信用扩张的后遗症是货币政策公信力的下降、通货膨胀率的居高不下,而这些因素又将降低投资者对本国投资的信心。

(二)巨额的经常项目逆差

新兴市场经济体的货币和信贷扩张最终会产生自我抑制效应:一方面,投资激增与消费扩大,这两个因素造成进口增加;另一方面,随着经济发展,劳动力成本会相应上升,从而削弱出口竞争力。两方面作用的结果可能是巨额经常项目逆差的产生。

表 2-2 1993—2002 年相关国家经常账户 单位:亿美元

国家	1993	1994	1995	1996	1997	1998	1999	2000	2001	2002
墨西哥	−234.0	−287.8	−15.8	−23.3	−74.5	−157.2	−141.7	—	−177.1	−181.6
泰国	−68.1	−82.2	−135.6	−146.9	−30.2	142.4	124.3	92.0	62.2	93.1
菲律宾	−32.9	−28.4	−19.8	−39.5	−43.5	15.5	79.1	—	45.0	90.8
马来西亚	−24.7	−44.2	−86.4	−44.6	−59.4	95.3	126.1	—	72.9	84.1
印度尼西亚	−20.2	−37.0	−64.3	−76.6	−48.9	41.0	57.9	—	69.0	79.9
韩国	3.8	−45.3	−85.2	−230.1	−81.7	403.7	244.8	—	86.2	122.4
阿根廷	−74.5	−100.7	−51.9	−68.4	−125.0	−146.0	−123.1	−89.7	−45.5	−89.7
俄罗斯	21.3	−18.2	74.0	117.6	20.5	7.0	253.0	468.39	346.2	463.2

资料来源:中华人民共和国国家统计局相关年份《国际统计数据》。

但一些经济学家认为,新兴市场经济体——不管是 20 世纪 90 年代早期的墨西哥,还是后来的泰国、马来西亚和印度尼西亚的经常项目逆差说明了它们的经济实力,而不是经济问题。克鲁格曼就曾指出:

① [美]莫里斯·戈登斯坦、菲利普·特纳:《货币错配——新兴市场国家的困境与对策》,李扬、曾刚译,社会科学文献出版社 2005 年版,第 120 页。

> 纯粹从会计学的角度而言,一个吸引净资本流入的国家肯定会有同等规模的经常项目赤字。所以,只要你认为流入东南亚的资本在经济学上是合理的,这些国家的贸易逆差就是合理的。而东南亚地区多年来增长迅速,经济稳定,世人向那里投入大量资金,完全合情合理。在这,东南亚各国政府也没有大肆挥霍……所以,各国的贸易逆差,是由私人投资者的决定所导致的,对于这些决定,有什么可置疑的呢?①

新兴市场经济体经常项目逆差不该质疑的论断恐怕过于武断。即使存在较大的经常项目逆差也不会严重破坏经济,这种结果的出现至少需要具备两个前提条件:一是允许甚至鼓励本币贬值,以便扭转国际收支失衡;另一个条件是没有发生严重损害投资者信心的"外部冲击",能保证外资持续地流入以弥补经常项目的逆差。问题在于这两个条件在新兴市场经济体几乎都不具备。

(三) 过度举债

过度举债的主体可能是政府,也可能是企业。

1. 短期外债增加

长期以来,经济学家对于新兴市场经济体利用外债推动本国经济发展有着不同的评价。美国经济学家纳克斯(Ragnar Nurkse, 1953)、钱纳里和斯特罗特(Hollis B.Chenery and Alan M.Strout, 1966)肯定了外债对发展中国家经济发展的积极作用,但埃及经济学家阿明(S.Amin)认为借入外债会强化发展中国家对发达国家的依附。②

自 1981 年波兰宣布暂缓偿还债务以来,巴西、墨西哥、阿根廷、委内瑞拉……新兴市场经济体的债务危机频繁爆发。境外投资者通常很难容

① [美]保罗·克鲁格曼:《萧条经济学的回归和 2008 年经济危机》,刘波译,中信出版社 2009 年版,第 77—78 页。

② 阿明的结论是:资本和技术转移到发展中国家的历史结果只是在短暂的非常迅速的增长时期之后,出现发展受阻、停滞,甚至退步的时期,出现没有任何前途的奇迹和已经失败的起飞。详见[埃及]萨米尔·阿明:《不平等的发展——论外围资本主义的社会形态》,高铦译,商务印书馆 1990 年版,第 219 页。

忍财政失衡，当新兴经济体政府债务占 GDP 的比例被认为过高时，他们将撤回投资在新兴经济体政府债券上的资金。赖因哈特、罗格夫和萨瓦斯塔诺(Carmen M.Reinhart, Kenneth S.Rogoff, Miguel A.Savastano, 2003)将新兴经济体的这一特征称为“债务不耐”(Debt Intolerance)①，并认为，新兴经济体之所以出现债务周期，不是因为他们借得太少，而是因为借得太多。“债务不耐”经常导致新兴经济体债务违约的发生，因为这些债务期限通常较短，而且无法展期。②

表 2-3 对 1994—2002 年新兴市场经济体外币债务占总债务的比率进行了估计。如果把亚洲的大经济体看作一组，2002 年外币债务占总债务比重不到 5%；拉丁美洲国家的外币债务比重比其他新兴经济体要高得多；同一组别内部各个国家之间的差异很大，拉美的阿根廷、亚洲的菲律宾、其他组内的俄罗斯外币债务比重明显高于组内其他国家。

表 2-3 1994—2002 年外币债务占总债务的比重 单位：%

国家/地区	1994	1995	1996	1997	1998	1999	2000	2001	2002
拉丁美洲[a]	22.90	25.30	26.90	26.80	25.60	29.30	29.20	28.70	32.90
阿根廷	32.90	36.40	40.20	41.40	43.20	44.70	46.20	49.20	58.90
巴　西	15.10	15.80	16.60	17.10	14.30	18.40	19.60	19.00	23.70
智　利	17.80	17.30	18.70	22.80	23.30	23.70	22.70	24.40	26.80
哥伦比亚	34.70	34.20	36.10	36.30	36.00	35.90	33.00	33.80	34.50
墨西哥	26.80	39.40	46.30	40.50	44.40	40.10	37.00	33.90	33.80
秘　鲁	38.60	40.50	44.00	38.70	34.50	29.20	26.30	23.10	24.60
委内瑞拉	44.60	38.70	44.50	47.40	48.30	48.40	41.60	38.40	47.90
亚洲，大经济体[a]	10.20	10.60	11.40	12.10	9.00	7.30	6.20	5.50	4.80
中　国	10.60	9.6	9.00	8.30	6.50	4.80	3.80	3.10	2.10
印　度	7.50	8.10	8.30	9.20	8.70	7.40	6.30	5.10	4.60
韩　国	16.00	18.10	21.90	31.50	19.30	15.90	14.30	12.90	11.50

① “债务不耐”指的是，新兴市场国家与发达国家相比，在国际市场借债规模较小。

② [美]弗雷德里克·米什金：《下一轮伟大的全球化》，姜世明译，中信出版社 2007 年版，第 110 页。

续 表

国家/地区	1994	1995	1996	1997	1998	1999	2000	2001	2002
中国台湾	5.00	4.70	4.50	4.80	4.60	3.90	3.10	4.00	5.50
其他亚洲国家[a]	23.20	26.00	26.10	31.90	25.90	22.80	22.20	20.90	19.80
印度尼西亚	33.00	32.60	32.90	46.70	42.90	33.10	32.00	28.90	22.50
马来西亚	13.90	13.80	14.60	19.80	17.70	16.90	15.80	15.90	18.20
菲律宾	12.40	13.40	17.70	25.30	26.10	29.10	31.90	33.00	35.20
泰　国	26.40	32.80	32.50	35.20	23.30	18.80	17.90	15.70	12.70
中欧国家[a]	19.20	19.60	18.00	19.50	19.20	20.10	19.80	18.00	16.90
捷　克	11.50	13.70	14.20	16.80	14.20	13.50	13.50	15.10	13.00
匈牙利	30.20	33.80	31.80	32.50	34.50	37.20	34.90	31.80	25.10
波　兰	11.80	10.60	8.90	11.30	12.00	13.30	14.60	12.40	13.90
其　他									
俄罗斯	35.30	26.70	22.10	22.10	47.20	42.10	37.00	34.10	35.50
以色列	3.10	3.40	3.60	4.90	5.50	7.10	7.30	8.50	9.00
土耳其	40.60	35.60	33.00	33.50	31.20	31.20	31.40	24.60	22.90
南　非	7.20	8.50	10.60	9.80	10.20	9.20	10.40	16.10	13.00

a. 该组各国(地区)的总和。

资料来源:国际货币基金组织国际金融统计,各国(地区)统计资料,国际清算银行报告。转引自[美]莫里斯·戈登斯坦、菲利普·特纳:《货币错配——新兴市场国家的困境与对策》,李扬、曾刚译,社会科学文献出版社 2005 年版,第 74—75 页。

表 2-4　1993—2002 年相关国家短期外债占全部外债比重　　单位:%

国　家	1993	1994	1995	1996	1997	1998	1999	2000	2001	2002
墨西哥	23.11	28.1	22.4	18.9	18.7	16.5	14.4	12.57	11.37	12.57
泰　国	43.08	44.5	44.1	39.5	34.5	28.3	24.3	22.46	19.58	22.46
菲律宾	14.28	14.3	14.0	19.9	25.8	15.0	11.0	15.97	11.45	15.97
马来西亚	29.79	21.1	21.2	27.9	31.6	19.3	16.4	11.00	11.75	11.00
印度尼西亚	23.09	18.0	20.9	25.0	24.1	13.3	13.3	23.62	16.06	23.62
韩　国	26.99	42.7	54.3	57.5	39.3	20.2	26.8	34.45	31.88	34.50
阿根廷	12.65	9.3	21.6	21.1	24.9	21.9	21.3	22.85	14.63	22.85
俄罗斯	9.5	8.2	8.5	9.6	4.8	8.4	9.1	16.91	13.76	16.91

资料来源:根据中华人民共和国国家统计局相关年份《国际统计数据》计算得到。

当一国外债规模过大、经济状况变差、市场对政府偿债能力产生怀疑时，可能会导致债务危机的爆发。债务危机不仅会造成金融市场的剧烈动荡，还会严重影响一国的信用评级；高企的外债规模即使暂时没有引爆债务危机，也会对本国金融市场造成冲击，可能会发生以下后续反应：外债的偿还→外汇储备锐减→预期本币将会贬值→大量资本外流与跨境短期资本的投机性冲击……

如果新兴市场经济体债务比例保持在合理水平①，就能为宏观经济稳定营造良好环境。但从危机爆发国的情况看，它们很难做到这一点。以阿根廷为例，1993—1998 年，GDP 增长相当稳健，年均增长率达到 4.5%，但阿根廷政府缺乏财政纪律，仍在不断增加债务负担。同期，外债占 GDP 的比重从 28.88%上升至 47.43%，其中短期外债占全部外债比重由 12.65%上升到 21.9%（见表 2-4），而且大部分政府债务是美元债务，这就进一步加大了风险：一旦阿根廷比索对美元汇率大幅贬值，其外债负担将会显著加剧，从而提高了因政府不能按期偿还债务本息而爆发债务危机的概率。

20 世纪 90 年代韩国金融危机的爆发也是与外债规模过大有关的。作为东亚一国，韩国拥有较高的储蓄率②，但国内的储蓄仍然满足不了 GDP 高增长目标下的投资需求，韩国背上了沉重的外债负担。1996 年，韩国外债高达 1 158.03 亿美元，其中短期外债高达 665.82 亿美元，但同期韩国中央银行实际可以动用的外汇储备仅 340.37 亿美元。③韩国无力偿还外债，从而引爆了债务危机，而债务危机最终又引发了金融危机。

2. 企业过度举债导致的信贷风险

信贷风险也称违约风险，是贷款人或债权人所面临的债务人可能不承担其金融义务的风险。这种违约可能属于受可行性的限制——违约是由于债务人没有足够的资源去履行合同条款；也有可能属于受激励的限制——违约是由于债权人不能充分地使合同得到执行。④

---

① 究竟什么样的债务比例是合理的，理论界并没有形成统一的认识，但国际上通常用以下四个指标衡量一个国家的外债规模是否合理：偿债率、债务率、负债率与短期外债比率。

② 1980 年韩国总储蓄占国内生产总值的比重为 21.7%，1990 年上升到 36.9%，远远高于同期世界水平 20.0%。

③ 中华人民共和国国家统计局《国际统计数据 2000》。

④ [英]约翰·伊特韦尔、[美]默里·米尔盖特、[美]彼得·纽曼：《新帕尔格雷夫货币金融大辞典》第 1 卷，经济科学出版社 2000 年版，第 524 页。

20 世纪 90 年代，在资本流动不受限制和汇率自由浮动的浪潮下，国际资本开始大量进入废除了资本项目管制以及刚推行国内金融自由化的新兴市场经济体。哥伦比亚大学的帕德玛·德塞(Padma Desai)教授曾这样描述：

> 这些资本，在华盛顿那些胸有成竹的决策者的推动下，在华尔街那些望眼欲穿的资本家的支持下，流入刚刚开放的发展中国家，其规模巨大、期限短暂、富有投机性并给经济带来了不稳定。借款国的银行和金融机构没有得到有效的监管，它们的资本充足率十分低下。这些贷款的借贷双方以专业的方式、按照金融惯例的传统标准联系在一起。资产组合的风险管理不健全，用硬通货借入的短期贷款被以长期的方式贷放给国内的借款人，他们又将这些资金投入了不动产和一些真实价值有问题的企业。当那些债台高筑的借款人不能清偿债务，宣布破产时，外国贷款人便撤走资金，这使得那些借款人的融资状况进一步恶化，并且使其投资所涉及的货币的价值大幅下降。①

一方面是跨境资本的大量涌入，另一方面银行天生具有从事风险业务的动机，这使得向私人非金融企业发放的贷款数量迅速增加。东南亚金融危机爆发国都曾通过不断扩大短期借款来弥补经常项目的赤字，与之相随的是信贷与货币的扩张。从短期外债占银行和其他部门向私人部门贷款的比例、短期外债占货币供应量的比例这两个指标，可以发现同短期借款相联系的信贷规模和货币扩张程度。由表 2-5 可见，之后在东南亚金融危机中受波及的新兴经济体中②，在 1996 年除马来西亚短期外债/银行私人部门贷款为 12%外，其余四个国家这一比重都达到，甚至超过了 20%。相比较而言，未受危机影响的经济体新加坡这一比例稳定在 2%，危机免疫经济体中国大陆为 3%，中国香港为 4%，中国台湾也从 10%下降到 5%；就短期外债与货币供应量(M1)的比例来看，危机波及

① [美]帕德玛·德塞：《金融危机，蔓延与遏制——从亚洲到阿根廷》，王远林等译，中国人民大学出版社 2006 年版，第 3—4 页。

② 为了进行横截面分析，帕德玛·德塞将东亚经济体分成三种类型，即危机波及、危机免疫和未受危机影响。

表 2-5　东亚经济体的外债、外汇储备、货币供应量(M1)和银行的私人部门贷款(1990—1996)

国　家	外债总额/GDP(%)	短期外债/总债务(%)	短期外债/外汇储备(%)	平均外汇储备可支持进口的月份	短期外债/银行私人部门贷款(%)	短期外债/M1(%)
Ⅰ. 危机波及经济体						
印度尼西亚	66—57(下降)	16—25(上升)	149—177(上升)	3.40	21—26(上升)	86—146(上升)
马来西亚	36—40(上升)	12—28(上升)	10—41(上升)	4.06	6—12(上升)	10—35(上升)
韩　国	14—28(上升)	31—50(上升)	72—203(上升)	2.34	8—23(上升)	48—141(上升)
菲律宾	69—50(下降)	15—19(波动)	152—79(下降)	2.43	52—20(下降)	116—89(下降)
泰　国	33—50(上升)	30—57*(上升)	63—107*(上升)	5.29	15—23*(上升)	110—246*(上升)
Ⅱ. 危机免疫经济体						
中国大陆	16(无趋势)	18(无趋势)	67—24(下降)(1992—1996)	6.34	3(无趋势)	7(无趋势)
中国香港	16(无趋势)	46—28(下降)(1990—1995)	24—14(下降)(1990—1995)	3.20	4(无趋势)	48—64(波动)
中国台湾	10(无趋势)	88—68(下降)	22(无趋势)	13—9(下降)	10—5(下降)	22—15(下降)
Ⅲ. 未受危机影响经济体						
新加坡	10(无趋势)	17(无趋势)	2(无趋势)	数据缺失	2(无趋势)	8(无趋势)

* 在这里表示上升趋势，在 1996 年初始数值发生了突然下降。因此，这里报告的数值比较高，是 1995 年和 1996 年的平均值。

资料来源：The estimates, annual averages for 1991—1996, are calculated from the IMF and from the sources mentioned in footnote 1 of chapter 6.转引自[美]帕德玛·德塞：《金融危机，蔓延与遏制——从亚洲到阿根廷》，王远林等译，中国人民大学出版社 2006 年版，第 99 页。

经济体中，除马来西亚为35%外，菲律宾为89%，韩国与印度尼西亚接近150%，泰国更是达到246%。未受危机影响的经济体新加坡这一比例稳定在8%，危机免疫经济体中国大陆为7%，中国香港在48%与64%之间波动，而中国台湾从1990年的22%下降到1996年的15%。

银行不仅增加贷款，而且还向那些它们几乎并不了解的行业增加贷款，于是，大量资本开始流向缺乏效率的部门。例如，金融危机爆发前，泰国长期将泰铢与美元挂钩，实行固定汇率制，且国内利率远远高于国际水平——因经济过热引起高通胀，只能提高利率应对，明显的内外利差鼓励了投机者套利行为的发生，而固定汇率制又大大降低了套利的风险，致使外债越借越多，而许多债务人又根本不关心债务风险；印度尼西亚也同样存在着鼓励私人向外国借款的机制，银行的对外贷款有2/3借给私人和非银行私人部门，这从世界各国看比例也是明显偏高的；韩国的大企业则在政府撑腰下，大规模举借外债，向外投资、扩张，致使短期外债剧升，终于酿成恶果。[①]韩国财团的高杠杆率和低收益率[②]使其在1997年金融危机初期表现得不堪一击，而金融系统的安危恰恰又维系于这些财团的生存前景。资产净值的损失导致韩国金融市场出现逆向选择和道德风险问题，国内借贷枯竭，同时国外证券投资也开始出现资本流向的逆转。

当经济活动崩溃，企业和居民的资产负债表、现金流状况出现恶化时，银行的大量坏账就产生了。对银行而言，更糟糕的消息是以外币计值的债务负担在本币贬值后增加了。这使得银行的资产负债表从两个方面受到冲击：资产下降而负债上升。[③]

3. 货币错配(Currency Mismatch)的推波助澜

新兴经济体几乎总存在货币错配现象，因为新兴经济体通常很难在国际市场借到以其本国货币计值的国外贷款，外国投资者也通常不愿持

---

① 陆建人：《对东亚金融危机原因的几点看法》，《当代亚太》1998年第11期。

② 公司的平均杠杆率，即债务/股权，从“保守”的150%到最出风头的“500%+”都有，一些韩国的大企业集团的负债率超过400%。详见[英]卡拉姆·亨德森：《亚洲在衰弱?》，朱宝宪、王桂琴等译，机械工业出版社1998年版，第156页。1996年，30家最大的企业中20家投资回报率低于资本成本；1997年，30家最大的企业中8家实际破产。详见王春峰：《东亚金融危机：宏观经济基础变量恶化? 金融恐慌?》，《经济学动态》1998年第8期。

③ [美]弗雷德里克·米什金：《下一轮伟大的全球化》，姜世明译，中信出版社2007年版，第64页。

有这种以当地货币计值的长期净头寸，主权债券和公司债券在国际市场的发行就更是以外币计值了。当经济主体的资产和负债、收入和支出使用不同货币来计值时，汇率的变动就会使其深受影响。

(1) 新兴经济体货币错配的普遍性

可以说，货币错配是新兴经济体在经济全球化、金融全球化过程中普遍面临的问题。

> 在一个权益实体的净值或净收入（或两者兼而有之）对汇率的变动非常敏感时，就出现了所谓的“货币错配”。从存量的角度看，货币错配指的是资产负债表（即净值）对汇率变动的敏感性；从流量的角度看，货币错配则是指损益表（净收入）对汇率变动的敏感性。净值/净收入对汇率变动的敏感性越高，货币错配的程度也就越严重。[①]

从本质上来说，货币错配所研究的是汇率风险敞口问题，即汇率波动对有关经济变量和经济金融稳定性的影响。曾任国际货币基金组织第一副总裁的安娜·克鲁格（Anne Krueger, 2000）曾经指出，除非找到一个行之有效的办法来防止新兴经济体金融系统中货币错配的积累，否则，国际货币基金组织将很难发挥其危机管理作用。她甚至建议，新兴经济体的国内法庭应该不审理有关国内企业借入外币债务的案件，对发达国家的金融机构向新兴经济体借款也应该加以限制。

(2) 货币错配的缘由

关于货币错配的研究最早出现在有关主权债务币种结构的文献中（Cooper, 1971; Calvo, 1998; Mishkin, 1996; 1999），其成因可以从内外两个方面进行分析。

就外因而言，一些学者认为货币错配是一个“国际”问题，源自新兴市场国家的“原罪”——新兴市场国家很难在海外市场发行以本国货币计值的债券（Eichngreen and Haunsmann, 1999; Eichngreen, Haunsmann and Panizza, 2002; Haunsmann, Panizza and Stein, 2002; Haunsmann

---

① ［美］莫里斯·戈登斯坦、菲利普·特纳：《货币错配——新兴市场国家的困境与对策》，李扬、曾刚译，社会科学文献出版社 2005 年版，第 1 页。

and Panizza，2003)。麦金农与施纳布尔(Ronald McKinnon and Gunther Schnabl，2003)认为任何无法以本币进行国际信贷的国际债权国都会积累货币错配，并称之为“高储蓄两难综合症”(the syndrome of conflicted virtue)。这主要源于 20 世纪 70 年代布雷顿森林体系崩溃后形成的国际货币体系：美元和欧元作为“关键货币”，美、欧之外所有其他国家的货币都被“边缘化”了。在这种货币体系下，可能只有美国和欧元区基本上不会发生货币错配现象，因为美国和欧元区居民的资产和负债、收入和支出基本上都能以同一货币计值。广大新兴市场经济体因经常项目交易、资本项目交易均很难用本币来计值，其资产和负债、收入和支出便呈现出本外币多种货币并存的局面，货币错配成为新兴市场经济体的常态。

但戈登斯坦和特纳(Morris Goldstein and Philip Turner，2004)认为，就货币错配的缘由而言，外因不是主要的，关键在内因，在于新兴市场经济体宏观经济政策的失误以及制度的不完善——固定汇率制度、糟糕的通货膨胀和公信力低下的货币政策，以及不稳健的财政政策是引发货币错配的重要因素。

(3) 货币错配引发资本流向逆转

大规模的货币错配会对一国金融体系的稳定性、货币政策的独立性、汇率政策的灵活性带来不利影响，引发资本流向逆转，甚至引爆金融危机。

就其影响机制而言，货币错配会通过影响资产持有者的心理预期引发资本流向逆转。因为货币错配会引起本币汇率出现贬值或升值的预期，当净值/净收入为负时，会出现贬值的预期，反之，则出现升值的预期。贬值预期可能使得银行和其他私人部门出现危机，而央行对银行和私人部门的外汇救助则可能导致一国外汇储备的枯竭，进而导致汇率制度的崩溃和货币危机的爆发；升值预期则会吸引热钱大量流入，导致经济过热和资产泡沫的产生，从而使得总体经济风险不断积累。①

债务过度美元化对新兴经济体而言是非常有害的。本币贬值和货币危机将恶化金融企业和非金融企业的资产负债表，从而动摇投资者的信

① 钟小云：《基于货币错配的中国资本外逃研究》，《上海行政学院学报》2009 年第 3 期。

心。图 2-3 展示了这一影响机制。

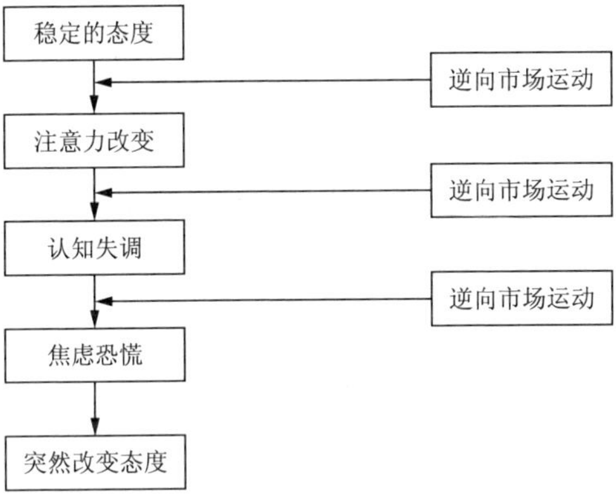

图 2-3　可能导致投资者态度突然改变的过程

图 2-3 意味着，本币贬值和货币危机将会加大投资者的精神压力，改变投资者的预期，并最终导致投资者态度的迅速改变。

(四) 汇率的大幅度贬值

引发一国货币贬值的因素是多方面的，既有内部问题，也有外部因素；既有金融市场问题，也有财政债务问题……债务危机的爆发将进一步加剧汇率市场的动荡，加剧本币贬值的预期。汇率的大幅度贬值会给政策制定者带来严峻的挑战。当本币大幅度贬值时，一国未清偿外币债务以及外币债务占 GDP 的比重就会快速攀升，出于对资产安全和债务重组风险的担忧，投资者会将其资产转往国外账户。无论什么原因导致的汇率大幅度贬值，都会增强境外资产的吸引力。贬值预期会加剧避险情绪，致使国际资本从新兴市场经济体的高风险资产转移到别国的安全资产。因此，汇率通常被视为造成资本流向逆转的一个重要因素。

汇率制度可以分为固定汇率制与浮动汇率制两大类。传统观点认为，当一国出现经常项目逆差时，固定汇率制因缺乏灵活性，容易恶化国际收支状况，并引起外国机构投资者的投机性冲击。为了稳定汇率，该国货币当局只能动用外汇储备干预外汇市场，但最终有可能落入储备耗尽、本币大幅度贬值的境地；如果一国实行的是浮动汇率制，汇率的变化可以较好地调节国际收支差额，也可以避免本币错估现象的发生，以降低国家金融风险。正如英国货币管理分析家卡拉姆·亨德森(Callum Henderson)所言：

> 在固定汇率制与市场汇率制的较量中，固定汇率制已经告负，但它并没有轻易投降。固定汇率制度演变到盯住汇率制代表着这一力量转化过程中的妥协……政府采用盯住汇率是因为它兼容了固定和浮动汇率的好处。只要它有效运作，政府就可以袖手旁观；但是，一旦市场受到扰乱，政府可以协调并恢复平衡。经济史上悲哀地充塞着这类自欺欺人的东西。①

浮动汇率制具有理论上的优势，但事实上新兴市场经济体普遍“害怕浮动”。原因何在？一是因为大多数新兴市场经济体在经济起飞阶段，都选择了出口导向战略，通过扩大本国产品的出口来积累发展资金，促进经济发展。为了扩大出口，通常采用本币贬值的方式来降低本国出口商品以外币计算的价格，增强本国产品在国际市场上的竞争力。随着出口大幅增加，新兴市场经济体的顺差会增加，本币会面临升值压力。但出于升值会削弱本国产品国际竞争力的担忧，通常这些国家会拒绝升值。二是因为新兴市场经济体在经济起飞阶段，大多属于资本短缺型国家，为了迅速摆脱经济落后状况，这些国家一般会出台大量引进外资的举措，并以大量对外负债的方式来企图跳出“贫困是贫困的根源”这一恶性循环。当一国处于国际收支状况恶化、经济增长率低下状况时，本币会面临巨大的贬值压力。但因本币贬值会增加以本币计价的外债偿还负担，且本币大幅度贬值可能会使国际信用评级机构大幅度降低本国的信用评级，增加负债国政府和企业从国际资本市场融资的成本与难度。此时，如果新兴市场经济体选择贬值，非但不能扩大出口，反而还会引发金融动荡。

20世纪90年代以来发生过金融危机的新兴市场经济体几乎都采用了固定或盯住汇率制。在危机爆发之前，这些经济体确实没有发生汇率大幅度的波动。但1994年的墨西哥金融危机、1997年的东南亚金融危

① [英]卡拉姆·亨德森：《亚洲在衰弱?》，朱宝宪、王桂琴等译，机械工业出版社1998年版，第62页。

机，以及2001年阿根廷金融危机的爆发都与各种形式的固定或盯住汇率制度有关，而且都是由跨境短期资本投机性冲击所引发的。①

1. 墨西哥盯住美元的汇率制度

如前所述，比索危机之前，墨西哥实行的是盯住美元的汇率制度，固定了比索与美元的汇价。1983—1994年盯住美元的汇率制度造成比索高估，削弱了墨西哥的出口竞争力，加重了经常项目逆差：逆差额由1987年的约29亿美元上升到1993年的234亿美元、1994年的295亿美元，相当于占GDP的8%。而同期墨西哥的国内储蓄率从22%下降到了13%②，意味着其只能依靠吸引外国资本流入来冲抵经常项目逆差。但是，大量短期资本的流入加大了墨西哥经济的脆弱性。1994年2月4日拉开序幕的美联储多次加息最终引发了墨西哥大量资本外流，尤其是约40亿美元的美国养老基金的撤离成了压垮墨西哥金融稳定的最后一根稻草。墨西哥中央银行不得不于1994年12月20日宣布放弃盯住汇率制，比索被迫允许浮动，比索危机旋即爆发。

2. 泰国和美元"软"挂钩的汇率制度

在东南亚金融危机爆发之前的两年中，泰国、印度尼西亚、韩国、马来西亚和菲律宾等都把汇率变动控制在很小的范围内。例如，1992年开始，泰国实行的是盯住一篮子货币的汇率制度，并使泰铢的汇率随着一篮子货币加权平均值的变化而作出相应调整。由于美元在一篮子货币中处于核心地位，意味着从1992年开始，泰国货币和美元实现了"软"挂钩。从20世纪80年代开始，泰国经常项目持续出现逆差，1980年逆差额为20.70亿美元，1996年飙升至146.91亿美元，占当年GDP的8.3%。③经常项目的逆差使得泰国迫切需要大规模的外资流入以实现经济平衡。但外资流入主要是以证券投资方式进入，真正进入实体经济领域的外资并不多，大多数外资蜂拥至资产领域，带来了房地产与股票市场的非理性繁

① 值得强调的是，提出"外部冲击"并不是以此为替罪羊，在这些危机中如果国内条件不是起了更大的作用，至少也起了同等作用。见[英]卡拉姆·亨德森：《亚洲在衰弱?》，朱宝宪、王桂琴等译，机械工业出版社1998年版，第48—49页。

② [英]卡拉姆·亨德森：《亚洲在衰弱?》，朱宝宪、王桂琴等译，机械工业出版社1998年版，第51页。

③ 中华人民共和国国家统计局相关年份《国际统计数据》。

荣。资产领域的过度投机出现了大量的银行坏账。1997 年 3 月，当泰国中央银行宣布国内 9 家财务公司和 1 家住房贷款公司存在资产质量不高以及流动资金不足问题时，金融大鳄索罗斯认为投机获利的时机到了，开始大量抛售泰铢。同年 5 月，境外机构投资者在泰国掀起大规模的投机风潮，大量抛售泰铢，并引发了羊群效应。出于安全考虑，泰国的企业界与金融界也开始抛售泰铢，向外转移资金。泰铢一路狂跌，在几乎耗尽外汇储备的同时，泰国中央银行不得不于 1997 年 7 月 2 日宣布放弃盯住一篮子货币的汇率制度，允许泰铢自由浮动，泰国金融危机由此爆发。

3. 阿根廷的货币局制度

2001 年阿根廷金融危机的爆发同样与其汇率制度有关。1993 年阿根廷的《自由兑换法》把汇率固定为 1 比索兑换 1 美元，中央银行用外汇、黄金和其他外国证券担保每 1 比索的发行，保证比索与美元两种货币可自由兑换。因此，这是一种严格的货币局制度。1991 年开始，阿根廷出现持续的贸易逆差，逆差额从 1991 年的 6.47 亿美元，上升至 1999 年的 123.12 亿美元。[①]与墨西哥、泰国的表现如出一辙，阿根廷同样企图用金融项目的顺差弥补经常项目的逆差，然而，货币局制度使得比索高估的情况日益严重。阿根廷的出口竞争力遭到削减，恶劣的财政状况进一步引发了投资者的恐慌，境外短期资本流向迅速发生逆转，比索面临着巨大的贬值压力。2002 年 1 月，阿根廷宣布放弃实施了 11 年之久的货币局制度，比索被迫允许自由浮动。

从汇率制度的选择来看，上述新兴市场经济体都曾痛苦地走过了几乎相同的路径：固定或盯住汇率制度→本币高估→出口下降→经常项目逆差→本币贬值压力加大→政府稳定汇率干预失败→金融危机爆发→被迫实行浮动汇率制。

从上述分析可见，投资者对新兴市场经济体的乐观情绪一旦逆转，就将是一种急剧的、难以应付的局面。即使一国的宏观经济基本面没有恶化，或者政府采取某些必要的措施企图阻止事态恶化，一国政府仍可能无法抵御猛烈的投机冲击，最终被迫让本币自由浮动。在这种情况下极易产生所谓的“自我实现式”的货币危机，即当一种货币盯住机制不存在短

---

① 中华人民共和国国家统计局相关年份《国际统计数据》。

期内崩溃的风险时，一个投资人是不会将其资金抽离的。但是，如果众多投资者在短期内都将其资金抽离，却有可能酿成真正的危机。悲观情绪和乐观情绪往往是自我证明的。①

三、外部冲击：跨境资本流向逆转的诱因

在开放经济的背景下，随着一国经济对外部经济依存度的上升，不仅能得到全球化的好处，同时也更易受到外部不稳定因素的冲击。如果一国受到来自外部世界的“冲击”干扰，原有的经济平衡关系就会被打破，极易引发跨境资本流向逆转。金德尔伯格认为：

> 外部冲击是指一些改变了时间段，改变了预期，改变了利润机会和经济行为的外部事件——“一些大多数时间没有预料到的突然事件”。该事件必须是大规模事件。现实社会中，每天所发生的事情都会给社会和经济前景带来一些变化，但并非每一件都十分重要，都足以被称为外部冲击。②

经济上的外部冲击可以从不同的角度进行探讨，其引发因素既可能是来自一国国内的，但属于经济系统之外的因素，也可能是一国之外的因素，具体包括源于经济系统之内的因素——如国际贸易冲突、金融危机、能源危机、粮食危机以及利率和汇率波动，以及来自经济系统之外的因素——如重大的技术革命、自然灾害、恐怖袭击以及国际政治军事格局的变化等。这种外部冲击会通过一定的传导机制对经济系统产生影响，从而影响跨境资本的流向。③

---

① 陈雨露主编：《现代金融理论》，中国金融出版社 2000 年版，第 215 页。

② ［美］查尔斯·P.金德尔伯格：《金融危机史》第 4 版，朱隽等译，中国金融出版社 2008 年版，第 40—41 页。

③ 对一国经济而言，外部冲击既可能带来正效应，也可能带来负效应；既可能吸引更多资本流入，也可能诱发更多资本外流，甚至外逃。为了研究的方便，本书侧重于研究因外部冲击引发的资本流向逆转。

（一）战争与政治上的动荡：来自经济系统之外的冲击

资本流向逆转描述的是一种特殊的资本流动现象，严重时，甚至会引发本国资本的外逃。资本流向逆转背后的推动力包括一国国内实际存在或担心可能出现的引发风险上升、收益下降的经济制度之内的因素，也有可能来自经济制度之外的战争、政治变革等；这些因素既可能来自国内，也有可能来自国外。这种事例在以往几个世纪的经济发展中都可找到。①

1. 战争

较早的现代意义上的资本流向改变，发生在19世纪的普法战争时期，当时法国资本大量地逃向英国。20世纪以来，在通讯手段不断改进、国际金融体系不断完善、国际金融市场不断发达的背景下，资本流向逆转的规模和影响都呈不断扩大之势，其频率和严重性达到前所未有的程度。两次世界大战期间，为了躲避战争危机和政治动荡，相关国家都发生了不同程度的资本逃至“中立国”的现象。

在第一次世界大战期间，资本从法国、意大利和中欧各国逃向瑞士、瑞典、荷兰等。一战后，由于担心国内的克朗资本被“国有化”，奥匈帝国出现了大量的克朗外逃。1929—1931年的德国，一方面由于从1929年起，纳粹在选举中获得的选票剧增，另一方面由于政府偿还第一次世界大战的赔款而出现了财政危机，并引发了严重的通货膨胀，在这两方面因素的推动下，出于对政治经济不稳定的担忧，德国爆发了规模巨大的资本外逃。1934年，法国发生骚乱，1935年2月“人民阵线”准备登台执政，法郎发生了大幅度贬值，经济紧缩的预期引发资本大量外逃。1938年，欧洲笼罩在战争的阴影之中，荷兰、比利时、瑞士的资本开始逃往“更为安全”的美国。在1938年秋季的慕尼黑危机、1939年春季德军占领布拉格、1939年8月德苏协定的签订和德军对波兰的入侵时期发生了三次大规模的资本外逃。在1940年6月，欧洲轴心国和中立国（主要是瑞士）的投资者由于担心美国会冻结他们的资金，从而将资金兑换成瑞士法郎或逃

① ［英］约翰·伊特韦尔、［美］默里·米尔盖特、［美］彼得·纽曼：《新帕尔格雷夫货币金融大辞典》第1卷，经济科学出版社2000年版，第371页。

往拉丁美洲。此后，在1940—1950年，投资者认为美国不是一个理想的去处，因为一方面美国在二战期间冻结了大部分外国资产，另一方面美国政府同许多欧洲政府合作，促使外逃资本回流本国。相应地，瑞士成了国际间资金寻求避难的最佳场所。

2. 政治上的动荡

政治上的冲突混乱也会引起或加剧投资者的极大恐慌，出于资产保值增殖的考虑，就会引发资本流向逆转的现象。

墨西哥在经历了1982年发生的债务危机后，致力于实行市场化改革和开放型经济发展，但墨西哥在长期的发展与改革中，忽视了社会底层人民的利益，收入分配极不合理，贫富差距不断扩大，社会矛盾尖锐。据有关资料统计，20世纪80年代中后期墨西哥的贫困人口为27.5%，90年代这一比例只下降到25.9%，而极度贫困人口在此期间实际上反而上升了，由80年代中后期的7.7%上升到90年代的8.2%。①在这些人群中，印第安人远远多于西班牙后裔，这些印第安人多数集中在墨西哥最南部州。1994年元旦，主要由印第安人组成的民族解放军悄悄地控制了恰尔帕斯镇，向墨西哥政府军宣战。随后是一系列的暴力活动。政治上的动荡引起了国际投资者的极大不安，随着长期投资者信心的锐减，短期投资商开始急切地冲击比索，终于出现了大量的资本流向逆转。

2013年11月，因乌克兰总统亚努科维奇（Viktor Janukowitsch）拒绝与欧盟签署自2007年以来就进行谈判的联系国协议，引发国内亲欧民众不满，爆发了自2004年“橙色革命”以来最大规模的抗议活动。2014年2月18—20日，首都基辅发生骚乱。之后，事件不断升级。危机的持续发酵，不仅在乌克兰发生了本国居民向国外离岸金融中心大量转移资本的情况②，也造成了俄罗斯资本流向的逆转。因地缘政治紧张关系的冲击，西方国家就乌克兰问题对俄罗斯实施制裁，导致投资者和民众对俄罗斯经济信心大跌，俄罗斯出现了严重的资本外逃。据俄罗斯中央银行

---

① 转引自[英]卡拉姆·亨德森：《亚洲在衰弱?》，朱宝宪、王桂琴等译，机械工业出版社1998年版，第52页。

② 至2013年底的三年中乌克兰资本外逃总量达700亿美元。资料来源：[乌]弗拉基米尔·西登科：《乌克兰经济新挑战》，王艺璇译，《中国经济报告》2014年第5期。

发布的数据显示，2014 年一季度俄罗斯资本外逃 620 亿美元，二季度为 123 亿美元，上半年累计近 750 亿美元的资本外逃，达到上年同期的 2.2 倍，并且超过了 2013 年全年的 627 亿美元。①

战争、政治上的动荡大多产生于经济系统之外，因此，人们在设计经济模型时经常将之排除在外，但其影响是客观存在的。

（二）金融危机的国际传染：来自外部经济的冲击

如果金融危机纯粹是国内的，就不会产生地理上的因果关系问题。在全球化的背景下，一个国家的货币或金融危机可以通过传染效应传导到另一个国家，即金融危机已日益趋于国际化，既可能各国同时爆发，也可能以一种或另一种方式从危机中心地带向其他国家蔓延。②当外部金融危机发生时，一国的资本流入会出现“突然停滞”：

> 危机在最初国家突然发生，或者具有高度杠杆性的贷款人（如银行、共同基金或者对冲基金）向那些受传染的国家提供资金时，问题尤其严重。③

现代国家之间存在着广泛的贸易与金融联系，这是金融危机国际传递的主要原因。20 世纪 80 年代以来，新兴经济体的金融、经济不稳定并非都来自内部因素的诱发，区域性、全球性金融危机的发生都会对新兴经济体的金融稳定产生不利影响。

1. 金融危机的国际传染渠道：贸易

当两国之间存在高额的贸易，或在第三方市场中存在较高的出口份额时，就容易发生危机传染。帕德玛・德塞曾实证研究了印度尼西亚、马来西亚、韩国等国家对泰国出口的情况，研究表明，泰国在发生金融危机之后，大幅削减对这些国家的商品需求，导致危机的区域传染。马

① 薛皎：《俄罗斯上半年资本外逃近 750 亿美元》，《第一财经日报》2014 年 7 月 11 日。

② [美]查尔斯・P.金德尔伯格：《金融危机史》第 4 版，朱隽等译，中国金融出版社 2008 年版，第 152 页。

③ [美]弗雷德里克・米什金：《下一轮伟大的全球化》，姜世明译，中信出版社 2007 年版，第 65 页。

来西亚的林吉特最早发生贬值，而且比韩国货币的贬值速度更快，这就提高了马来西亚半导体的出口量，造成韩国在第三方市场的半导体出口份额下降。①

2. 金融危机的国际传染渠道：信贷

信贷者不仅能传播危机，而且能加重危机。当银行遭受损失后，会重新评估总风险，调整资本头寸，减少信贷。不仅会收回危机发生国的贷款，也会收回所有国家的贷款。一个国家发生的不良信贷就会导致连锁反应，放贷银行都从受影响银行撤出资金，进而导致金融危机的区域乃至国际传染。②在东亚金融危机发生前夕，日本银行向这些国家发放了大量贷款。1996 年 12 月，日本银行向泰国、韩国、印度尼西亚，以及马来西亚四国的贷款份额占到总贷款的 54%。每个国家的银行对日本银行的负债占总债务的比例都非常高——1996 年 12 月，即危机发生前夕，泰国银行总借款中的 54.5%是日本银行贷款，印度尼西亚这一比重为 39.7%，马来西亚为 36.9%，韩国也高达 24%。当日本银行收回贷款时，这些国家的银行就陷入了严重的流动性危机。③例如，当泰国出现金融危机迹象时，日本银行迅速地从这个地区收回了大部分的短期贷款，这加重了泰国危机的程度。

银行并非参与金融交易的唯一主体。对冲基金把资金分散投资在不同的经济中，共同基金和机构投资者将资金投资于国际债券与权益。当一国出现金融危机时，他们采取的策略与银行如出一辙。例如，1997 年的东南亚金融危机首先发生于泰国。一旦金融市场的参与者意识到泰国的金融领域存在问题，他们就有理由断定其他东南亚经济体也有可能存在类似问题。于是，以金融大鳄乔治·索罗斯为首的机构投资者就向这一区域的其他经济体发起了攻击。韩国、马来西亚、菲律宾和印度尼西亚的货币均遭遇了巨额抛售，并出现大幅度贬值。

---

① [美]帕德玛·德塞：《金融危机，蔓延与遏制——从亚洲到阿根廷》，王远林等译，中国人民大学出版社 2006 年版，第 213 页。

② Graciela L.Kaminsky and Carmen M.Reinhart. 2000. "On Crises, Contagion, and Confusion", *Journal of International Economics*, Vol.51(1):145—168.

③ [美]帕德玛·德塞：《金融危机，蔓延与遏制——从亚洲到阿根廷》，王远林等译，中国人民大学出版社 2006 年版，第 214 页。

近年来，随着国家之间以贸易为纽带的联系方式，逐渐向以金融为纽带的联系方式转化，金融危机的国际传染力进一步加强了。例如，东南亚金融危机是 2001 年阿根廷金融危机的导火线。东南亚金融危机的爆发严重挫伤了市场信心，敏感的投资者转而怀疑阿根廷政府的偿债能力。进而，国际投机者开始在货币市场上做空阿根廷比索。在通过多种干预无果后，阿根廷政府最终被迫宣布将比索与美元脱钩，随即比索兑美元汇率出现暴跌。而 2002 年的乌拉圭危机就是由邻国阿根廷传染而来的。人口约 300 万的乌拉圭是一个高福利国家，有“拉美瑞士”的美誉。2002 年初，评级机构认定乌拉圭政府的债券评级还是投资级。2001 年末阿根廷金融危机爆发，由于乌拉圭与阿根廷之间存在高度的外贸与金融联系，极易受到阿根廷债务违约与金融崩溃的冲击。阿根廷连续的经济衰退影响了乌拉圭的出口，从而导致后者经济增长速度放慢；由于阿根廷现金短缺，大批阿根廷人遂向邻国乌拉圭银行挤兑美元存款，使乌拉圭国内的非居民存款大量撤离，引发该国银行业大规模资金流失，给乌拉圭带来了巨大的货币贬值压力，并迫使乌拉圭政府在 2002 年 7 月 19 日放弃了盯住美元的汇率体制，甚至由于无法抵挡挤兑狂潮，在 2002 年 7 月 30 日宣布银行停业，国有银行冻结所有定期存款。这些举措又进一步使乌拉圭陷入了货币贬值、物价暴涨、国家风险指数上升的窘境。

小　　结

跨境资本流向逆转是新兴市场经济体存在的一种普遍现象。究其根源，主要在于国际投资者在“三性”之间寻求最佳平衡：安全性是前提、盈利性是根本、流动性是保障。

引发“三性”原则变化的力量既有可能来自国内，也有可能来自国外。货币过度投放、经常项目失衡、债务负担过重，以及汇率的大幅度贬值，都有可能中断新兴市场经济体的资本流入进程；当一国经济受到来自外部事件的“冲击”干扰时，原有的经济平衡关系就会被打破，甚至引发资本流向逆转，严重威胁一国金融安全与经济稳定发展。东南亚金融危机的根本原因在于宏观经济基础变量的恶化和经济政策的不协调①，主要表现为巨大的经常项目赤字、短期外债增加、信用过度扩张、错误的投资政策、实际汇率高估和金融领域脆弱性上升等，这些恶化的经济变量是由政策失误所造成的。例如，通过大量举借短期外债来弥补经常项目逆差，而短期外债又被投资于高风险的证券和房地产行业，在外部不利因素的冲击下经常项目逆差的可承受性被弱化，致使资本流向发生逆转，最终爆发金融、经济危机。

参 考 文 献

Anne O. Krueger. 2000. "Conflicting Demands on the International Monetary Fund", *American Economic Review*, Vol.90(2):38—42.

Anne O.Krueger and Jungho Yoo. 2001. "Chaebol Capitalism and the Currency-Financial Crisis in Korea", In *Preventing Currency Crises in Emerging Markets*, NBER Conference Report Series. University of Chicago Press.

Barry Eichengreen and Albert Fishlow. 1998. "Contending with Capital Flows: What is Different About the 1990s?" In *Capital Flows and Financial Crises*, Edited by Miles Kahler. Cornell University Press, pp.23—64.

Barry Eichengreen and Ricardo Hausmann. 1999. "Exchange Rates and Financial Fragility", *NBER Working Papers* 7418.

Barry Eichengreen, Ricardo Hausmann, Ugo Panizza. 2002. "Original Sin: The Pain, the Mystery, and the Road to Redemption", Paper prepared for the conference "Currency and Maturity Matchmaking: Redeeming Debt from Original Sin," Inter-American Development Bank, Washington, DC, pp.21—22.

Carmen M.Reinhart, Kenneth S.Rogoff, Miguel A.Savastano. 2003. "Debt Intolerance", *NBER Working Paper* 9908. http://www.nber.org/papers/w9908.

Carmen M.Reinhart and Sara Calvo. 1996. "Capital Flows to Latin America: Is There Evidence of Contagion Effects?" *Policy Research Working Paper Series* 1619, Washington, DC: The World Bank.

Fernandez-Arias, Eduardo. 1996. "The New Wave of Private Capital Inflows:

① Paul Krugman. 1998. "What happened to Asia?", for a conference in Japan, http://web.mit.edu/krugman/www/disinter.html.

Push or Pull", *Journal of Development Economics*, Vol.48(2):389—418.

Frederic S. Mishkin. 1996. "The Channels of Monetary Transmission: Lessons for Monetary Policy", *NBER Working Papers* 5464. http://www.nber.org/papers/w5464.pdf.

Frederic S. Mishkin. 1999. "International Experiences with Different Monetary Policy Regimes", *NBER Working Papers* 6965. http://www. nber. org/papers/w6965.pdf.

Goldstein Morris and Philip Turner. 2004. Controlling Currency Mismatches in Emerging Markets, Washington DC: Institute for International Economics.

Guillermo A.Calvo, Leonardo Leiderman, Carmen M.Reinhart. 1996. "Inflows of Capital to Developing Countries in the 1990s", *The Journal of Economic Perspectives*, Vol.10(2):123—139.

Guillermo A.Calvo. 1998. "Capital Flows and Capital-Market Crises: The Simple Economics of Sudden Stops", *Journal of Applied Economics*, Vol.1(1):35—54.

Harry M.Markowitz. 1991. "Portfolio Selection: Efficient Diversification of Investments", New York: Wiley.

Helmut Reisen. 1998. "Sustainable and Excessive Current Account Deficits", *Empirica*, Vol.25(2):111—131.

Hollis B.Chenery and Alan M.Strout. 1966. "Foreign Assistance and Economic Development", *American Economic Review*, Vol.56(4):149—179.

J.Marcus Fleming. 1962. "Domestic Financial Policies Under Fixed and Under Floating Exchange Rates", *IMF Staff Papers* 9:369—379, Washington DC:IMF.

Milton Friedman. 1963. "Causes and Consequences". New York: Asia Publishing House.

Milton Friedman and Anna Schwartz. 1963. "A Monetary History of the United States, 1867—1960", Princeton, N.J.: Princeton University Press.

Peter J.Montiel and Carmen M.Reinhart. 1999. "Do capital controls and macroeconomic policies influence the volume and composition of capital flows? Evidence from the 1990s", *Journal of International Money and Finance*, Vol.18(4):619—635.

Ragnar Nurkse. 1953. "Problems of Capital Formation in Underdeveloped Countries", Oxford: Basil Blackwell.

Richard Cooper. 1971. "An Assessment of Currency Devaluation in Less Developed Countries", Chapter 13 of Gustav Ranis, Editor, *Government and Economic Development*, New Haven: Yale University Press.

Robert A.Mundell. 1963. "Capital Mobility and Stabilization Policy Under Fixed and Flexible Exchange Rates", *Canadian Journal of Economics and Political Science*, Vol.29(4):475—485.

Robert A. Mundell. 1968. "International Economics", New York: Macmillan, pp.250—271.

Ricardo Hausmann, Ugo Panizza and Ernesto Stein. 2002. "Original Sin, Pass-through, and Fear of Floating", In *Financial Policies in Emerging Markets*, Edited by Mario I.Blejer and Marko Skreb. Cambridge: MIT Press.

Ricardo Hausmann and Ugo Panizza. 2003. "On the determinants of Original Sin: an empirical investigation", *Journal of International Money and Finance*, Vol.22(7): 957—990.

Ronald McKinnon and Gunther Schnabl. 2003. "China: A Stabilizing or Deflationary Influence in East Asia? The Problem of Conflicted Virtue", *HKIMR Working Paper* Working Papers 23.

Sara Calvo, Carmen M. Reinhart. 1996. "Capital Flows to Latin America: Is There Evidence of Contagion Effects?" *Policy Research Working Paper Series* 1619, Washington, DC: The World Bank.

Sveinbjörn Blöndal and Hans Christiansen. 1999. "The Recent Experience with Capital Flows to Emerging Market Economies", *OECD Economics Department Working Papers* 211, Paris: OECD.

William H.Branson. 1968. "The Capital Account in the United States Balance of Payments", *The Journal of Finance*, Vol.23(4):679—680.

[英]约翰·梅纳德·凯恩斯:《货币改革短篇》,陈丽青、李晶译,《凯恩斯文集》上卷,改革出版社 1999 年版,第 249—387 页。

[美]詹姆斯·米德:《国际经济政策理论》第 1 卷《国际收支》,李翀译,首都经济贸易大学出版社 2001 年版。

[美]莫里斯·戈登斯坦、菲利普·特纳:《货币错配——新兴市场国家的困境与对策》,李扬、曾刚译,社会科学文献出版社 2005 年版。

邢毓静:《放松资本管制的进程》,中国金融出版社 2004 年版。

杨海珍:《国际资本流动研究》,中国金融出版社 2011 年版。

第三章

中国面临跨境短期资本流向逆转威胁

在开放经济条件下，资本自由流动为各国经济发展提供了便捷的融资环境，资金在国际间得到有效配置。然而，正如硬币有正反两面，任何事物的影响也都有两面性。20世纪90年代以来新兴市场经济体几次大的金融危机，不同程度地反映了跨境短期资本流动的不稳定性与破坏性。近年来，随着中国经济不断融入全球经济，跨境资本流动日益频繁，对国内经济、金融的影响也越来越大。纵观国内学者对这一问题的研究，主要集中于两个方面：一是跨境短期资本流入对国内金融安全、经济安全的影响与应对；二是大规模资本撤离可能产生的影响及其防范对策。

一、改革开放以来中国跨境短期资本流动状况

不同类型的资本，改变其流动方向的难易程度也是不同的。按照境外资本流入的类型，一般把流入一国的资本区分为“直接投资”、“证券投资”（包括股本证券和债务证券）和“其他资本”（包括银行借贷、官方借贷等）三部分。由于证券投资流动的成本较低，一般认为证券投资比直接投资具有更强的波动性和不可预测性，也更容易发生流向逆转。

（一）中国资本流动的格局

改革开放初，我国是一个资本严重匮乏、外汇严重短缺的国家。在引进外资方面，我国采取的是欢迎直接投资而谨慎引进证券投资的政策。

因此,对于直接投资有诸多优惠①,对证券投资的进入则设置了种种障碍。正因如此,改革开放30多年来,中国外商直接投资引进取得辉煌的成就,而证券投资的引进却相对微不足道(见表3-1)。2006年之前,只有2003年、2004年两年证券投资差额超过100亿美元,其他年份均不到100亿美元;2007—2013年连续7年超过100亿美元,但最高的年份2013年也仅为605亿美元,而同年直接投资差额却高达1 850亿美元,证券投资与直接投资相比相距甚远。

表3-1　1985—2013年中国国际收支相关项目　　单位:亿美元

年份	直接投资差额	证券投资差额	外商直接投资	贸易顺差	储备资产增减额
1985	10	30	17	—149	24
1986	14	16	19	—120	20
1987	17	11	23	—37	—50
1988	23	9	32	—77	—23
1989	26	—2	34	—66	5
1990	27	—2	35	87	—121
1991	35	2	44	81	—146
1992	72	—0.6	112	44	21
1993	231	31	275	—122	—18
1994	318	35	338	53	—305
1995	338	8	358	167	—225
1996	381	17	402	123	—316
1997	417	69	442	403	—357
1998	411	—37	438	436	—64
1999	370	—112	388	291	—85
2000	375	—40	384	241	—105
2001	374	—194	442	225	—473

① 中国曾经实施的对外资企业的税收优惠就是典型的例子。

续　表

年份	直接投资差额	证券投资差额	外商直接投资	贸易顺差	储备资产增减额
2002	468	−103	527	304	−755
2003	494	114	535	256	−1 061
2004	601	197	606	320	−1 901
2005	904	−49	603	1 020	−2 506
2006	1 001	−684	695	1 775	−2 848
2007	1 391	164	748	2 622	−4 607
2008	1 148	349	924	2 955	−4 795
2009	872	271	900	1 961	−4 003
2010	1 857	240	1 057	1 831	−4 717
2011	2 317	196	1 160	1 551	−3 878
2012	1 763	478	1 117.2	2 311	−966
2013	1 850	605	1 176	2 592	−4 314

资料来源：国家外汇管理局：《中国国际收支平衡表》(1985—2013 年)，http://www.safe.gov.cn/wps/wcm/connect/d0b4268048182d8b92c6d284909d05cd/国际收支平衡表时间序列数据.xls?MOD=AJPERES&CACHEID=d0b4268048182d8b92c6d284909d05cd，其中外商直接投资、贸易顺差数据来自中华人民共和国国家统计局：《国民经济和社会发展统计公报》(1985—2013 年)，http://www.stats.gov.cn/tjgb/。

仅就上述比较而言，证券投资似乎并不值得关注。流入中国的资本以直接投资为主，资本流向逆转的威胁不大。但如果不用证券投资，改用更为宽泛的“投机性资本”①指标，却可以发现近年来中国资本流动方面的一些新情况。

依据导论的表 0-3 相关数据，得图 3-1。由图 3-1 可见，20 世纪 90 年代，中国一直存在着“投机性资本”外流现象，亚洲金融危机期间的 1998

① 如导论所述，“投机性资本”又被称为“热钱”、“游资”，或“逃避资本”等，至今在学术界尚无一个公认的定义，但一般认为具有投机性强、流动性快、隐蔽性高等特征。不同的概念界定，能测算出不同的规模。本书采用最简单的估算方法，具体是指在国际收支平衡表中，当年新增外汇储备减去贸易顺差，再减去外商直接投资后的差额。该指标不仅包含了上述的证券投资，而且还包含了误差与遗漏项，即反映了不受官方控制的资本流动。

年，这种流出达到顶峰。达到顶峰后，“投机性资本”外流逐年减少。2003年，由于对人民币加速升值的预期、改革开放以来中国经济持续快速增长及其良好的发展前景、人民币与主要外国货币的利差等因素，当年出现了“投机性资本”大量流入中国的情况。[①]2007年突破1 000亿美元，2010年更是达到创纪录的1 829亿美元。2008年全球金融危机发生后，世界经济一度陷入衰退，发达经济体陷入复苏乏力的状态，但新兴市场经济体，尤其中国的增速可谓一枝独秀，在主要经济体量化宽松货币政策的推波助澜下，出现了大量“投机性资本”涌入中国的场景。但2011年，随着中国经济增速的放慢，“投机性资本”进入规模明显缩减，与上年度相比减少了662亿美元。2012年更是出现了严重的资本流向逆转现象。

单位：亿美元

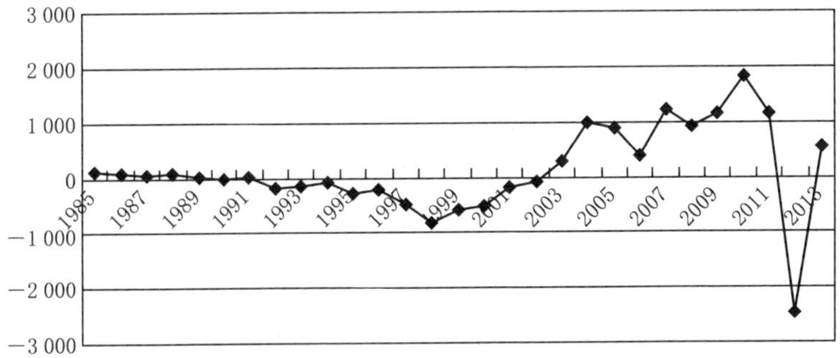

图3-1　1985—2013年中国“投机性资本”流动

资料来源：根据表0-3相关数据得到。

(二) 跨境短期资本大量流动对我国经济的影响

对一国经济而言，包括“投机性资本”在内的跨境短期资本大量流入是一把“双刃剑”：一方面，资本大量流入能给一国经济发展带来活力；另一方面，境外短期资本大量流入会对国内经济与金融体系造成冲击，甚至引发热钱涌入→本币高估→贸易逆差→外汇储备锐减→资本快速抽逃的不良后果。

① 值得注意的是，2003年证券投资流入金额第一次超过了100亿美元。这或许和2002年中国开始实行合格境外机构投资者制度（QFII），允许非居民在国内股票市场投资A股有一定关系。

1. 跨境资本大量流动对一国经济的传导机制

跨境资本大量流动对一国经济影响的传导机制主要包括汇率机制、财富机制和资产价格机制等。

首先,从汇率机制看,采用浮动汇率制的国家,跨境资本大进大出必然会引起汇率的上下波动,进而对其国际贸易和银行体系产生影响;对于以汇率稳定为政策目标的国家而言,跨境资本大量流动会使其货币政策效果受到一定程度扭曲,形成被迫的货币扩张或者紧缩。①

其次,从财富机制看,随着跨境短期资本流动规模的扩大,投资者偏好的股票、债券等证券市场的波动会明显加剧。股票、债券价格的变化,导致相关国家金融财富发生变化,并对国内投资者产生财富转移效应,进而对相关经济主体的消费与生产行为产生影响。例如,跨境短期资本进入股票市场,导致股价上升,股价上升会刺激消费,过度的消费会提高公司利润并刺激投资增长,从而加大一国通货膨胀压力;公司利润的提高促使股价继续攀升,投资扩大、就业增加、收入增加又会增加对股票的需求;股价的上升继续刺激消费。倘若境外资本大量撤离,就会引发一个反向的循环活动。

第三,从资产价格机制看,以房地产、股票市场为代表的各类资产市场依托庞大的市场规模和高额的利润,成为国际资本关注的另一重要领域。但国际资本流入往往会给相关国家的房市、股市带来大量"虚假"需求,不仅对其市场供需平衡造成较大影响,而且还会吹大资产市场的"泡沫";国际资本的大量撤离又会引发资产"泡沫"的快速破灭。尤其是房市、股市为代表的各类资产价格极易受投资者信心的干扰,因而,跨境短期资本的大量涌入或撤离,对资产价格的变化会构成巨大影响。

2. 跨境短期资本大量流动加大金融风险

正如图 3-2 所示,资本大进大出会对一国金融稳定、经济稳定产生严重冲击。具体表现为:

---

① 这就是著名的蒙代尔不可能三角(Impossible triangle),即一个国家不可能同时实现资本自由流动,货币政策的独立性和汇率的稳定性。也就是说,一个国家只能拥有其中两项,而不能同时拥有三项。如果一个国家既想允许资本自由流动,又想拥有独立的货币政策,那就很难保持汇率稳定;如要实现汇率稳定和资本自由流动,就必须放弃独立的货币政策。

(1) 境外资本大量流入容易引起国内经济过热、金融脆弱性上升

境外资本大量流入会引起外汇储备增加并导致外汇占款增大，在没有相应的对冲措施或对冲不充分的情况下，外汇占款增加导致基础货币大量增发，在乘数效应作用下会引起货币供给量的飙升，并最终引发通货膨胀与经济过热。

境外资本大量流入极易引发信用风险、汇率风险与流动性风险，导致国内金融脆弱性上升。首先，大量资本流入一国，会引起信贷限制的放松，部分企业会大量借贷甚至过度借贷，由过度借贷而造成的借款人违约风险相应上升，由此产生信贷风险；其次，大量资本流入会对本币升值施加压力，而汇率波动(或预期汇率波动)所引起的风险，就构成一种市场风险；第三，大量资本流入，容易产生流动性过剩的幻觉，银行“短存长贷”——中长期贷款依靠短期存款滚动支撑，引起存贷款期限的错配。一旦资本流向改变，可能就会变为流动性短缺，增加银行流动性风险。由资本流动所导致的信用风险、汇率风险以及流动性风险，增加了一国金融的脆弱性。

(2) 资本大量流出会增加货币政策的操作难度，抑制实体经济增长，加剧金融市场动荡

因实体经济过热、金融脆弱性上升，一国金融、经济风险积累到一定程度时，如果遭遇经常账户巨额逆差、政府对外偿债能力不足等情况，跨境短期资本立刻就会停止流入，甚至已经进入的外资也会选择撤离，国内资产持有者由于恐慌心理也会通过各种途径让资本外流甚至外逃，内外资本抽逃的汇流，会进一步恶化该国的国际收支平衡，减少国内资金供

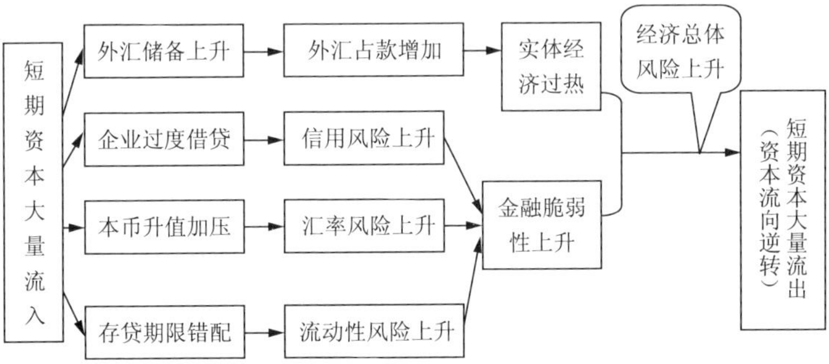

图 3-2　短期资本大量流入对一国宏观经济稳定的影响

给，甚至会耗尽一国外汇储备，并引发金融危机。①

尽管图 3-2 展示的影响机制似乎只是一种理论上的假设，但墨西哥金融危机、东南亚金融危机，以及阿根廷金融危机等却真实地演绎了跨境短期资本无序流动对一国宏观经济构成的冲击。

（三）中国存在资本流向不稳现象

由图 3-1 可见，中国资本流动呈现明显的阶段性特征。

1. 1985—1991 年：少量流入

这六年（除 1991 年外）中国“投机性资本”流入较为稳定并且规模不大，最高的年份 1985 年也仅为 108 亿美元。

2. 1992—2002 年：持续流出

连续 11 年出现“投机性资本”流出，并有 9 年（除 1994 年、2002 年外）的流出规模超过 100 亿美元。1997 年东南亚金融危机发生后，由于外部冲击导致“投机性资本”大量撤离，其中 1997 年为 488 亿美元，1998 年流出规模更是达到了 810 亿美元，1999 年、2000 年仍然超过 500 亿美元。

3. 2003—2011 年：持续流入

出现了连续 9 年的“投机性资本”流入，其中 2007 年、2009 年、2010 年与 2011 年四年的流入规模都超过了 1 000 亿美元，但 2011 年与 2010 年相比减少了 662 亿美元，下降幅度达 36%。2008 年由于雷曼兄弟倒闭引发全球金融海啸，中国经济再次遭受严重的外部冲击，“投机性资本”流入中国的规模明显缩减，由上一年的 1 237 亿美元下降到 916 亿美元。其中 2008 年 6 月，我国外汇储备增加 118.67 亿美元，贸易顺差为 213.5 亿美元，外商直接投资为 96.1 亿美元，后两项合计达到了 309.6 亿美元，有 190.93 亿美元的资金“不明去向”。同年第三季度“投机性资本”流出 85.69 亿美元，第四季度更是达到 750 亿美元。2009 年一季度，贸易顺差与外商直接投资共为 842.87 亿美元，但其中有超过 90%的资金流向不明（见表 3-2）。

---

① 见经济增长前沿课题组：《国际资本流动、经济扭曲与宏观稳定——当前经济增长态势分析》，《经济研究》2005 年第 4 期。

表 3-2　2008 年 1 月—2009 年 12 月中国国际收支相关项目

单位:亿美元

月　份	外商直接投资	贸易顺差	外汇储备增加额	“投机性资本”流入额
2008 年 1 月	112.00	194.8	615.61	308.81
2 月	69.28	85.6	573.24	418.36
3 月	92.86	134.1	350.43	123.47
4 月	76.03	166.8	744.78	501.95
5 月	77.61	202.1	403.06	123.35
6 月	96.10	213.5	118.67	−190.93
7 月	83.36	252.8	363.36	27.2
8 月	70.08	286.9	389.89	32.91
9 月	66.42	293.7	214.32	−145.8
10 月	67.22	352.4	−258.97	−678.59
11 月	53.22	400.9	50.29	−403.83
12 月	59.78	389.8	613.13	163.55
2009 年 1 月	75.41	391.1	−325.74	−792.25
2 月	58.33	48.4	−13.9	−120.63
3 月	84.03	185.6	416.75	147.12
4 月	58.92	131.3	551.39	361.17
5 月	63.79	133.9	806.11	608.42
6 月	89.61	82.5	421.15	249.04
7 月	53.59	106.3	430.12	270.23
8 月	74.99	157.1	362.09	130.00
9 月	78.99	129.3	617.68	409.39
10 月	71.05	239.9	556.77	245.82
11 月	70.23	190.9	605.16	344.03
12 月	121.38	184.3	103.64	−202.04

资料来源:国家外汇管理局:《国家外汇储备规模(时间序列数据)》,http://www.safe.gov.cn/wps/wcm/connect/e50e9900481813718fd8df84909d05cd/月度数据(1999 年 12 月—2012 年 6 月).xls?MOD=AJPERES&CACHEID=e50e9900481813718fd8df84909d05cd。中华人民共和国商务部:《利用外资统计》,http://www.mofcom.gov.cn/v/v.html?2210451383=957879862。中华人民共和国商务部:《进出口统计快报》,http://zhs.mofcom.gov.cn/tongji.shtml。

2011年，跨境资本流动波动较大，由前三季度资本净流入同比增长62%，转为第四季度净流出290亿美元；交易形成的外汇储备增加额由前三季度同比多增888亿美元，转为全年少增847亿美元。①在当年底，出现了外汇资产、外汇占款，以及外汇储备三项数据的集中下滑。(1)外汇资产下降。根据中国人民银行公布的《货币当局资产负债表》显示，截至2011年12月末，货币当局外汇资产余额为232 388.73亿元人民币，较上月下降310.6亿元。这是自2011年10月以来，连续第三个月出现该数据下降。第四季度末与第三季度相比，下降1 464.82亿元人民币。(2)外汇占款负增长。中国人民银行公布的《金融机构人民币信贷收支表》显示，2011年第四季度末金融机构外汇占款余额为253 587.01亿元人民币，与三季度末相比减少1 531.22亿元，其中2011年10月减少248.92亿元人民币，出现了2008年以来的首次负增长，2011年11月减少279亿元，12月又进一步下降1 003.3亿元，超过前两月下降额之和。(3)外汇储备减少。国家外汇管理局公布的《中国历年外汇储备》显示，截至2011年12月末，中国外汇储备为3.18万亿美元，较11月下降397.6亿美元，而11月已经比上月下降528.89亿美元。第四季度末与第三季度末相比外汇储备共减少205.35亿美元。这是自东南亚金融危机以来，我国外汇储备出现的首次下滑。

4. 2012年：*流向逆转*

2011年底出现的“投机性资本”缩减情况，一直蔓延到2012年。2012年第一季度，随着国际市场环境一度回暖，我国资本和金融项目由2011年第四季度的逆差292亿美元转为顺差561亿美元。第二、三季度，由于全球经济复苏乏力、欧债危机深化蔓延、市场避险情绪重新上升等因素，我国资本和金融项目分别为逆差412亿和517亿美元。第四季度，国内外经济重现企稳迹象，加上主要发达国家推出量化宽松货币政策，在新的一轮流动性泛滥的作用下，国际资本再次大量回流中国，该季度资本和金融项目重新转为顺差200亿美元。

这意味着在全球金融危机发生后，在短期资本流向上，中国已经由前几年的“不明来源”一度转变为“不明去向”。内外因素的叠加造成了这一

---

① 国际外汇管理局国际收支分析小组：《2011年中国国际收支报告》，第1页，2012年3月31日。

状况的出现。具体而言：

一是境外投资机构撤资回防。金融危机爆发后，以投资银行和对冲基金为代表的境外机构投资者，遭遇大量的账面损失。由于流动性收缩和金融机构“去杠杆化”的推进，境外机构投资者纷纷在新兴市场抛售资产，大量短期资本从新兴市场回流至母国。例如，金融危机发生后，2008年12月31日瑞银集团发布公告称减持其持有的全部中国银行H股累计34亿股，2009年1月7日美国银行在香港股市以每股3.92港元减持了56亿股建设银行H股，2009年1月13日苏格兰皇家银行抛售108亿股中国银行H股，2011年10月11日德意志银行减持中国农业银行2.81亿股H股，10月20日摩根大通场内减持农行5 041.52万股，11月10日高盛出售17.52亿股工商银行H股，11月14日美国银行出售104亿股中国建设银行股份。这些外资撤离中资银行事件均说明了这一点。

二是美元短期升值。布雷顿森林体系解体后，美元汇率变化成为国际资本流动的风向标。当美元贬值时，通常会有大量资本流向新兴市场经济体；当美元升值时，国际资本会大量回流至美国（见图3-3）。2008年下半年，随着国际金融危机影响的加剧，美元成为短期资本的避风港，出现了明显的升值，导致大量短期资本从新兴市场撤离。

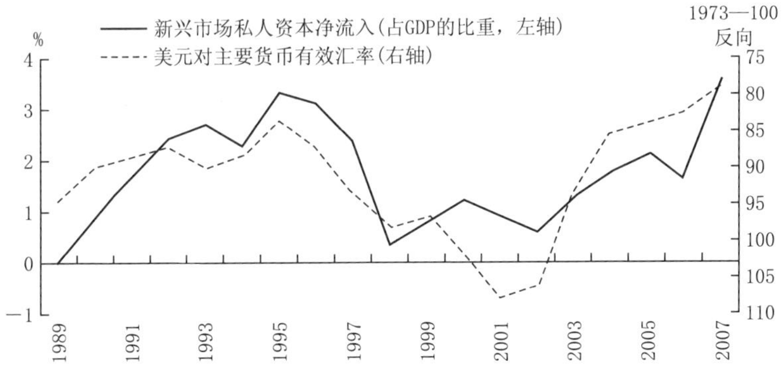

图3-3　美元汇率与新兴市场私人资本净流入

资料来源：中金公司研究部：《美元汇率与国际资本流动》，2007年11月22日。

三是中国经济增长速度明显回落。2008年金融危机发生后，作为中国产品主要出口地的欧美经济遭受巨大打击，从而严重影响中国出口。2008年11月，中国出口转为负增长。从国内经济周期看，2008年开始中国经济进入本轮增长的回落期。在内外因素叠加影响下,中国经济增长率由2008年第一季度的10.6%一度下滑至2009年第一季度的6.1%。2012年第三季度中国经济增长率放缓至7.4%,为连续第7个季度放缓,也是2009年第一季度以来首次未达到7.5%的目标(见图3-4)。资本的本性是逐利的,但在不稳定、不确定的国际经济背景下首先关心的是安全性。当中国经济出现增速下滑,又面临劳动力成本、土地成本上升,以及房地产严控、股市长期低迷等因素,一些境外投资者对中国经济稳定增长的信心开始动摇,进而撤离资本。

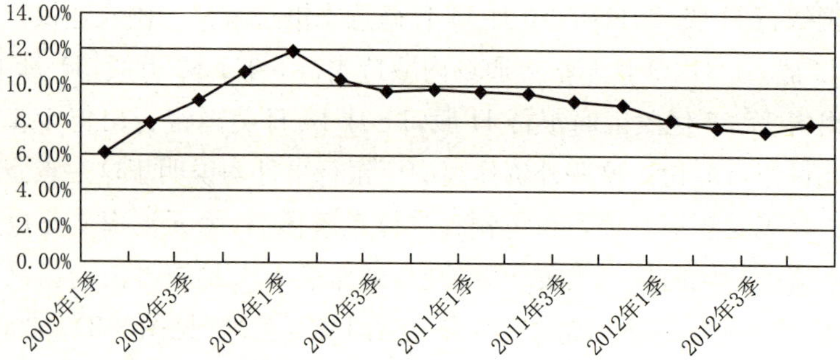

图3-4　2009年第一季度至2012年第四季度GDP走势

(四)从单边流入到双向流动

中国国家外汇管理局从2004年开始编制《中国国际投资头寸表》,从表3-3可见,2004年以来我国对外金融资产负债呈现以下特点:首先,我国对外金融资产和负债均保持增长态势,资产增幅略快于负债。我国对外金融资产从2004年末的9 291亿美元增长到2013年末的59 368亿美元,年均增长22.9%;我国对外金融负债从2004年末的6 527亿美元增长到2013年末的39 652亿美元,年均增长22.2%。这反映了我国改革开放和经济发展的成果,表明我国对外开放逐步扩大,与世界经济的联系日益紧密,经济实力也不断增强。其次,我国国际投资头寸呈现为对外净资产,且对外净资产逐年大幅增加。我国对外净资产从2004年末的2 764亿美元增长到2013年末的19 716亿美元,年均增长24.4%。截至2013年末,我国对外净资产近两万亿美元。这表明我国已成为一个对外资本输出的净债权国,已成为国际资本供应的一支重要新兴力量,在国际金融动荡中发挥着重要的稳定作用。再次,从单边流入到双向流动,是我国跨境资本流动的新特征。截至 2013 年 12 月末，我国对外金融资产达 59 368 亿美元，对外金融负债达 39 652 亿美元，分别较上年末增长 14%和 19%，较上年增速分别上升 4 个和 9 个百分点，对外金融净资产为 19 716 亿美元，较上年末增长 6%。这表明，我国跨境资本流动已经从前些年的单边流入为主开始向双向流动转变。

表 3-3　我国对外金融资产、对外金融负债与对外金融净资产

单位：亿美元

年份	对外金融资产	对外金融负债	对外金融净资产
2004	9 291	6 527	2 764
2005	12 233	8 156	4 077
2006	16 905	10 503	6 402
2007	24 162	12 281	11 891
2008	29 567	14 629	14 938
2009	34 369	19 464	14 905
2010	41 189	24 308	16 880
2011	47 345	30 461	16 884
2012	51 749	34 385	17 364
2013	59 368	39 652	19 716

资料来源：国家外汇管理局历年《中国国际投资头寸表》，http://www.safe.gov.cn/wps/portal/sy/tjsj_tzctb。

1. 国际产业分工、资产收益与劳动生产率差异，致使发达经济体与发展中经济体间资本流动呈现双向性

（1）资本从发达经济体向发展中经济体的流动

这部分资本流动，主要与国际产业分工相关。由于发达经济体凭借其研发优势与全球网络营销优势，占据国际产业分工的高端；发展中经济体凭借其自身资源优势与劳动成本优势参与国际分工，只能处于产业链低端。这部分的资本流动以直接投资为主，波动性相对较小。

（2）资本从发展中经济体向发达经济体流动

这部分资本流动背后的动因在于发展中经济体的超额储蓄，以及发达经济体更高的劳动生产效率、更为发达的金融服务业带来的相对稳定的资产收益。这部分的资本流动以证券投资方式为主，波动性相对较大。

资本双向流动意味着，当以欧美为代表的发达经济体经济处于不景气状况时，资本有极强的动机从其中撤离，并进入收益率相对更高的经济体；而当发达经济体经济出现明显好转时，资本又将向发达经济体集聚。伴随国际资本双向、高度流动的是发展中经济体资本市场的剧烈波动。

2. 世界经济复苏、主权债务风险等不稳定、不确定因素，使市场情绪时好时坏并触发国际资本流动的剧烈波动

2012 年，在宽松流动性、低利率环境下，全球经济仍呈现增长放缓、国际金融市场持续动荡的局面。发达经济体复苏乏力，新兴经济体增速明显回落(见表 3-4)。其中，2012 年上半年全球经济增长普遍放慢，下半年新兴经济体经济状况有所改善，全球经济出现触底企稳迹象。欧美主权债务危机的演变更加复杂，金融市场避险情绪交替变化，呈现明显的阶段性特征(见图 3-5)。2012 年第一季度，欧债危机一度呈现缓解之势，国际金融市场有所企稳，新兴经济体重现资本流入。但自 3 月下旬起，欧债危机再次恶化，市场避险情绪加重，新兴经济体普遍出现资本外流。9 月之后，随着欧洲央行宣布直接货币交易(OMT)计划、美联储启动第三轮和第四轮量化宽松货币政策等措施，暂时稳定了金融市场情绪，投资者风险偏好有所上升，新兴经济体资本回流压力重又增加。

表 3-4　2009—2015 年世界经济增长态势

	2009	2010	2011	2012	2013	2014	2015
世界经济	**−0.7**	**5.3**	**3.9**	**3.2**	**3.0**	**3.6**	**3.9**
发达经济体	**−3.7**	**3.2**	**1.6**	**1.4**	**1.3**	**2.2**	**2.3**
美国	−3.5	3.0	1.8	2.8	1.9	2.8	3.0
欧元区	−4.3	1.9	1.4	−0.7	−0.5	1.2	1.5
日本	−6.3	4.4	−0.6	1.4	1.5	1.4	1.0
新兴市场和发展中经济体	**2.8**	**7.5**	**6.3**	**5.0**	**4.7**	**4.9**	**5.3**
中国	9.2	10.4	9.3	7.7	7.7	7.5	7.3
印度	6.8	10.8	7.9	4.7	4.4	5.4	6.4
巴西	−0.6	7.5	2.7	1.0	2.3	1.8	2.7
俄罗斯	−7.8	4.3	4.3	3.4	1.3	1.3	2.3

注：2014 年、2015 年为预测值。
资料来源：IMF，《世界经济展望》，2014 年 4 月。

2013年,全球经济艰难复苏,分化趋势日益明显,发达国家经济好转,但新兴市场增长放缓。美国经济在私人部门需求带动下显著复苏,日本经济受宽松货币和财政政策影响出现反弹,欧元区逐步走出衰退,而巴西、印度等主要新兴经济体面临下行压力(见表3-4)。欧元区和日本继续实施量化宽松货币政策,但美联储开始酝酿减少资产购买额,美债长期收益率攀升,触发全球资产重新配置,资金回流成熟市场,部分新兴经济体汇率和金融市场面临压力(见图3-5)。

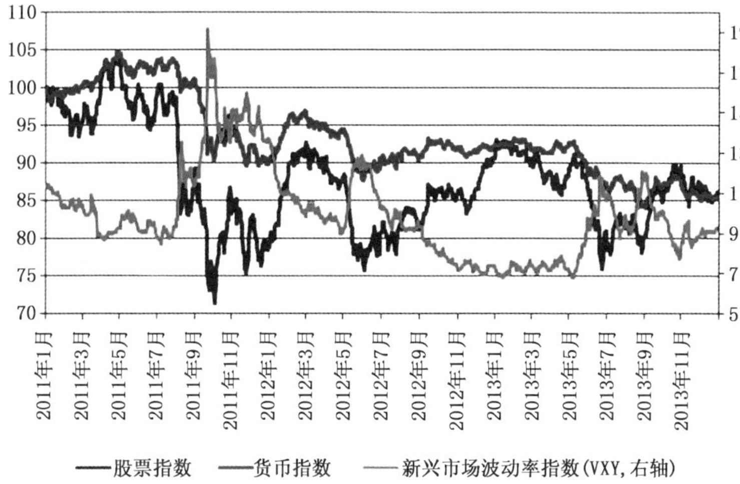

图3-5 2011—2013年新兴市场股票指数和货币指数

注:新兴市场股票指数和货币指数以2011年1月3日为100。JP摩根新兴市场VXY指数反映新兴市场一篮子货币汇率加权波动率。

资料来源:国家外汇管理局国际收支分析小组:《2013年中国国际收支报告》,第7页,2014年4月4日。

3. 中国经济下行压力加大、人民币汇率双向波动和汇率预期分化,造成跨境资本流动的短期变化

2012年,我国经济呈现缓中趋稳的走势。第四季度国内生产总值同比增长7.9%,结束了此前连续7个季度的增速回落态势,国内物价水平保持稳定;最终消费和投资对经济增长的贡献率分别达51.8%和50.4%,经济增长的内生性、自主性进一步增强。但我国经济持续稳定增长面临的困难明显增多、下行压力较大。2013年我国经济克服了下行压力加大

的挑战，全年经济运行整体呈现稳中有进、稳中向好的态势。国内生产总值达到56.9万亿元，比上年增长7.7%；居民消费价格涨幅控制在2.6%（见图3-6）；城镇登记失业率4.1%，城镇新增就业创历史新高。结构调整取得积极成效，服务业增加值比重达到46.1%，首次超过第二产业。利率市场化改革加速推进，尽管出现短期资金波动，但货币金融环境基本稳定，2013年末广义货币供应量M2同比增长13.6%。良好的经济基本面以及境内外正向利差刺激境内主体开展顺周期的财务运作，跨境资本延续偏流入压力。

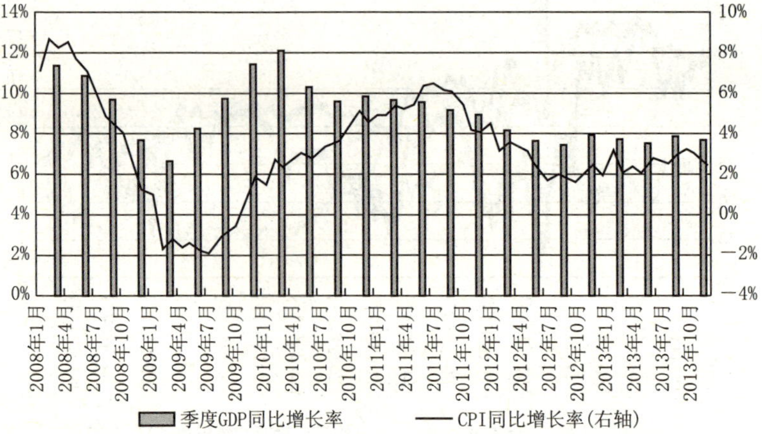

图3-6　2008—2013年我国季度GDP和月度CPI增长率

资料来源：国家统计局。

在人民币汇率趋向合理均衡水平的背景下，受国内外环境变化和我国汇率机制改革影响，人民币汇率双向波动明显、汇率预期呈现明显分化，市场主体财务运作方式的变动频繁，造成跨境资本流动的短期变动。

2012年前三季度，境内机构和个人持汇和购汇意愿增强，跨境资本偏向于流出。第四季度，由于国内外经济金融形势逐渐企稳，人民币汇率重拾升势，我国又再现较大的资本输入压力。这一态势一直持续到2013年的前五个月。

4. 在“走出去”等推动资本有序流出的政策引导下，国内资本主动输出的规模将不断扩大

近年来，我国对外直接投资净流出呈大幅增长的态势，境外对我国证券投资大幅增长，其他投资则由净流入转为大额净流出。

（1）对外直接投资净流出大幅增长

我国直接投资净流入格局较为稳定，2000—2013 年，直接投资顺差占 GDP 的比例基本保持在 2%—4%的区间范围内，但对外直接投资净流出呈大幅增长的态势。

2013 年，我国对外直接投资净流出 732 亿美元，较上年增长 13%（见表 3-5）。其中，流出 1 096 亿美元，增长 24.1%，撤资回流 364 亿美元，增长 55.6%。对外直接投资资本跨境流动规模大幅增长是带动资本总流出与流入规模上升的主要原因。

表 3-5　2000—2013 年我国对外直接投资情况

年份	对外直接投资回流	对外直接投资流出	对外直接投资净流出
2000	13	22	9
2001	2	71	69
2002	3	28	25
2003	20	20	0
2004	3	23	20
2005	6	143	137
2006	7	246	239
2007	19	191	172
2008	22	589	567
2009	42	481	439
2010	76	656	580
2011	174	658	484
2012	234	883	650
2013	364	1 096	732

资料来源：国家外汇管理局：《中国国际收支平衡表时间序列数据》。

一是投资门类齐全且重点突出。根据商务部的统计口径①，非金融

① 国际收支统计口径与商务部公布的数据主要差异在于，国际收支统计中还包括了外商投资企业的未分配利润、已分配未汇出利润、盈余公积、股东贷款、金融机构吸收外资、非居民购买不动产等内容。

部门对外直接投资呈现产业多元化、区域分散化的特点。从行业分布数据看,2013年,流向商务服务业的投资294.5亿美元,较上年增长32.1%,占投资总额的32.7%。对采矿业投资201.6亿美元,占22.4%;批发零售业136.7亿美元,占15.2%;制造业86.8亿美元,占9.6%;建筑业65.3亿美元,占7.2%;交通运输业25亿美元,占2.8%。此外,建筑业、文化体育和娱乐业则是投资增速最快的领域,分别同比增长129.1%和102.2%,采矿业、批发和零售业、制造业、房地产业等也都实现较快增长。从区域分布来看,对香港、欧盟、日本的直接投资同比分别下降6%、14%和24%,而对俄罗斯、美国、澳大利亚的投资分别实现5.2倍、1.3倍和82%的高速增长。①

二是境内金融机构"走出去"步伐加快。2012年,金融部门对外直接投资流出94亿美元,撤回8亿美元,净流出86亿美元,较上年增长51%(见图3-7)。其中,银行与其他类金融机构的对外直接投资净流出规模居前,且均保持增长趋势;证券及保险类金融机构净流出占比相对较小,且较上年有所下降。截至2012年末,我国境内金融机构对外直接投资存量778亿美元,与境外投资者对我国境内金融机构直接投资存量812亿美元大体相当。②2013年,金融部门对外直接投资净流出158亿美元,较上年增长41%。

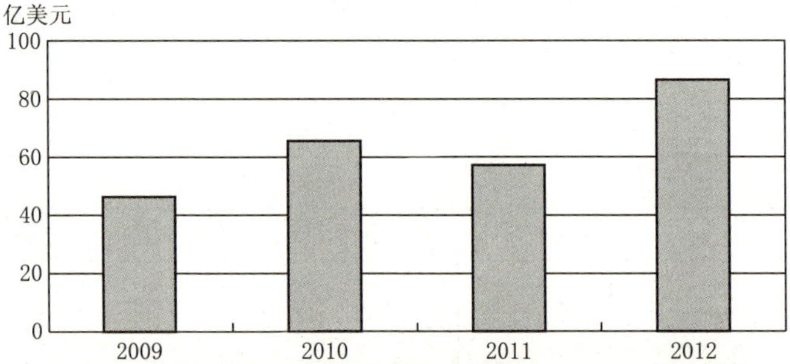

图3-7 2009—2012年金融部门对外直接投资净流出情况

资料来源:国家外汇管理局国际收支分析小组:《2012年中国国际收支报告》,2013年4月3日。

---

① 商务部新闻办公室:《商务部召开例行新闻发布会》,2014年1月16日。商务部网站,http://www.mofcom.gov.cn/article/ae/ah/diaocd/201401/20140100462683.shtml。

② 按照国际收支统计原则,单个境外主体10%以上的投资才属于直接投资,因此我境内金融机构吸收的境外战略投资者的投资和境外上市募集的资金均记为证券投资而非直接投资。

(2) 非直接投资顺逆差迅速转换

证券投资和其他投资(统称为非直接投资)项下顺逆差转化较快,在全球投资风险偏好下降时,较易出现资本流向逆转。2004—2013 年,非直接投资项目有 5 年为顺差,5 年为逆差。2012 年,非直接投资项目逆差达 2 122 亿美元,相当于 GDP 的－2.6%,而 2011 年为顺差 284 亿美元(见图 3-8)。这主要反映了境内主体境外资产运用的增加和对外负债的减少。2013 年非直接投资资本流动由逆转顺,顺差达 1 382 亿美元,相当于 GDP 的 1.5%。这说明我国国际收支平衡的基础还不巩固,仍需积极构建市场化的国际收支平衡体制机制。

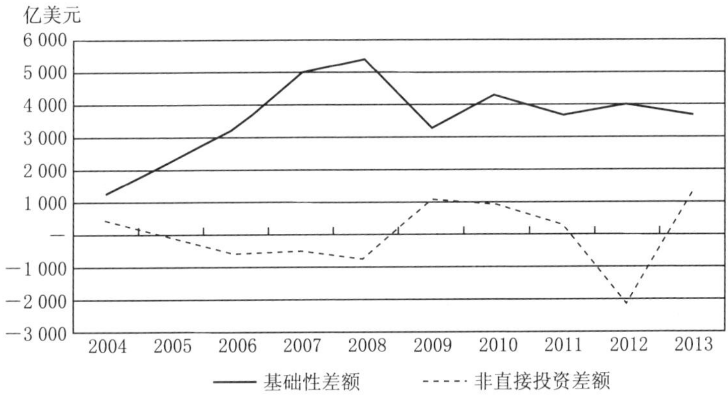

图 3-8 2004—2013 年我国国际收支基础性差额和非直接投资差额

资料来源:国家外汇管理局国际收支分析小组:《2013 年中国国际收支报告》,第 16 页,2014 年 4 月 4 日。

国际金融危机发生后,因内外部不确定因素增多,我国其他投资项下顺逆差转化频繁而且剧烈,波动性、顺周期性明显。2012 年,我国其他投资项下净流出 2 600 亿美元,上年为净流入 87 亿美元。其中,其他投资资产净流出 2 316 亿美元,其他投资负债净流出 284 亿美元。各子项目大多呈现净流出,其中:贸易信贷项下净流出 195 亿美元,贷款项下净流出 821 亿美元,货币和存款项下净流出 1 641 亿美元,仅有其他资产项下净流入 57 亿美元。[①]而 2013 年,我国其他投资项下净流入 776 亿美元。

① 国家外汇管理局国际收支分析小组:《2012 年中国国际收支报告》,第 35 页,2013 年 4 月 3 日。

其中,货币和存款、贷款项目分别净流入737亿和615亿美元,其他项和贸易信贷项下分别净流出423亿和153亿美元。2013年,其他投资资金流动由净流出向净流入的逆转,反映境内主体"资产本币化、负债外币化"的财务运作方式重新抬头。①

可见,在国内外因素的共同作用下,我国跨境资本流动已经从前些年的单边流入为主开始向双向流动转变。

二、 跨境短期资本流向不稳定的主要风险

资本流入在给我国经济发展带来活力的同时,也带来了外汇储备急剧增加、经济活动易热、货币供应量扩张、资产价格上涨、名义汇率升值等问题。而许多新兴市场经济体的历史和经验表明,资本大量流入、经济过热的结果有可能导致资本流向逆转,最终使一国经济遭遇破坏性的打击。

(一) 资本流入、货币供给与通货膨胀②

通货膨胀作为一种货币现象在许多国家发生过,中国也不例外。20世纪八九十年代,中国一直面临着巨大的通货膨胀压力,其间发生过三次严重的通货膨胀,即1985年的通货膨胀③、1988—1989年的通货膨胀,以及1993—1995年的通货膨胀(见表3-6)。除了1985年消费物价指数(consumer price index, CPI)④为9.3%,低于10%以外,其他两次通货膨胀的物价上涨率都达到两位数。1997年以来,中国各种物价指数开始长时期负增长。1998—2002年,中国经济一度被笼罩在通货紧缩的阴影之

① 国家外汇管理局国际收支分析小组:《2013年中国国际收支报告》,第32页,2014年4月4日。

② 鉴于20世纪80年代以来中国通货膨胀的常发性,关于大量资本流入对中国经济带来的负效应,本书侧重于分析资本流入给国内物价稳定带来的影响。

③ 一般讲物价上涨率超过10%,作为严重通货膨胀爆发的标志。1985年的物价上涨率为9.3%,看起来似乎不高,但由于当时的物价体制尚未得到全面改革,部分商品价格还被实行行政管制,因而,如果完全放开非常有可能超过当时统计的物价上涨率。

④ 居民消费价格指数(CPI)是反映居民家庭一般所购买的消费商品和服务价格水平变动情况的指标。按年度计算的居民消费价格指数变动率通常被用来作为反映通货膨胀或紧缩程度的指标。

中，但2003年开始价格指数逐步回升。2010年下半年开始，中国居民消费价格指数不断上涨，2011年3月的《政府工作报告》明确把稳定物价总水平作为宏观调控的首要任务。

近年来，国内经济学界对于20世纪80年代以来中国宏观经济运行中通货膨胀的成因进行了大量研究。有的学者认为导致通货膨胀的根源在于信贷扩张所引发的需求变动①；有的学者认为中国的通货膨胀与需求变动关系不大，供给效率低下是导致通货膨胀的主要原因②；也有学者认为，通货膨胀是中国经济体制改革的必然结果。③国内学者从不同角度出发分析通货膨胀的成因，得出了不同的结论。20世纪80年代以来，中国出现的三次严重的通货膨胀是需求、成本、结构多种因素共同作用的结果：货币过量发行是引发通货膨胀的根本原因。正如戴维·迈泽尔曼(David I.Meiselman，1977)所讲的那样：

> 所有的通货膨胀，包括目前的这些，都可以用同样的原因来解释。没有例外。
>
> 这一规则就是平均的价格水平取决于货币与产出之比。
>
> 比如在最近这些年里，当货币数量的增长快于产出——即国家产品和服务的总产量("真实"的国内生产总值)，通货膨胀就会出现。当货币增长与产出保持一致，平均价格水平就倾向于稳定下来，就像在20世纪20年代一样。而当货币增长落后于产出增长，就像美国内战结束之后的30年里所出现的情形一样，通货紧缩就出现了。④

需求拉动、成本推动是三次通货膨胀背后的共同因素，农业发展相对

---

①　例如，周小川：《中国的通货膨胀是需求拉动性质的膨胀》，《经济社会体制比较》1988年第12期；杨继生：《通胀预期、流动性过剩与中国通货膨胀的动态性质》，《经济研究》2009年第1期。

②　例如，周天勇：《中国的供给低效率通货膨胀与货币银行危机》，《学习与探索》1996年第2期；范智：《对我国1978—1994年的通货膨胀与经济增长之间关系的探讨》，《当代财经》1997年第5期。

③　例如，李由：《论中国经济体制改革中的通货膨胀问题》，《财经问题研究》1996年第9期；何慧君：《我国价格改革与通货膨胀的相关分析》，《价格月刊》1997年第9期。

④　[美]罗伯特·许廷格、埃蒙·巴特勒：《四千年通胀史》，余翔译，东方出版社2013年版，第193页。

滞后是引发结构性通货膨胀的主要因素，如果说前两次通货膨胀的因素主要来自国内，那外部经济因素在1993—1995年通货膨胀中起到了重要作用。2010年下半年，中国通膨压力再次加大，国际资本流入是影响货币供应量，以及价格总水平变化的重要因素之一。可以利用国际收支调节的货币分析法为指导，运用固定汇率制下资本不完全流动时的*IS-LM-BP*模型与开放经济条件下的*AD-AS*模型分析20世纪90年代以来中国资本流动、货币供给与物价变动之间的作用机制与变动关系。

表3-6　1994年以来中国货币供应量与物价变动情况

年份	年末货币供应量余额（万亿元）	货币供应量同比增长率（%）	经济增长率（%）	居民消费价格指数	工业品出厂价格指数
1994	4.7	34.5	13.1	24.1	19.5
1995	6.1	29.5	10.9	17.1	14.9
1996	7.6	25.3	10.0	8.3	2.9
1997	9.1	17.3	9.3	2.8	－0.3
1998	10.4	14.8	7.8	－0.8	－4.1
1999	12.0	14.7	7.6	－1.4	－2.4
2000	13.5	12.3	8.4	0.4	2.8
2001	15.8	17.6	8.3	0.7	－1.3
2002	18.5	16.8	9.1	－0.8	－2.2
2003	22.1	19.6	10.0	1.2	2.3
2004	25.4	14.7	10.1	3.9	6.1
2005	29.9	17.6	11.3	1.8	4.9
2006	34.6	17.0	12.7	1.5	3.0
2007	40.3	16.7	14.2	4.8	3.1
2008	47.5	17.8	9.6	5.9	6.9
2009	60.6	27.6	9.2	－0.7	－5.4
2010	72.6	19.7	10.4	3.3	5.5
2011	85.2	13.6	9.3	5.4	6.0
2012	97.4	13.8	7.7	2.6	－1.7
2013	110.7	13.6	7.7	2.6	－1.9

注：货币供应量采用广义货币M2口径。

资料来源：1994—2012年数据来自《中国统计年鉴》(2013年)，2013年数据来自中华人民共和国国家统计局：《中华人民共和国2013年国民经济和社会发展统计公报》。

1. 理论分析

在不同的汇率制度与资本流动状态下，资本流动对国内货币供应量和价格总水平的影响是不同的。就汇率制度而言，尽管20世纪90年代以来我国名义上实行有管理的浮动汇率制度，但事实上，直至2005年7月21日启动新的一轮汇率体制改革，才开始实行以市场供求为基础、参考一篮子货币进行调节、有管理的浮动汇率制度。2008年全球金融危机爆发后，人民币汇率一度重新“盯住”美元。2010年6月19日，中国人民银行宣布，根据国内外经济金融形势和我国国际收支状况，人民银行决定进一步推进人民币汇率形成机制改革，增强人民币汇率弹性。但总体而言，20世纪90年代以来的人民币汇率实质上是固定汇率制。就资本流动状态而言，1996年1月1日人民币实现了经常项目下的可自由兑换，但资本项目至今尚未完全放开，因此，中国是一个资本不完全自由流动的国家。我们将在固定汇率制与资本不完全自由流动的基础上，构建资本流动、货币供给与物价变动之间的理论框架。

(1) 理论依据

本书对于资本流动、货币供给与价格变动的分析是以国际收支调节的货币分析法为依据的。该理论实际上是休谟于1752年创建的“物价—现金流动机制”的改进与发展。罗伯特·蒙代尔(Robert A. Mundell, 1968)、哈里·约翰逊(Harry G. Johnson, 1962)和雅各布·弗兰科尔(Jacob A. Frenkel, 1976)是这一理论的主要代表。

由于国际收支等于经常项目和资本项目余额之和，所以在货币分析法提出之前，多数经济学文献将国际收支变动解释为经常项目和资本项目变动的结果。货币分析法的重要贡献在于强调国际收支问题直接起因于货币市场非均衡，因此依靠货币政策来解决问题是最适宜的。例如，巨大的国际收支赤字有可能是国内信贷过度增加的结果。①本书在这一部分所要研究的是国际收支变动②对国内货币供应量乃至物价水平的影响。显然这是两个相反的作用过程，但由于国际收支货币分析法区分了

① [美]保罗·克鲁格曼、茅瑞斯·奥伯斯法尔德：《国际经济学》，海闻等译，中国人民大学出版社1998年版，第483页。

② 为了分析的需要，可将国际收支的变动界定为因资本流动而引起的一国国际储备量的变动率。

货币供给的国内起源和国外起源[①]，这就为我们提供了分析资本流动对货币供应量影响的基本思路，即考察资本流动对一国货币供给的影响可以分解为两个部分：一是资本流动对货币供给的国内部分的影响，一是资本流动对货币供给的国外部分影响。例如，分析资本流入对我国物价水平的影响渠道时，可以分别考察资本流入对价格水平的直接效应和间接效应。所谓“直接效应”是指境外资本流入对外汇储备进而对价格水平产生影响；而“间接效应”是指境外资本流入对国内配套人民币资金进而对物价的影响。[②]此外，本部分虽然主要分析资本流动对货币供应量的影响，但是，根据国际收支调节的货币分析法，货币供应量的变动又会影响国际储备的变动，进而对货币供应量产生新的影响。也就是说，资本流动与货币供应量之间的关系是一个相互影响的作用过程，这一相互作用过程会持续到一国内、外经济达到新的均衡点。我们可以借助 *IS-LM-BP* 模型[③]解释这一相互作用的过程。

（2）基本模型

在不同的资本流动状态下，*IS-LM-BP* 模型的形状是不同的，主要体现为因资本流动性差异所导致的 *BP* 曲线的不同形状：在国际资本完全不流动的情况下，*BP* 曲线与利率无关，所以 *BP* 曲线与横轴垂直；在资本完全流动的情况下，国际资本流动对利率高度敏感，只要存在国内外利差，资本就会流动，直到国内利率与国外利率相等时为止，国际收支才实现均衡，此时的 *BP* 曲线是一条与均衡利率相一致的水平线；上述两种是极端的情况，在现实的开放经济运行中，较为常见的是资本不完全流动的情况，此时，*BP* 曲线由利率与国民收入共同决定，表现为一条向右上方倾斜的曲线。

在固定汇率制下，当一国发生国际收支失衡时，货币当局通常运用外汇储备来维持外汇市场平衡——发生国际收支赤字时，在外汇市场上购

① 货币的国内起源为银行体系创造的国内信贷，货币的国外起源为中央银行持有的国际储备。

② 孙婉洁、臧旭恒：《试析外资流入对我国通货膨胀的影响》，《经济研究》1995 年第 9 期。

③ *IS-LM-BP* 模型主要用于分析国际资本流动条件下的内外均衡实现机制。其中，*IS* 曲线表示产品市场均衡时，国民收入和利率的组合关系；*LM* 曲线表示货币市场均衡时，国民收入和利率的组合关系；*BP* 曲线则表示当国际收支均衡时，国民收入和利率的组合关系。

买本国货币以阻止本币贬值；发生国际收支盈余时，必须用本国货币购买外币以避免本币升值——这就带来了货币供给的变动。因此，在开放经济条件下，只有产品市场、货币市场与国际收支同时处于均衡状态时，经济才处于均衡状态。

在固定汇率制下资本不完全流动时，如果资本流入引起国际收支顺差，外汇市场上外汇供大于求，为了维护固定汇率制，货币当局必须买入外汇，从而使外汇储备增加，在国内信贷不变的情况下，基础货币供给相应增加，通过货币乘数的作用放大了货币供应量，这是“直接效应”；就“间接效应”而言，资本流入，不仅需要相应的本币占款，对于以机器设备形式投入的外资，无论是直接以实物形式注入，还是以资金形式注入后再进口，国内都需要相应的货币配套资金与之相对应。①两种效应共同作用的结果是 LM 曲线向右发生移动。这意味着，在固定汇率制下，资本流动

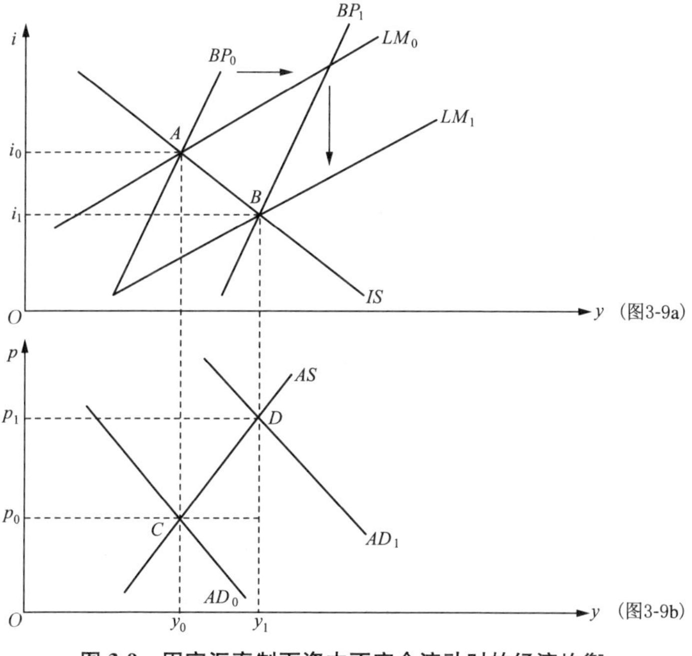

图 3-9　固定汇率制下资本不完全流动时的经济均衡

图 3-9a 为固定汇率制下资本不完全流动时的 *IS-LM-BM* 模型。
图 3-9b 为固定汇率制下资本不完全流动时的 *AD-AS* 模型。

---

① 见孙婉洁、臧旭恒:《试析外资流入对我国通货膨胀的影响》,《经济研究》1995 年第 9 期。

可以影响货币供给，从而引起 LM 曲线的移动。在不考虑总供给的情况下，开放经济条件下的经济均衡意味着产品市场、货币市场与国际收支的同时均衡，即 IS 曲线、LM 曲线与 BP 曲线相交于同一点。假定在图 3-9a 中的 A 点，是初始经济处于内外均衡状态的点。如果资本流入导致国际收支顺差，则 BP_0 曲线向右移动至 BP_1，此时外部经济处于失衡状态，汇率有升值压力。由于货币当局担负着维持汇率稳定的责任，只能通过投放本币来买入外币，以避免本币升值。本币的大量投放导致基础货币供给增加，并通过货币乘数作用进一步放大货币供应量，LM_0 曲线由此向右移动，利率下降，从而抑制资本流入，发生资本流出，国际收支顺差得到改善。当 LM_0 曲线一直右移到 LM_1 时，此时的 IS 曲线、LM_1 曲线和 BP_1 曲线重新相交于 B 点，经济达到新的内外均衡点。与初始状态 A 点相比，由于资本的流入，LM_0 曲线向右平移到了 LM_1，这表明，在固定汇率制度下，资本流入对国内货币供应量有扩张效应；反之，资本流出对国内货币供应量有紧缩效应。

图 3-9a 分析的 IS-LM-BP 模型反映了一国经济在价格水平保持不变，并且不考虑总供给情况下的内外均衡。在实际经济运行过程中价格水平总是在不断变化的。如果放松价格水平固定不变的假定，分析资本流动与价格水平之间的关系，就能得到开放经济条件下的 AD-AS 模型。①如图 3-9a 所示，国际资本的流入能够使国内货币供应量产生扩张效应，表现为 LM_0 曲线的向右移动。最终使得均衡点从 A 点移至 B 点。在起始的均衡点 A 点上，对应的总产出为 y_0；在新的均衡点 B 上，对应的总产出为 y_1。在图 3-9b 上，给定起始的价格水平为 p_0，总产出的增加表现为原来的总需求曲线 AD_0 向右平移至 AD_1 的位置。在总供给曲线 AS 向右上方倾斜的情况下，总需求曲线的右移不仅导致总产出的增加，而且价格水平也会随之上升。在图 3-9b 中，价格水平由原来的 P_0 上升至 P_1。至此，我们基本构建了一个研究资本流动、货币供给与通货膨胀之间影响关系的理论框架。

2. 资本流入与通货膨胀：中国的实证检验

根据上文构建的理论分析框架，可以对 1994 年以来中国资本流入与物价变动之间的关系作一实证检验。

---

① AD-AS 模型即总需求—总供给模型。

（1）直接效应分析

首先，资本流入带来储备增加。在国内外经济因素的影响下，1994 年以来我国国际收支连年顺差，除 1998 年外，持续出现了经常项目、资本与金融项目的双顺差，巨额资本流入带来外汇储备一路飙升（见表 3-7）。1994 年我国的外汇储备仅为 516 亿美元，2013 年末已增加到 38 213 亿美元。

表 3-7　近年来中国的经常账户差额、资本与金融账户差额以及外汇储备变动

单位：亿美元

年份	经常账户差额	资本与金融账户差额	净误差与遗漏	储备资产变动额	外汇储备差额
1993	－119	235	－98	－18	－18
1994	77	326	－98	－305	－304
1995	167	387	－178	－225	－220
1996	727	400	－156	－316	－314
1997	370	210	－223	－357	－349
1998	315	－63	－187	－64	－51
1999	211	52	－178	－85	－97
2000	205	19	－119	－106	－109
2001	174	348	－49	－473	－466
2002	354	323	78	－755	－742
2003	431	549	82	－1 170	－1 060
2004	689	1 082	130	－2 064	－1 904
2005	1 324	953	229	－2 506	－2 526
2006	2 318	493	36	－2 848	－2 853
2007	3 532	942	133	－4 607	－4 609
2008	4 206	401	188	－4 795	－4 783
2009	2 433	1 985	－414	－4 003	－3 821
2010	2 378	2 869	－529	－4 717	－4 696
2011	1 361	2 655	－138	－3 878	－3 848
2012	2 154	－318	－871	－966	－987
2013	1 828	3 262	－776	－4 314	－4 327

资料来源：国家外汇管理局网站：http://www.safe.gov.cn/wps/wcm/connect/d0b4268048182d8b92c6d284909d05cd/国际收支平衡表时间序列数据.xls?MOD=AJPERES&CACHEID=d0b4268048182d8b92c6d284909d05cd。

由于受经常账户、资本与金融账户双顺差的影响，1994—2013年，国际资本持续流入中国。在图3-9中，假使最初经济处于内外均衡状态，*IS-LM-BP* 曲线相交于 A 点。1994年以来，我国资本流动的变化体现在图3-9中就是 BP_0 曲线向右移动至 BP_1。

其次，外汇储备增加产生货币供给扩张效应。在固定汇率制下，大量外资流入后，为了保证汇率稳定，货币当局会进行相应干预：投放本币、买入外币，以实现汇率稳定，从而使本国货币供应变成了一个内生变量。

通过中央银行的资产负债表，可以清楚地看到中央银行在外汇市场买进外汇后的一些变化。一方面，由于外汇储备的增加，中央银行的资产增加了；同时，为了购买外汇，中央银行必须增发等值的基础货币，因此，负债也增加了。增发的基础货币将使流通中的货币供应量按乘数增加。①

作为一个开放的经济体，中央银行的外汇储备与本国银行体系的国内信贷共同构成其货币供给，由第一章的式(1.5)，即 $\Delta M_s = k\Delta W + ke\Delta F$ 可知，国际资本流入通过引起外汇储备增加而引起货币供应量增加。

在1994年之前，央行再贷款一直是我国基础货币投放的主渠道。1994年之后，基础货币发行开始逐渐转为以外汇占款为主。如表3-8所示，1994年汇率并轨后，我国通过外汇占款渠道投放的基础货币占当年基础货币净投放量的比重大幅上升，当年就达到70%，而在这之前，该比重一直低于10%。②

中国实行的是有管理的浮动汇率制，但长期处于"管制有余而浮动不足"的境况，其在实质上相当于盯住美元的固定汇率制。③当大量资本流入时，货币当局为了维持人民币汇率的基本稳定不得不大量投放基础货币以购入外汇。这一行为有助于本币汇率稳定，但同时也增加了货币供应量，即本国的货币供应随着国际资本流入出现了内生性的扩张(见表3-8)。这表明，中国的货币供应机制已开始与国际资本流动发生直接联系，货币政策的独立性与有效性也将受其影响。

---

① 刘菲：《资本流入、货币内生增长与物价稳定》，《财经问题研究》2003年第11期。

② 范建军：《基础货币的发行机制》，《中国经济时报》2011年3月30日。

③ 夏斌、廖强：《中国货币政策中介目标的考察与分析》，载李扬等主编：《中国金融理论前沿Ⅲ》，社会科学文献出版社2003年版，第181页。

表 3-8　1994 年以来我国外汇储备变动对基础货币的影响

年份	外汇储备增加额（亿美元）	外汇占款年增量（亿人民币）	基础货币年增量（亿人民币）	外汇占款年增量占基础货币年增量的比重（%）
1994	304	2 843	3 934	72.3
1995	220	2 271	3 543	64.1
1996	314	2 804	6 129	45.8
1997	349	3 889	3 735	104.1
1998	51	261	712	36.7
1999	97	1 064	2 285	46.6
2000	109	−501	2 871	−17.5
2001	466	3 565	3 090	115.4
2002	742	5 367	5 557	96.6
2003	1 060	11 624	7 703	150.9
2004	1 904	17 746	6 015	295.0
2005	2 526	18 619	5 487	339.3
2006	2 853	27 769	13 415	207.0
2007	4 609	29 397	23 788	123.6
2008	4 783	40 054	27 677	144.7
2009	3 821	24 681	14 763	167.2
2010	4 696	32 683	41 326	79.1
2011	3 848	27 792	39 331	70.7
2012	987	4 947	27 703	17.9
2013	4 327	27 770	18 678	148.7

资料来源：1994—1998 年数据根据《中国金融年鉴》整理得到，1999—2013 年数据来源于国家外汇管理局网站与中国人民银行网站，其中：外汇储备增加额数据来自国家外汇管理局网站，http://www.safe.gov.cn/wps/wcm/connect/d0b4268048182d8b92c6d284909d05cd/国际收支平衡表时间序列数据.xls?MOD=AJPERES&CACHEID=d0b4268048182d8b92c6d284909d05cd；外汇占款增加量根据中国人民银行《金融机构人民币信贷收支表》整理得到，基础货币年增量根据中国人民银行《货币当局资产负债表》整理得到，http://www.pbc.gov.cn/publish/diaochatongjisi/133/index.html。

（2）间接效应分析

2013 年，全国新批设立外商投资企业 22 773 家，实际使用外商直接投资金额 1 175.86 亿美元，投资金额是 1994 年的 3.5 倍。大规模的外资进入对我国的物价总水平上升起到了推波助澜的作用。

首先，资本流入需要配套投放一定比例的人民币。如果境外资本以 FDI 形式进入，除了给予税收、土地等优惠外，通常还需要投入一定的资金用于改善基础设施。因而，外商直接投资的高速增长势必带来固定资产投资的膨胀。外资如果投资于固定资产投资项目，其中相当一部分资金会转化为消费基金。据测算，在中国投资的外资中约有 40%通过发放工资、福利及购买生活必需品等转化为消费基金，增加了货币供应压力。①

其次，配套投放人民币加大流通领域的货币供给量。配套投放的人民币由于来源不同，对货币供给会带来不同的影响：如果是自筹投资和其他投资，这部分资金因有相应的物质基础对应，从理论上讲，不会对国内的信贷产生压力。但这部分资金来自非银行体系，从而在货币供应量和宏观经济目标变量之间施加了一个复杂的政策传导过程，因而会干扰物价稳定目标的实现；如果这部分资金来自国内银行贷款，则会加大国内货币供给压力。根据测算，每增加利用外资换算为人民币 1 元，需增加国内配套人民币 2.13 元，其中对国内通胀构成压力的国内银行贷款为 1.01 元。②

第三，货币供应量的扩张加剧通货膨胀。尽管引发通货膨胀的原因是复杂的，但不论是什么原因导致的通货膨胀，货币供应量的大幅度增长是一个前提条件。资本流入缓解了我国经济发展中的资金瓶颈，有利于引进国外先进的机器设备，引进国外先进的管理经验，有力地推动了中国经济的高速增长。但资本流入造成的基础货币投放、人民币配套资金的大量投放，推高了国内物价总体水平。

无论是资本流入的“直接效应”，还是“间接效应”，在固定汇率制下，资本大量流入带来了货币供应量的大幅度扩张。从 1994 年到 2013 年，我国广义货币 M_2 供给增长率每年都远远超过当年 GDP 增长率，M_2 供给增长率最低的年份是 2000 年，为 12.3%，超过当年 GDP 增长率 3.9 个

① 李文彬、夏鸿宁：《涉外经济与通货膨胀》，《经济学动态》1995 年第 10 期。

② 孙婉洁、臧旭恒：《试析外资流入对我国通货膨胀的影响》，《经济研究》1995 年第 9 期。

百分点；M_2 供给增长率最高的年份是 1994 年，为 34.5%，超过当年 GDP 增长率 21.4 个百分点(见表 3-6)。货币供应量的扩张在图 3-9 中表现为 LM_0 曲线向右移动至 LM_1，此时 IS、LM_1 和 BP_1 相交于 B 点，B 点是新的内外经济均衡点。由上可见，1994 年以来，资本流入对我国货币供应量产生了扩张效应。

由于我国采用的是有管理的浮动汇率制，在资本不完全流动的情况下，因货币供应量的扩张，LM 曲线向右移动到 LM_1，对应在图 3-9b 中，总需求曲线 AD_0 右移至 AD_1，在新的均衡点 D，物价水平由 p_0 上升到 p_1。如表 3-6 所示，1994—1997 年、2007—2008 年，以及 2011 年，我国物价水平出现明显上升：居民消费价格指数均超过了 4%，1994 年更是高达 24.1%；工业品出厂价格指数也居高不下，尤其是 1994 年与 1995 年分别达到了 19.5%和 14.9%。这说明 1994 年以来，资本流入是引起并加剧我国通货膨胀的重要因素。

以国际收支调节的货币分析法为指导，通过运用固定汇率制下资本不完全流动时的 IS-LM-BP 模型与开放经济条件下的 AD-AS 模型，分析 1994 年以来中国资本流动、货币供给与物价变动之间的作用机制与变动关系，得出的主要结论如下：(1)反映经常项目、资本与金融项目双顺差的巨额资本流入是导致我国外汇储备飙升的主要原因；(2)在有管理的浮动汇率制下，国际资本流入所引发的外汇储备增加已成为我国基础货币增发的直接推手，使得动用利率、存款准备金率等传统紧缩需求的货币政策效应受到抑制，甚至会发生违背初衷的逆向调节效应；(3)1994 年以来，资本流入是引起并加剧我国通货膨胀的重要因素。

中国货币供应量之所以会出现大大偏离既定目标的超常增长，其根本原因在于，有管理的浮动汇率制度使货币存量成为内生变量，境外资本通过经常项目、资本与金融项目的大量流入，迫使央行为维持汇率稳定而干预外汇市场，进而产生外汇储备的增加和巨额的外汇占款，在缺乏有效冲销手段的情况下，导致货币供给被动扩张、流动性泛滥，进而加大通胀压力。因此，在汇率保持相对稳定、人民币供给与资本流入发生紧密联系的情况下，凭借传统货币政策工具很难取得调节货币供给、防止通货膨胀的理想效果。

（二）资本流向逆转与国内经济不稳定

近年来，境外资本的大量流入使我国基础货币被迫过度投放，国内流动性过剩明显加剧。大量资金涌入股市、楼市，使资产价格出现非理性上扬，并增加了宏观调控的难度。在中国经济持续增长、人民币升值预期的背景下，会吸引国际资本流入，一旦经济增速大幅下滑、人民币升值预期改变，则完全有可能改变境外短期资本的流向。

适度的国际资本流出是有积极意义的，能减轻人民币升值压力，稳定出口调整贸易结构，减少价格上涨压力，也有助于降低外汇储备持续增长这一棘手问题，进而增强央行货币政策的独立性。[①]然而令人担忧的是，一旦"投机性资本"大规模撤离，必定会对我国的金融安全、经济安全构成严重威胁。正如第一章所分析的，资本流向逆转对发生国而言更多的是消极效应——从理论上而言，资本流向逆转会增加一国货币政策的操作难度，抑制实体经济增长，加剧金融市场动荡；从事实影响而言，近二十多年来新兴市场经济体的历次金融危机表明，资本流向逆转的速度在金融危机爆发时会明显加快，甚至会出现大规模的撤离；而大规模的资本流向逆转又会进一步加重危机的程度，形成恐慌→资本流向逆转→危机爆发→恐慌加剧的恶性循环。

境外资本流向逆转也是中国经济金融安全面临的重大威胁因素：改革开放30多年来，中国经济高速增长的一个主要原因是大量利用外资，一旦中国由资本的净流入国转为净流出国，未来经济的持续稳定增长就会受到威胁；这一现象可能会部分冲销正在启动的扩大内需政策的效果；如果发生"羊群效应"，带动国内资本外逃，则会严重威胁中国金融安全。

如果说，跨境短期资本大量流入会加大通胀压力，那伴随资本撤离现象的就是货币供应量的下降以及通缩风险的上升。1994年以来外汇占款一直是人民币投放的主渠道，而资本撤离会引发资本项目的大幅逆差、外汇占款下降，从而使境内货币供应量被动下降，有可能造成一定程度的货币紧缩。

---

① 王大贤：《国际资本流出的背后》，《金融博览（财富）》2012年第2期。

专栏 3.1　2013 年 6 月“钱荒”疑与外汇占款下降有关

2013 年 7 月 22 日中国人民银行发布的数据显示，截至当年 6 月底，金融机构外汇占款为人民币 27.39 万亿元，低于 5 月底的人民币 27.43 万亿元，环比减少 412.05 亿元人民币。这是自 2012 年 11 月以来首次余额减少，扣除顺差和 FDI，连续第二个月净流出。6 月份外汇占款的负增长一定程度上解释了 6 月份“钱荒”现象的发生。

2012 年 12 月起，我国金融机构外汇占款已经连续 6 个月增加，上一次外汇占款下降是在 2012 年 11 月份，减少金额达 736 亿元人民币。2013 年以来月度新增外汇占款规模持续骤减：前五个月，金融机构新增外汇占款分别为：6 836.6 亿元、2 954.3 亿元、2 363 亿元、2 943.5 亿元、668.62 亿元，呈现出持续回落态势。1 月曾达创纪录的 6 836.6 亿元，2 月至 4 月均在 2 300 亿—3 000 亿元之间，5 月猛降至 700 亿元以下。6 月则彻底结束了增长局面，出现下降。

此前公布的数据显示，6 月份我国出口同比下降 3.1%，进口同比下降 0.7%，当月贸易顺差则收窄了 14%。出口的回落、美联储 QE 政策退出预期持续加强，以及人民币升值预期有所减弱，共同导致国际资本流入我国速度明显下滑甚至出现一定规模的外流，最终引发 6 月份外汇占款出现负增长。

6 月份外汇占款的负增长一定程度上解释了 6 月份“钱荒”现象的发生。令人担心的是，如果外汇占款持续下滑，可能会影响到央行基础货币的投放，并进而影响到市场流动性的宽裕程度。在数据公布的上一周的最后一个交易日，一月期以内的短期利率保持上升态势，隔夜上海银行间同业拆放利率（Shibor）再度冲破 3%，至 3.04%；数据公布当日，除三月期品种外，其余 7 个 shibor 品种继续上升，隔夜 shibor 达到 3.103 5%。

——资料来源：刘慎良：《6 月“钱荒”疑与外汇占款下降有关》，《北京青年报》2013 年 7 月 23 日。

三、内外平衡追求中的不确定性

2008年金融危机发生后，全球经济在相当长的时间内将处于艰难、缓慢复苏之中，国际资本流动将出现新特征；国内经济在改革开放后驱动高速增长的一些传统优势因素正在逐渐丧失，中国经济的潜在增长率可能会出现下降，人民币升值的预期可能会改变；无论是全球经济的再平衡、还是国内经济的转型方式都将是一个长期的过程。内外因素的叠加变化，可能将改变中国境外短期资本长期流入的态势。

（一）全球金融危机带来的外部冲击

2008年全球金融危机爆发后，中国一度出现资本撤离现象，但因相对稳定的国内经济形势以及对全球经济增长的重要作用，并未导致持续、大规模的流向逆转。然而，本次金融危机对中国的冲击不同于东南亚金融危机的区域性影响——中国开放程度和吸引的国际资本金额远高于东南亚金融危机时期，且已成为中国境外资本主要来源地的发达国家普遍受到金融危机的严重影响。外部环境的不确定，会影响境外投资者对经济前景的预期，削弱长期投资信心，从而加大国际长期资本向短期资本转化的可能，加剧资本流向逆转的风险。

1. 全球流动性整体相对宽松，但短期内跨境资本流动不确定性增强

因受国际金融危机持续恶化的影响，国际资本流动总体规模在2008年与2009年出现急剧收缩。根据联合国贸发组织的数据，2008年，全球外商直接投资流入量从2007年的1.9万亿美元下降到1.7万亿美元，下降了14%①；2009年，进一步降至1.04万亿美元，下降幅度达到39%。②

金融危机爆发以后，美、日、欧等主要经济体中央银行将基准利率水

① 联合国贸易和发展会议：《2009年世界投资报告：跨国公司、农业生产与发展》，2009年7月。

② 联合国贸易和发展会议：《全球投资监测报告》，2010年1月。

平维持或降低至接近于零的低水平，并启动量化宽松①的非常规货币政策增加货币供给，以刺激经济复苏。随着危机逐步企稳，全球经济步入缓慢复苏的通道，金融体系的流动性也逐渐出现好转。全球资本流动净额在2008年金融危机的打击下呈现颓势之后，于2010年重新展现活跃之势。因东欧新兴经济体对官方资本需求下降，由发达国家流向新兴市场的官方资本约为530亿美元，低于2009年630亿美元的水平；由于受“推动”和“拉动”因素②的双重影响，2010年国际私人资本重新涌入新兴市场。据国际金融协会(IIF)于2011年2月发布的报告，2010年流向新兴市场经济体的私人资本迅速恢复，达9 080亿美元，比2009年增长近50%。

专栏3.2　美、日、欧的量化宽松与低利率政策

为了应对危机冲击，美、日、欧等主要经济体都采取了极度扩张的货币政策。

(1) 美联储的反应

2008年11月25日，美联储首次公布将购买机构债和抵押贷款支持证券(MBS)，标志着首轮量化宽松政策(QE1)的开始。2010年4月28日，首轮量化宽松政策正式结束。在首轮量化宽松政策执行期间，美联储共购买了1.725万亿美元资产。

2010年11月3日宣布启动第二轮量化宽松计划(QE2)，收购6 000亿美元的较长期美国国债。之后实施了两次扭曲操作，以压低较长期利率。

2012年9月15日开始推出第三轮量化宽松政策(QE3)，每月采购400亿美元的MBS。

2012年12月13日凌晨，美联储宣布推出第四轮量化宽松(QE4)，每月采购450亿美元国债，替代扭曲操作，加上QE3每月400亿美元的宽松额度，美联储每月资产采购额达到850亿美元。

---

① 量化宽松(Quantitative Easing, QE)，主要指央行在实行零利率或接近于零的利率政策后，通过购买国债等中长期债券的方式来扩大基础货币供给量，向市场注入流动性，以达到鼓励借贷、刺激投资消费的目的。

② “推动”因素包括发达国家前期为了抵抗国际金融危机的冲击而实施的低利率政策，“拉动”因素包括新兴市场国家相对的高利率和强劲的经济增长预期。

除了量化宽松货币政策之外，从2007年8月开始，美联储连续10次降息，隔夜拆借利率由5.25%降至0%到0.25%之间。

(2) 日本央行的进一步刺激

日本是最早采用量化宽松货币政策的国家。早在2001—2006年间，为了摆脱通货紧缩，日本央行在利率始终维持在近于零的水平的情况下，通过大量持续购买公债以及长期债券的方式，向银行体系注入流动性。

2011年8月日本央行增加资产购买计划10万亿日元。

2011年11月27日日本央行召开货币政策委员会会议，决定以长期国债为对象，将资产购买计划扩大5万亿日元(658亿美元)，总额达到55万亿日元。

2012年日本央行更是五次量化宽松，令资产购买规模从2012年初的55万亿日元扩容至年底的101万亿日元。

2012年日本央行的五次量化宽松

次数	时　　间	政　策　举　措
1	2月14日	除将基准利率继续维持在0—0.1%的超低水平外，还决定在55万亿日元资产购买规模的基础上追加10万亿日元用以购买长期政府债券。设定1%的通胀目标。
2	4月27日	维持无担保隔夜拆款利率在0—0.1%的区间不变，同时将资产购买计划规模扩大至70万亿日元，并决定将央行资产购买计划下所购国债的期限从2年延长至3年。
3	9月19日	将资产收购基金额度再增加10万亿日元，达到80万亿日元规模，并延长完成资产购买和贷款计划目标终止时间6个月至2013年12月。
4	10月30日	扩大国债购买规模11万亿日元至91万亿日元。
5	12月20日	把贴现债券和国债购买规模各增加5万亿日元，将资产收购基金额度扩大至101万亿日元。

2013年1月22日，在结束为期两天的议息会议后，日本央行宣布引入新的通胀目标和开放式资产购买计划。在本次会议之前，日本央行设定的短期通胀目标为1%，中长期价格稳定目标在2%之下。在本次会议上，日本央行将通胀目标设定为2%。日本银行宣布从2014年1月开始，不设置具体终止期限，每个月将会购买一定数量的金融资产，以和零利率政策一起实现上述价格稳定目标。日本央行"开放式资产购买计划"

的宣布，显示出全球量化宽松已进一步升级。

(3) 欧洲央行的举措

2008年的金融危机在欧元区多个国家引发了旷日持久的“主权债务危机”。出于对债务国经济复苏及偿债能力的担忧，大量投资资金撤离欧元区，债务国政府及银行的融资成本随之飙升。欧洲央行采用长期再融资操作(Long-Term Refinancing Operation, LTRO)，试图增加银行间流动性，以维持欧洲银行业的稳定性。

2009年6月24日，欧洲中央银行向欧元区银行系统注入4 422亿欧元(约合6 175亿美元)一年期贷款。其中一半被银行用于套利交易，购买政府债券，这中间的利差可以成为银行的利润，用于补充银行资本。

2011年10月27日，欧洲央行宣布，向181家银行提供569亿欧元(约合790亿美元)的一年期贷款。

2011年12月21日，欧洲央行首次就三年期再融资操作进行了第一轮招标，500多家欧元区银行的总投标额度超过4 890亿欧元。贷款利息只有1%。

2012年2月29日，欧洲央行宣布将以1%的超低利率进行第二轮无限额三年期贷款招标，即第二轮长期再融资操作(LTRO)，总规模为5 295.3亿欧元(约合7 134亿美元)。

为了拯救希腊，欧洲央行于2010年5月启动购买债券计划SMP，它将降低陷入困境的欧元区国家的利率压力。自此之后西班牙和意大利均从中受益。2012年9月欧洲央行出台“直接货币交易计划(OMT)”，用于在二级市场无限量购买1年—3年期欧洲国家债券。该计划方案取代了之前的SMP方案。

为应对全球金融危机，欧洲央行在2008年底至2009年上半年连续降息至1%。2011年欧洲央行两次加息，4月7日将基准利率由1%的历史低点上调至1.25%，7月7日再次升息25个基点，将基准利率从1.25%提高到1.5%。此后欧洲央行意识到利率偏高开始降息，于2011年11月3日、2011年12月8日、2012年7月5日、2013年5月2日、2013年11月7日分别宣布降息25个基点，至纪录低位0.25%。2014年6月5日，欧洲央行再次宣布将基准利率下降10个基点至0.15%，还将隔夜存款利率降至−0.1%，隔夜贷款利率也从此前的0.75%降至0.4%。

但2011年下半年以后，由于受希腊主权债务危机恶化、美国债务危机发酵的影响，市场恐慌情绪的上升与避险偏好的增强，该年年底主要新兴经济体出现了明显的资本撤离迹象。这种资本外流一定程度上反映的是国际资本的避险偏好，一旦全球金融市场趋于稳定以及新兴经济体货币重启升值通道，短期跨境资本还会重返新兴经济体。但预计在未来相当长的时间里，新兴市场经济体的资本流动仍将随全球金融市场风险偏好的变化而呈现较大的波动。一方面，从金融层面看，新兴市场经济体金融市场的深度和广度仍相对有限。截至2011年6月末，国际清算银行统计的26个主要新兴市场国家国内债券市场存量总规模仅相当于同期全球债券存量的13.4%和美国国债规模的80.7%。另一方面，从经济层面看，新兴市场与发达经济体实体经济的"脱钩"现象也还未出现。①出口导向型新兴市场经济体资本流动尤其易受外部需求变化的影响。

2. 经济非同步增长、货币政策分化，以及汇率波动主导当前跨境资本流向

各国经济复苏的非同步性，货币政策的差异性，汇率市场的波动性，都会改变跨境短期资本的流向。

(1) 全球经济复苏的非同步性：跨境资本流动的重要风向标

在充满不确定的后危机时期，跨境资本流动与各经济体复苏的非同步性有着极为密切的关系。来自复苏相对滞后经济体的资本，往往会通过银行信贷、证券投资、外商直接投资等形式进入率先复苏的经济体，以分享其经济增长的红利。

2008—2011年，以"金砖五国"为代表的新兴市场经济体，成为拉动世界经济增长的主要力量。新兴市场经济体的高速增长，吸引了国际资本的大量流入。根据国际金融协会的统计，2009—2011年，包括"金砖五国"在内的30个新兴市场经济体，资本净流入超过2.1万亿美元，年均增幅近40%，远远超过过去15年年均18%的增幅。

然而，2011年下半年开始，新兴经济体的增长速度明显放缓，"金砖五国"也不例外(见表1-9)。那么导致新兴市场经济体下挫的原因是什

① 国家外汇管理局国际收支分析小组:《2011年中国国际收支报告》，第40页，2012年3月31日。

么？英国《金融时报》的专栏作家约翰·普伦德认为：

> 部分原因在于，之前人们对新兴市场寄予了过高的期待。新兴市场经历过一场严重的危机。接二连三的打击令新兴市场国家元气大伤：资本外逃、信贷危机，以及世界贸易急剧萎缩。……迫在眉睫的问题就是经济周期性放缓。新兴市场上的几颗明星，也就是中国、印度、巴西和土耳其，今年的经济增长速度远远低于往年通常水平。欧元区困局前景堪忧，已导致新兴市场经济体出口增长势头放缓。食品价格上涨已成为一个严重的问题，与此同时，一些新兴市场国家的银行不良贷款水平也在上升。政策再一次出现松动，尽管还没有达到 2009 年的程度。而政策松动反过来又会导致结构性问题，因为这将延长经济对一种非平衡增长模式的依赖，这种模式的效应已经遭到越来越多的质疑。①

跨境资本流动具有明显的顺周期性：在经济高速增长期，资本大量流入，产生资产泡沫；在经济增速放缓期，资本大量撤离，加速经济下滑。因全球经济不景气以及新兴市场经济体自身经济增长放缓，国际金融协会估计，2013 年与 2014 年从新兴市场流出的跨境私人资本将增至 1 万亿美元，而 2014 年流入新兴市场的私人资本规模将下降至 1.112 万亿美元（见表 3-9）。

表 3-9　新兴市场资本流动情况　　单位：10 亿美元

	2011	2012e	2013f	2014f
资本流入	1 027	1 212	1 187	1 167
私人部门	1 146	1 181	1 145	1 112
股权投资	598	670	631	633
直接投资	593	545	541	523
组合证券投资	5	125	89	110

① 约翰·普伦德：《分析：新兴市场面临增长困境》，《金融时报》2012 年 8 月 29 日，http://www.ftchinese.com/story/001046256。

续 表

	2011	2012e	2013f	2014f
机构投资	548	511	514	479
官方流入	61	31	43	65
资本流出	−1 481	−1 289	−1 396	−1 396
私人部门	−811	−932	−1 000	−1 000
股权投资	−262	−320	−375	−357
对外借款	−549	−612	−624	−643
外汇储备	−670	−357	−397	−396

注:e为IIF估算值,f为IIF预测值。"—"表示增加。

资料来源:亚太财经与发展中心:《新兴市场资本流动趋势预测及分析》,http://afdc.mof.gov.cn/pdlb/yjcg/201307/t20130719_967510.html。

(2) 全球货币政策分化:影响跨境资本流向的关键因素

金融危机时期经济刺激政策的调整与退出成为市场关注的焦点,2009年第三季度开始,随着全球经济缓慢复苏阶段的演进,通胀压力加大、资产泡沫放大等诸多风险逐渐显现,各经济体都应适时、适度地进行政策调整,这些调整既是防患于未然,又将对未来全球经济金融态势产生深远影响,成为影响国际资本流动的关键因素之一。

在全球经济非同步复苏的背景下,政策调整的总体格局将呈现明显的国别差异,主要表现为不同经济体退出量化宽松货币政策,以及提高基准利率的时差性。货币政策时差对国际资本流动的影响主要反映在以下三个方面:一是影响全球经济进入复苏周期的时点,进而通过改变风险偏好回归的进程来影响国际股市资金的流动;二是将通过利率平价效应对外汇市场中的各种双边汇率产生影响,进而改变全球外汇市场的资金流动;三是通过改变国际套利交易的币种选择来影响全球债市的资金流动。[①]相关国家何时真正告别定量宽松的货币政策,政策的不明朗将在一定程度上加大国际资本流向的不确定性。

量化宽松与利率低位,使新兴市场经济体从有利的外部融资条件中

① 见谢洪燕等:《跨境资本流动的最新风险与趋势解析及对我国的启示》,《国际贸易问题》2011年第1期。

得到好处。但低利率的好运抑或隐含着未来的困境。过快或失衡的资本流入往往会带来脆弱性的上升，包括国外负债的积累和国内信贷和资产价格的潜在快速上涨。在这种对收益的寻求过程中，资本流动对发达经济体和新兴市场经济体的利率差异更加敏感。①

2012 年 9 月，美联储设定了失业率和通胀预期目标，即只要失业率高于 6.5％，未来 1—2 年内的通胀预期不超过 2.5％，且长期通胀预期可控，将保持利率接近于零的水平；如果失业率低于 6.5％或通胀预期高于 2.5％，就会考虑退出量化宽松货币政策。2013 年中，随着美国经济增长企稳、失业率下降、居民消费回暖，市场开始预测量化宽松政策的退出时机。美联储量化宽松货币政策退出预期曾对国际金融市场造成一定冲击，部分新兴经济体货币大幅贬值、资金加速外流。当时，我国跨境资金流入也出现了较大幅度下降。2013 年 12 月 28 日，美联储正式宣布从 2014 年 1 月起削减购债 100 亿美元，开启了量化宽松政策实施 5 年后的退出历程。于 2014 年 10 月结束了资产购买计划。

资本的本性是逐利，量化宽松货币政策的退出会使美国长期债券收益率快速上升，相关资产更有吸引力，引发逐利资本重回美国；量化宽松货币政策的退出会减少美元的供给，在美国经济基本面趋好的推动下，美元升值或美元升值预期会加强，导致套汇型短期资本流入美国；量化宽松货币政策的退出也预示着美国经济已重返良性运行轨道，在新兴经济体增速面临下行压力的背景下，大量资本会将美国视为安全港湾。

尽管美联储启动 QE 退出对我国并非完全是负面影响，但 QE 退出对我国资本流动管理的挑战绝不能掉以轻心。首先，QE 退出对外部经济金融带来的负面影响会逐步累积释放，部分新兴经济体或将再次出现波动甚至爆发局部危机。这将对我国对外贸易产生冲击，甚至可能引起国际投资者对新兴市场投资风险的重新评估，成为触发跨境资本流向逆转的诱因。其次，美联储退出 QE 将加速国内降杠杆进程。一方面，随着美元流动性收紧，境内企业境外融资成本上升，境内主体财务运作可能出现反向调整，加大我国跨境资本流动的波动性。另一方面，人民币汇率与

① 国际货币基金组织：《全球金融稳定报告：旧风险　新挑战》，中国金融出版社 2013 年版，第 35 页。

利率的联系日趋紧密。外汇占款是我国货币投放的重要渠道，随着 QE 退出影响逐步显现，我国外汇占款增幅可能放缓甚至下降。如果市场各方参与者未能就此及时作出适应性调整，有可能导致国内市场流动性趋紧、利率走高，加大生产部门资金成本上升与利润下降之间的矛盾。①

（3）汇率市场波动：加剧跨境资本流动的助推因素

汇率变化与国际资本流动之间存在着复杂的互动影响关系，一方面，国际资本大量流入往往会推动输入国货币升值；另一方面，对一国货币升值的预期又会进一步吸引国际资本流入。

2008 年金融危机发生后，量化宽松货币政策增加了美元的供给，美元面临贬值压力，因对新兴市场经济国家货币升值预期加强，导致一段时期内套汇型短期资本大量流入。但在美联储 QE 退出，而欧洲、日本货币政策仍持续量化宽松的情况下，美元汇率有可能阶段性走强。如果美元汇率进入升值周期后，国际资本大量回流美国，国际资本风险偏好发生转向，可能加剧人民币汇率的波动，海外市场也可能出现人民币贬值预期②，并引起跨境资本流向改变。

2014 年 7 月 30 日国家外汇管理局公布的数据佐证了这一点，第二季度我国资本和金融项目逆差 369 亿美元③，这是 2012 年第三季度以来首次出现资本项下逆差。这一资本流向改变可能是人民币汇率波动性增加所致。2014 年 2 月，人民币改变了以往单向上涨的走势，出现比较明显的贬值，随着人民币升值预期消失，中国企业开始逐渐增加在大陆的外汇存款。

（二）国内经济转型升级的长期性与艰巨性

全球金融危机爆发后中国经济受到较大冲击，一方面表明中国经济的开放度提升后，与国际经济周期的同步性上升了，另一方面也反映了原有增长模式的脆弱性与不可持续性。

---

①② 国际外汇管理局国际收支分析小组：《2013 年中国跨境资金流动监测报告》，第 9 页，2014 年 2 月 25 日。

③ 国际外汇管理局：《2014 年二季度及上半年我国国际收支平衡表初步数据》，http://www.safe.gov.cn/resources/wcmpages//wps/wcm/connect/safe_web_store/safe_web/whxw/ywfb/node_news_ywfb_store/5b001c8044ea7c55bb98bbe3503d08df/。

1. 中国经济必须加快转变经济发展方式

研究中国经济问题，离不开世界经济背景分析，随着开放度的提升，中国经济问题与世界经济问题是交织在一块的。当前中国经济已经处于新的阶段，面临的内外条件正在发生变化。

(1)“中等收入”阶段面临新的挑战

2011年底，中国人均GDP达到5 000美元，已经处于中等收入国家行列。从国际经济发展史看，在融入全球化的过程中，处于两端的，即高收入国家和低收入国家的经济发展速度较快，在全球化中获益颇多，而处于中段的“中等收入”国家的经济增长速度相对较慢。

为何中等收入国家的经济增长速度会放慢？其中一个解释是不同国家的职业调整。[①]简单地说，以美国为代表的发达国家处在技术创新的最前沿，引领技术发展的新方向，它推出的新创意会推动整个人类知识的前进。所以这些国家在技术、知识、资本密集型产业中有足够高的比较优势，在全球化中就会受益颇丰；在另一端，不管有什么样的发明创造，当一个产品进入大规模生产阶段的时候，成本成为决定一切的因素，因而，类似于中国这样的新兴市场经济体由于劳动力资源丰富、劳动力成本低廉，就具有劳动密集型产业的比较优势，从而成为制造业大国；处在“中等收入”的国家也能从全球化进程中获益，但由于既无高收入国家的技术优势、又无低收入国家的成本优势，这类国家在全球化中的获益并不是最显著的。

(2) 中国经济增长的传统驱动力正在衰竭

改革开放30多年，中国年均增速接近10%。在全球分工格局中，其核心竞争力在于低廉的要素成本，表现为劳动力成本低廉，土地、环境资源成本低廉，以及人民币汇率低估。[②]近年来，这些条件正逐渐发生改变，使得传统的竞争优势不断削弱、传统的经济发展模式难以为继。

一是劳动力成本逐渐上升，“人口红利”逐渐减少。中国是世界上生育率最低的国家，根据联合国预测，大概在2030年到2035年之间，中国人口将达到14.37亿人的顶峰，随后人口就会出现负增长。随着出生率

---

① 方烨：《蔡昉：提高全要素生产率　跨越中等收入陷阱》，《经济参考报》2011年11月28日。

② 详见陈元：《后经济危机阶段：加速发展路径的强制性变迁》，《管理世界》2009年第9期。

的下降，预计到2021年，劳动年龄人口开始出现绝对减少。主要储蓄者比率将在2015年见顶下降。这种劳动力供求关系的变化会导致中国比较优势的改变。①一方面，竞争性行业企业的竞争力将因劳动力成本提高而受到明显削弱。另一方面，中国作为“世界工厂”的地位面临着严峻考验。

二是土地、环保成本明显上升。由于政府施行越来越严格的土地管理政策，土地成本迅速上升；长期粗放式增长使中国的环境负荷迅速上升，来自内、外部的环保压力不断加大，未来环保成本将呈现报复式上升的态势。②

三是要求人民币升值的国际舆论压力始终存在。2005年7月21日启动新的一轮汇率体制改革以来，人民币进入升值通道，到2011年底，人民币兑美元汇率已经累计升值31.35%，2012年进一步升值0.25%，即使在全球新兴市场货币总体贬值的2013年，人民币对美元汇率中间价仍升值了3.1%，国际清算银行测算的人民币对主要贸易伙伴的名义和实际有效汇率分别升值7.2%和7.9%（见图3-10）。

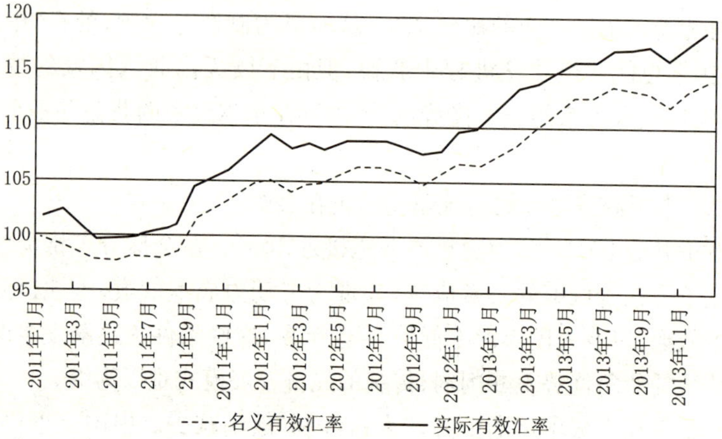

图3-10 人民币名义汇率与实际有效汇率

资料来源：国际外汇管理局国际收支分析小组：《2013年中国跨境资金流动监测报告》，第9页，2014年2月25日。

① 方烨：《蔡昉：提高全要素生产率 跨越中等收入陷阱》，《经济参考报》2011年11月28日。

② 详见陈元：《后经济危机阶段：加速发展路径的强制性变迁》，《管理世界》2009年第9期。

(3) 全球经济需要“再平衡”

实行对外开放、融入国际分工体系是中国经济近三十多年来快速增长的重要推动力。我国依靠劳动力资源禀赋优势，以大进大出的发展模式，融入国际分工体系。从1978年到2013年，35年间中国货物进出总额从206亿美元上升到了41 600多亿美元，增长了201倍，占世界货物贸易的比重从不足1%上升到12%左右。

在这一国际分工体系中，按照国家间禀赋优势不同，形成了以资源国、制造国、创新(金融)国相互依赖的“共生模式”。①中国拥有丰富的劳动力禀赋优势，是制造核心国。制造国产出需求相当比例来自外部，外需成为其经济增长的关键因素。而美国、欧元区等国是技术创新国，也是消费核心国，产出小于消费，但占据国际经济金融体系的主导地位，行使“规则”的制定权(见图3-11)。

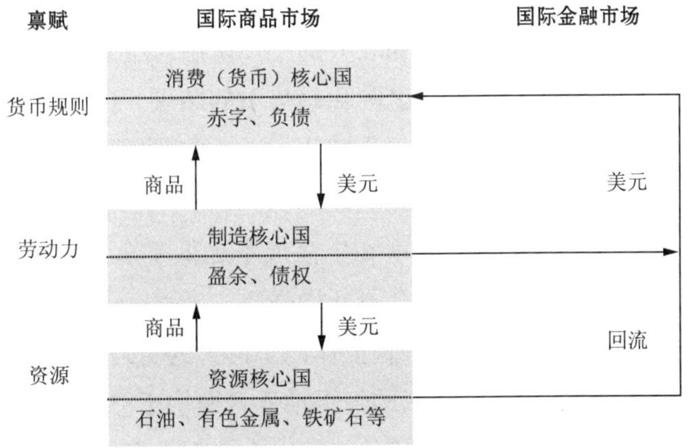

图3-11　国际分工体系中的“共生模式”

资料来源：国泰君安证券研究所：《明年春色倍还人——中国区域间产业转移专题研究》，2009年4月7日。

这种“共生模式”是一种“恐怖平衡”。②2008年的全球金融危机打破

① 见国泰君安证券研究所：《明年春色倍还人——中国区域间产业转移专题研究》，2009年4月7日。

② 即过度消费负债与过度储蓄生产的平衡。详见周振华：《充满变数的世界经济复苏之路》，《解放日报》2009年12月13日。

了原先的平衡关系，全球经济需要“再平衡”。在“再平衡”调整的过程中，过度消费的美国将提高储蓄率，并且提出了“再工业化”口号，这对处于制造核心国地位的中国而言，意味着外需收缩、产能过剩的压力可能将进一步加大，使中国经济长期过度依赖外需和投资拉动的增长模式难以为继，加速中国经济发展路径的强制性变迁。

2. 转型发展不可能一蹴而就

中国的转型发展是朝着一种更可持续的增长模式转变，这种模式要适合日益成熟的大国经济体，即具有更强的创新能力和更低的资源密集程度。

这一经济转型的特点是两个相互联系的“再平衡”过程：第一个是商业活动从沿海转向内陆、从城市转向农村的空间“再平衡”；第二个是从外需转向内需的宏观经济“再平衡”。①

(1) 空间“再平衡”有待时日

空间“再平衡”是在中国日益壮大的中产阶层对服务和商品的需求日益扩大，以及快速城市化、人口老龄化趋势下的结果。这一趋势拉高了内需与外需之比。在区域均衡发展战略下，交通便利性得到改善的中部省份将逐渐发挥更重要作用，成为连接贸易驱动的沿海地区和消费驱动的内陆地区的桥梁。由于商务成本和生活成本远低于东部沿海地区，在中部地区从事经济活动的吸引力会不断增强。

近年来，中国在空间“再平衡”上作出了巨大的努力，也取得明显的成效。金融危机发生后，内陆地区的经济增速普遍快于沿海地区，这逆转了改革开放以来长期的“东快西慢”的趋势。在东部沿海地区加快转型升级之际，这种“东慢西快”的双速格局为那些希望继续获得高回报率的外国投资者提供了选择的空间。但中西部地区的高增长也引发了一个疑问：今天的西部对东部当年高增长的模式是简单的复制，还是有所超越？如果中西部今天仍然走的是投资驱动型的增长模式，那东部今天的减速已经发出了预警：这样的增长模式是不可持续的。而随之而来的问题是：中国经济未来增长的动力何在？

---

① 黄育川：《中国的两个再平衡》，《中国物流与采购》2012 年第 18 期。

(2) 内外经济"再平衡"依然任重道远

内部经济平衡与外部经济平衡是一个硬币的正反两面。一方面，20世纪90年代以来我国经济外部不平衡的根源在于内部经济不平衡。1994年以来我国储蓄率一直高于投资率(见图3-12)。我国经常项目顺差正是在国内储蓄率较高、社会总需求不足、储蓄不能有效转化为投资的情况下产生的；资本项目顺差则反映了国内金融市场体系发育滞后、对外资依赖较大、资本流出渠道不畅等问题。储蓄与投资的不平衡是我国经济外部不平衡的根本原因。因此，改善国际收支平衡，关键取决于经济转型升级和结构调整的进展。另一方面，外部经济不平衡会影响内部经济平衡的实现，如跨境资本的大量流入，会增加国内市场流动性，影响物价稳定和资产价格，影响地区平衡发展和产业转型升级等。

近年来我国政府一直把国际收支平衡作为宏观调控的目标，在扩内需与加快"走出去"步伐等一系列政策措施的作用下，国际收支状况趋于逐步改善。2008年开始，中国经常项目顺差规模以及顺差占GDP之比都稳步下降，其中顺差占GDP之比已从2008年的9.1%回落到2013年的2.1%，现已回落到国际公认的合理水平。这既体现了国内经济发展方式转变、涉外经济政策调整的成效，也反映了国外经济金融形势的周期性变化，显示我国国际收支状况和人民币汇率正趋向合理均衡。

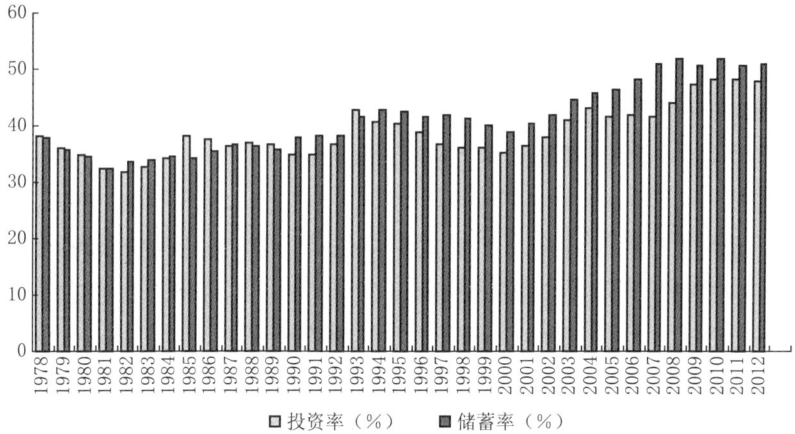

图3-12　1978—2012年中国投资率与储蓄率

资料来源：历年《中国统计年鉴》。国际统计局网站：http://www.stats.gov.cn/tjsj/ndsj/。

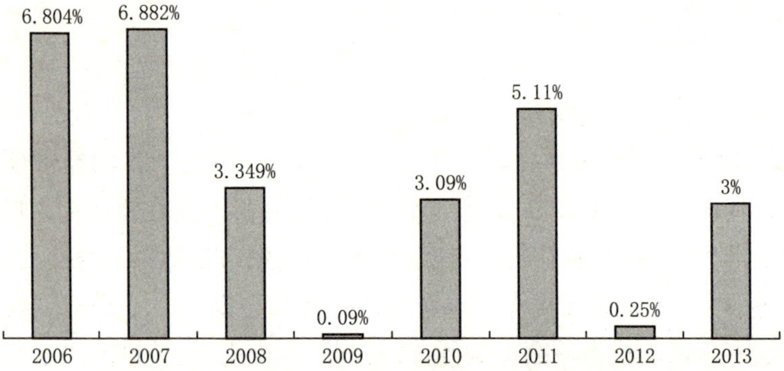

图 3-13　2006—2013 年人民币汇率升值幅度

资料来源：中国外汇交易中心网站：http://www.chinamoney.com.cn/fe/Channel/17383。

然而，我国促进国际收支基本平衡仍面临不小压力：首先，2008 年金融危机发生后，外需对中国经济增长的拉动作用虽有所减弱，但内需中消费与投资失衡的现象仍未根本扭转，经常项目顺差仍存在较大的反弹压力。其次，2005 年 7 月 21 日“汇改”以来至 2013 年末，人民币对美元汇率累计升值 35.5%，年均升值 3.7%（见图 3-13），人民币汇率弹性虽有所增加，但波动性仍然偏低，在全球流动性宽裕、主要货币利率低企的大环境下，套利交易盛行，加剧了我国外汇供求失衡，也积聚了人民币汇率超调的风险。再次，2012 年我国虽然初步形成了经常项目顺差、资本项目逆差的国际收支平衡格局，但总体上资本流出渠道的管制依然较多，主要是企业顺周期的财务运作导致的被动平衡。2013 年，我国国际收支重回“双顺差”格局，外汇储备资产大幅增加，促进国际收支平衡依然任重而道远。①

总体而言，2008 年全球金融危机，对我国实体经济产生了巨大的冲击效应，引起了国际社会对投资、出口驱动型的中国经济能否持续稳定发展的讨论。在中国经济增长速度明显放缓的情况下，市场对人民币升值的预期有所降温，甚至呈现出贬值的预期，企业和个人从前些年的做多人民币，开始转为做空人民币。从中国对外资产负债表的结构看，2008 年

① 国家外汇管理局国际收支分析小组：《2013 年中国国际收支报告》，第 17—18 页，2014 年 4 月 4 日。

以来，我国对外金融负债增速超过对外资产，对外金融资产负债存在一定程度的主体错配。[①]这一方面反映了2008年金融危机以来，我国经常项目收支逐渐趋向基本平衡，对外资产积累速度放缓；另一方面也反映了在发达国家推行量化宽松、低利率货币政策的背景下，中国企业普遍采取“资产本币化、负债外币化”的财务运作倾向。非政府部门资产配置失衡潜伏的风险是，较高的企业杠杆可能加大对利率冲击的敏感性，而外币借款的上升可能会加大对货币或外国融资冲击的暴露。正如国际货币基金组织在2013年4月发布的《全球金融稳定报告》中所言：“低利率的好运抑或未来的困境”。[②]一旦出现全球利率上升、流动性收紧，或美元大幅度升值的情景，我国可能将面临巨大的货币贬值和资本流出压力。

小　　结

由于全球经济复苏的非同步性、经济政策的差异性，以及汇率市场的大幅波动，使得未来中国面临的跨境短期资本流向的不确定性大大上升。

从国内经济增长态势看，在经历了三十多年高速增长后，中国经济将步入“中高速增长时期”，支撑发展的要素条件也在发生深刻变化，深层次矛盾凸显，正处于结构调整“阵痛期”、增长速度“换挡期”，到了爬坡过坎的紧要关口。如果未来中国经济能实现整体平稳发展的态势，经济增长能实现由前期的政策刺激偏快增长向自主增长有序转变，中国经济良好发展的态势将继续吸引境外资本流入。但由于外部经济的不确定，以及国内转方式的长期性与艰难性，未来中国可能会面临资本流向逆转的威胁。

---

① 截至2013年底，我国货币当局资产占对外资产总额的67%，金融机构占16%，其他部门占17%；货币当局对外负债占对外负债总额的1%，政府部门占2%，金融机构占25%，企业等其他部门占72%。从部门分类来看，货币当局对外净资产3.94万亿美元，政府部门对外净负债992亿美元，金融部门对外净负债570亿美元，企业等其他部门对外净负债1.81万亿美元。非政府部门对外净负债1.86万亿美元，超过GDP的20%。资料来源：国家外汇管理局国际收支分析小组：《2013年中国国际收支报告》，第36页，2014年4月4日。

② 国际货币基金组织：《全球金融稳定报告：旧风险　新挑战》，中国金融出版社2013年版，第34页。

参考文献

Harry G. Johnson. 1962. "Monetary Theory and Policy", *American Economic Review*, Vol.52:325—384.

Harry G.Johnson. 1977. "The Monetary Approach to the Balance of Payments: A Nontechnical Guide", *Journal of International Economics*, Vol.7(3):251—268.

Harry G.Johnson. 1976. "The Monetary Approach to the Balance of Payments: Essential Concepts and Historical Origins", In Jacob A.Frenkel and Harry G.Johnson (eds.) *The Monetary Approach to the Balance of Payments*. London: Allen & Unwin and Toronto: University of Toronto Press.

Robert A. Mundell. 1968. "International Economics", New York: Macmillan, pp.250—271.

[美]罗伯特·蒙代尔:《蒙代尔经济学文集》,向松祚译,中国金融出版社2003年版。

李扬:《中国经济对外开放过程中的资金流动》,《经济研究》1998年第2期。

宋文兵:《中国的资本外逃问题研究:1987—1997》,《经济研究》1999年第5期。

李庆云、田晓霞:《中国资本外逃的影响因素》,《世界经济》2000年第9期。

杨胜刚、刘宗华:《资本外逃与中国的现实选择》,《金融研究》2000年第2期。

管涛、王春红:《对中国资本外逃规模测算方》,《金融研究》2000年第12期。

任惠:《中国资本外逃的规模测算和对策分析》,《经济研究》2001年第11期。

李晓峰:《资本外逃对中国经济影响的实证分析》,《金融研究》2003年第12期。

贺力平、张艳花:《资本外逃损害经济增长吗?——对1982年以来中国数据的检验及初步解释》,《经济研究》2004年第12期。

牛晓健、郑祖玄:《资本管制、外商投资与最优税差——对中国转型时期过渡性资本外逃的研究》,《经济研究》2005年第4期。

全海欣:《资产组合理论视角:我国资本外逃影响因素的实证研究》,《中央财经大学学报》2009年第6期。

杨海珍、陈金贤:《资本流入下的宏观效应及政策选择》,《西安交通大学学报》(社会科学版)1998年第4期。

赵敏:《资本流入下的政策选择》,《经济社会体制比较》2004年第2期。

刘立达:《中国国际资本流入的影响因素分析》,《金融研究》2007年第3期。

徐震宇、潘沁:《中国资本流入负效应的实证研究与资本逆转的防范》,《国际金融研究》2007 年第 9 期。

张斌:《人民币升值预期　短期资本流动及其影响》,《国际金融》2010 年第 4 期。

张明:《新兴市场国家如何应对资本流入:中国案例》,《国际经济评论》2011 年第 2 期。

第四章

防范跨境短期资本流向逆转的政策工具选择——非管制性政策工具

在墨西哥金融危机发生后，国际货币基金组织曾研究了巨额跨境资本流动对新兴市场经济体带来的不利影响，并提出了以下政策建议：第一，采用货币政策加以应对，建议在资本流入时收缩货币供应量，在资本流出时扩大货币供应量。第二，采用财政政策抵消影响。在资本流入时减少政府支出，在资本流出时增加政府支出。第三，实行灵活的利率与汇率政策。①跨境资本流动包括资本流入与资本流出，因而，防范资本流向逆转，既可以选择管理资本流入环节，也可以选择防范资本流出环节。只要短期性投机资本不能流入，它们也就不会突然逆转流向，因此，比较而言流入管理优于流出管理。②

---

① 国际货币基金组织：《国际资本市场》，中国金融出版社 1997 年版，第 79—94 页。

② 从管理环节而言，可以分为流入管理与流出管理。主张对资本流出进行管理的观点认为，在危机中，资本的高度流动性能够摧毁政策。抑制资本流出，是对危机国家重新获得他们货币和财政工具控制权，并使其经济快速恢复的一种途径。但不可否认，资本流出管理存在以下几方面的不足：(1)管理资本流出要求建立一个繁杂的管理机构以及割断外国资金投入的金融通道，管理的收益必须能补偿相应的成本。(2)资本流出管理不能有效地抵御本币贬值的压力，除非他们被“敌意性”地强制执行。政府将不得不设立具有监视和批准所有金融交易并能在机场对旅客行使搜查权力的繁重管理机构，而这极有可能滋生官员腐败。(3)对于资本流出的管理很难恰当地作为防止金融机构承受过度风险的措施。这一措施不是阻止金融体系的过度信贷，而是希望通过阻止担心危机爆发的存款人抽走资金来防止金融体系的不稳定发生。这一方法是治标不治本的。此外，对于大多数新兴经济体而言，被突然撤离的资本的一个重要来源就是大量国外资金的涌入；当一国货币币值不稳且存在贬值预期时，投资者撤离资本的意愿将会加强，资本流入将不会发生；与资本流出管理的控制和许可证要求相比较，资本流入管理适用跨境资本流动的所有金融机构，相对透明。因此，资本流入管理更有助于防范跨境短期资本流向逆转。本章也侧重于资本流入管理分析。

一、货币政策：中和干预与非中和干预

货币当局对外汇市场的干预是通过本币与外汇之间的资产转换完成的。在外汇交易中，央行买入外汇就相当于向市场投放本币；反之，卖出外汇就相当于从市场中回笼本币。因交易所涉及的本币属于基础货币，通过乘数效应会产生数倍于基础货币的货币供应量扩张(或紧缩)。为了防止货币供应量的变化，货币当局在外汇市场买入外汇的同时，经常会采取相应的中和措施以紧缩货币。根据货币当局外汇市场干预是否有相应的配套市场操作，以及是否最终引起货币供应量的变化，可以将货币干预分为中和干预和非中和干预两类。

(一) 中和干预

中和干预又称冲销干预，是指货币当局在外汇市场上进行交易的同时，通过其他货币政策工具来抵消外汇交易对货币供应量产生的影响。这是新兴市场经济体应对国际资本流动，尤其是境外短期资本流入的普遍政策反应。其目的是避免因外资流入引发的货币与信用的过度扩张，试图将国内经济运行与资本流动的宏观经济影响相隔离。

由于一国货币供应量取决于基础货币和货币乘数的大小，因此应对境外资本流入的中和干预方法不外乎三类：冲减基础货币、缩小货币乘数，以及前两者的双管齐下。这些方法中最具有代表性的政策工具是：公开市场业务操作、调整存款准备金率，以及管理公共部门存款。

1. 公开市场业务操作

这是应对境外短期资本流入最常用的货币政策工具。具体操作是由货币当局通过卖出有价证券的方法来消除因购买外汇所释放的流动性。公开市场业务操作是迄今为止使用频率最高的政策工具。

美联储与财政部于 1962 年 2 月开始参与外汇干预操作。①为了应对

① 1913 年的《联邦储备法》和 1944 年的《布雷顿森林协议法》分别赋予美联储和美国财政部干预外汇市场的权利，规定美联储负责进行外汇干预，财政部负责制定美元汇率政策，包括外汇市场干预政策。美联储对外汇市场的干预是通过一个由 12 家联储银行共同组成的系统账户进行，财政部主要是通过外汇平准基金来进行外汇干预。

20世纪90年代初期持续的资本流入,几乎所有的新兴市场经济体都用过这一方法。例如,印度尼西亚抛售银行券(SBIs),韩国拍卖货币稳定券(MSBs),墨西哥出售政府债券(Cetes 和 Tesobomes),马来西亚则发行银行券(BNBs)和储蓄券(MSB)。①

我国的公开市场业务操作始于1996年。但是,当年只做了几笔交易,交易量仅20多亿元。②2001年入世后,情况发生了变化。随着我国外贸出口和外商直接投资的持续增长,国际收支持续出现双顺差,外汇储备一路飙升。自此,公开市场业务操作逐渐成为我国货币当局对冲外汇占款,减少金融机构流动性的主要手段。

这一政策工具有两个明显的优点:一是这种干预方法既可减缓因购买外汇而造成的货币信贷扩张,又不至于像其他干预措施(例如提高存款准备金率)那样增加银行系统的额外负担。二是公开市场操作还可以防止国内银行过度卷入资本流入活动,降低了因为资本流向突然逆转对银行体系的冲击,从而保护了银行体系的稳定性,这种限制作用在银行系统缺乏足够承受力或跨境资本流入具有暂时性时尤为明显。

但这一政策工具的缺点跟它的优点一样明显:一是可能导致中央银行遭受巨大的经济损失。公开市场业务会导致有价证券价格下降、市场利率上升,货币当局卖出的有价证券越多,其价格也就越低,利率就越高,意味着货币当局为公开市场操作付出的代价也越高。③经济学家基格尔和莱德曼(Kiguel and Leideman)经过研究发现:哥伦比亚在1991年因此产生的准财政损失为GDP的0.5%—0.7%;墨西哥在1990—1992年间,每年准财政损失为GDP的0.2%—0.4%;智利中央银行从1990—1992年中期,由于公开市场业务操作造成的损失是GDP的1.4%。④二是有可能进一步诱使境外短期资本涌入。由于这一操作会提升国内利率,扩大国内利率与国际利率的利差,从而有可能吸引更多跨境短期资本涌入,甚

① 杨金梅:《论我国央行外汇干预与冲销操作》,复旦大学经济学院世界经济研究所2007年博士学位论文,第40页。

② 戴根有:《中国央行公开市场业务操作实践和经验》,《金融研究》2003年第1期。

③ 这一影响可能表现为低价售出政府债券,也可能表现为为中央银行债券支付更高的利率,结果可能是货币当局减少向财政部门的利润上缴,也可能是财政部门增加对货币当局的拨款,无论哪种情况,最终货币当局为公开市场操作所付出的代价实际上是由财政部门来承担的。

④ 国际货币基金组织:《国际资本市场》,中国金融出版社1997年版,第80页。

至有可能恶化资本流入的结构，即导致中长期投资、直接投资的比重下降，而短期投资、证券投资的比重上升。

正是由于上述原因，墨西哥从1991年中起减少了公开市场操作，智利和哥伦比亚也分别从1991年中和1993年起改变了中和干预的操作。

2. 调整存款准备金率

为了防止跨境短期资本过度流入，各国货币当局还可以通过提高存款准备金率来降低货币乘数，以达到抑制因干预汇市而带来的货币扩张的目的。这一政策工具尤其适用于那些资本流入主要表现为地方银行账户大量增加的国家。

韩国、马来西亚、智利、哥伦比亚、菲律宾、墨西哥、斯里兰卡等国都曾运用过这一工具。例如，智利在1992年为了冲销资本流入的影响把存款准备金率提高到30%，哥斯达黎加、马来西亚和斯里兰卡为了应对境外资本大量流入，法定存款准备金率由1989年的3.5%提高至1994年初的11.5%。[①]为了应对境外短期资本的流入，我国还曾有过备付金[②]的要求。大部分国家提高存款准备金率后，确实减少了广义货币的扩张。

上调存款准备金率的最大优点是紧缩效应明显。这一操作不但降低了货币乘数，还减少了商业银行的超额准备，能在不增加准财政成本的前提下降低商业银行的贷款能力。

但存款准备金率的上调具有不容忽视的副作用：

首先，有可能进一步吸引外资进入。准备金有付息和不付息两种，不付息，或者付息远低于市场贷款利率时，存款准备金相当于对商业银行的一种“征税”，提高存款准备金率意味着加重了银行的运营成本，如果银行处于垄断地位，就会把其中部分甚至全部的“税负”转嫁给客户，具体操作可以是降低存款利率或提高贷款利率，而较低的国内存款利率会抑制境外资本流入，而过高的贷款利率则会迫使国内企业更多到国外借款，从而

---

① 国际货币基金组织：《国际资本市场》，中国金融出版社1997年版，第79—94页。

② 商业银行或存款机构在货币当局规定必须缴纳的法定准备金之外，保留的一部分准备金。1986年12月，中国人民银行对各类存款金融机构，实行了支付准备金制度，由在中国人民银行的备付金存款和库存现金两部分构成，占存款类金融机构存款的比例要保持在5%—7%。1998—1999年，我国进行存款准备金制度改革，改革后，将原来的存款准备金率和备付金率合二为一。目前，备付金是指商业银行存在中央银行的超过存款准备金率的那部分存款，一般称为超额准备金。

进一步刺激国外资本流入。不少国家的事实表明，货币当局提高存款准备金率后，商业银行一般会通过提高借款利率的方法来实现“税负”转嫁。如在马来西亚存款准备金率提高时期，贷款利率提高，并最终导致存款利率提升。因此，正如公开市场业务会提高利率吸引更多资本流入，从而出现与预期相悖的结果一样，提高存款准备金率，也可能在事实上增加国内企业的借款成本，贷款利率的提高最终又会影响存款利率，反而会刺激更多的境外资本流入。

其次，“脱媒”现象会影响货币当局的政策效果。由于在不付息或付息偏低的情况下，存款准备金相当于是一种对商业银行的“征税”，商业银行就会千方百计地通过降低存款利率或提高贷款利率的方式，将这种负担部分乃至全部转嫁给客户。若降低存款利率，将导致资金涌向非银行金融部门；若提高贷款利率，会迫使融资方寻求银行以外的资金来源。无论商业银行采取何种转嫁行为，都会导致金融“脱媒”。当一国出现较为严重的“脱媒”现象或“影子银行”体系时，货币资金可能出现体外循环现象，也即转向不受存款准备金约束的非银行金融部门，在这种情况下，即使提高存款准备率也不一定能达到抑制货币扩张的预期效果。

第三，有可能增加财政成本。如果准备金是付息的，有助于避免“脱媒”现象的出现，但货币当局必须为因上调准备金率而增加的这部分准备金支付利息，承受类似于公开市场操作下的损失，从而大大增加财政成本。

此外，上调存款准备金率收缩货币供应量在长期是无效的。这一中和操作工具是斧子而非小刀，其优点是紧缩效果强烈，缺点是易引起后遗症。对所有商业银行“一刀切”提高存款准备金率，极易使那些没有外汇业务的商业银行，或本身已经存在支付问题的银行进一步陷入流动性困境。如果频繁使用这一方法又可能引发对银行的大量提款——新的金融工具会创造出来并最终产生逃避管制的方法。

因此，上调存款准备金率可能短期有效，但不可能永远有效。

3. 管理公共部门存款

管理公共部门存款是指货币当局通过将原先存放于商业银行的公共部门存款（例如政府部门或者养老基金的存款）转入中央银行的方法，来达到中和资本流入影响、减少货币扩张的目的。例如，1991 年墨西哥政府将其私有化所得收入存入央行以实现中和干预。印度尼西亚、马来西亚等国也在20世纪90年代通过把政府部门或养老基金的存款从商业银行转移到中央银行来紧缩货币供应量，以减轻资本流入带来的冲击。①

如果政府存款计入货币存量，则这种转移的效果相当于提高存款准备金率②；如果这部分存款不计入货币存量，则这种转移类似于公开市场业务中的"流动性紧缩"，不同于后者的是央行不必按市场利率为这笔公共部门存款支付利息，其干预成本远小于公开市场业务操作，且不影响短期利率。

管理公共部门存款的优点在于：既不是对银行部门征税，也不会像公开市场操作那样带来短期利率的大幅提高；由于对公共部门存款不必付息，也不会带来准财政成本。③因此其干预成本相对较低。

但这一工具也并非完美无缺。首先，银行存款大量的、不可预测的变动使银行无法管理其现金头寸，不利于银行体系的安全运营。例如，当印度尼西亚要求国有企业将其存款从国有银行取出时，不但使这些银行遭受流动性损失，而且迫使这些银行减少了他们的未付贷款额。其次，有些存款并非严格意义上的公共部门存款（如马来西亚的职工退休储蓄基金、新加坡的中央退休储蓄基金），在这种情况下，基金出资人可能要承担这种存款带来的损失。这种损失取决于是否与基金收益率密切相关，若基金收益率下降基金出资人就会受损。第三，这种基金数量毕竟有限。例如，泰国银行保有的政府存款从1987年底占政府总储蓄的25%升至1992年中期的82%的峰值后，通过存款转移进行中和干预的余地就非常有限了。

4. 货币政策中和干预的效应

从智利1990年上半年、哥伦比亚1991年、印度尼西亚1991—1992年、马来西亚1991年初的实际操作来看，中和干预具有如下效应④：

（1）显著增加储备。

（2）这些国家或是汇率贬值速度放慢或是出现法定升值，例如马来西亚。这表明在面临大量资本流入时，货币政策中和干预的效果是有限的。

---

① 国际货币基金组织：《国际资本市场》，中国金融出版社1997年版，第79—94页。

② 这部分存款准备金率高达100%。

③ 即央行支持冻结干预发行债券利率与来自外汇储备利息的差额。

④ 国际货币基金组织：《国际资本市场》，中国金融出版社1997年版，第80页。

(3) 在大幅度运用公开市场业务操作时，央行票据发行量，无论是绝对量还是相对基础货币的比重来说，在短期内都非常庞大。

(4) 中和干预开始时，国内短期利率会上升，中和干预政策终止时，利率就会下降，这说明相当比重的境外资本流入是由于对企业证券的需求增加，而不是对政府短期票据需求的增加而造成的。为了吸引投资者持有更多的政府证券，就必须提高利率。资本流入往往与经济增长的强劲态势有关，经济增速加快往往会增加对货币的需求，但中和干预却会导致紧缩性的货币政策，并拖累经济增长。

(5) 中和干预期间，事后的以美元计算的利差较大，这说明中和干预至少在短期内会影响国内利率迅速向国际利率水平靠拢的速度。在实施中和干预的国家中，国内短期利差相对于未中和的国家——例如阿根廷——要大得多，尽管中和干预减缓了国内利率向国际利率水平靠拢的速度，但其影响国内利率和控制货币供应的能力会随着时间的推移而减弱。

由于较高利率会吸引更多外资流入，实施中和干预的国家至少在早期有短期资本流入增加的迹象，但干预并未引起流入资本在结构上的明显或持续的变化。国际货币基金组织认为，在更大程度上顶住资本流入期间的汇率压力，并对导致的货币供应增量加大中和干预，与较低的实际升值或流入后较好的增长表现没有关系。①

(二) 非中和干预

非中和干预是指央行直接在外汇市场上买卖外汇，而不对由此造成的基础货币变动加以调节。这通常是货币当局在预期货币需求增长发生变化之时所施行的通货稳定计划。例如，当央行在外汇市场上为实现本币不至于过度升值而卖出本币买入外币时，使得流通中的货币量增加；为防止本币贬值，在买入本币卖出外币时，又会使流通中的货币量减少。

如果对货币的需求能随政府部门希望采取的通货稳定计划而增加时，那么以非中和工具进行干预也许是合理的。在这种情况下，快速的货

① 见国际货币基金组织：《世界经济展望：全球化与不平等》(2007 年 10 月)，中国金融出版社 2008 年版。

币增长是符合实际经济发展要求的，且未必会引发通胀，因而也不会有准财政负担。

但以非中和工具进行干预通常会冒引发金融系统动荡、加剧金融体系脆弱性的风险，尤其当存在一个明显的或隐含的存款保险制度，以及金融监管相对薄弱的情况下尤为如此。

从宏观经济的角度来看，对于一个无力，也不愿向私人部门增加贷款（尤其是为了扩大消费而向私人部门增加贷款）的银行系统而言，以非中和工具进行干预是一个颇有诱惑力的选项。例如，马来西亚曾试图通过对购买汽车的贷款施加限制，并采用严格的规则对发行信用卡加以限制，希望以此抑制消费信贷。当银行系统不能融通更多的资金时，通过银行系统流入的多余资金就会对利率产生巨大的下行压力，放慢资本流入的步伐，降低国内未偿付信贷的成本。

概而言之，中和干预实际上是将资本流入非货币化，非中和干预是将资本流入货币化。这两种政策工具的选择取决于准财政成本、通胀压力以及信用限制的程度。当一国的准财政成本很高，信用限制程度很高，而通胀压力又不大时，非中和干预更有利；而当一国外资流动相对不自由时，可以考虑采用中和干预。①

二、 财政紧缩政策：削减政府开支或增税

应对资本流入，除了货币政策，一国还可采取财政紧缩政策，尤其是通过削减非贸易性支出的方法来降低总需求，以抑制资本流入带来的通胀压力。如果不考虑资本流入的原因，财政紧缩可能是防止经济过热和避免本币升值的唯一途径。

财政紧缩政策可表现为减少政府开支，或增加政府收入，或开源节流两者兼而有之。在 20 世纪 80 年代末 90 年代初，泰国、马来西亚和智利都曾采用这一政策（见表 4-1）。

① 杨爱斌：《论开放经济下资本流入的宏观经济影响及政策选择》，《国际金融研究》1997 年第 2 期。

表 4-1 泰国、马来西亚和智利的财政紧缩政策

国 别	巨额资本流入的起始年份	紧 缩 表 现
泰 国	1988 年	1988—1991 年,政府削减开支。财政从占 GDP 1.4%的赤字转为 4.9%的盈余。 1992 年,引入增值税制度。
智 利	1990 年	1990—1994 年,政府削减开支。非财政性公共部门的盈余在这期间平均达到 2.5%。 1990 年中,增值税率提高到 18%,公司税率提高到 15%,同时还提高了个人所得税的累进税率。
马来西亚	1989 年	1992—1993 年,财政得到巩固。公共支出实际增幅大大降低(1992 年为 0.4%)。 1992 年,引入增值税制度。

资料来源:国际货币基金组织工作人员估计。尼加萨旺和德吉萨姆隆,1994 年;斯查德勒等,1993 年。

1. 削减政府开支

不同的财政紧缩方法对宏观经济的影响是不同的。如果政府开支比私人开支更偏向于非贸易物品,则在减轻实际汇率升值压力方面,削减政府开支比增加税收措施更有效。削减政府开支相对征税而言的另一个优势是:如果消费者很容易获取信贷——这在巨额资本流入时往往如此——则消费者可灵活自如地抵消因增税而导致的可支配收入减少效应。这在增税措施是临时性举措时尤为明显。因此,相比较而言,削减政府开支在减少社会总需求方面更具有可控性。

2. 提高税率

以增税为调整举措也许会碰到一些困难:一是许多新兴市场经济体的税务管理部门相对薄弱,会影响政策的有效性。提高税率也许会导致逃税现象的增加,而非政府税收收入的增加。这在出口工业遭遇外部冲击时尤为明显;二是即使是管理很得法的高税率,也会削弱一国的经济竞争力。从直接影响来看,提高出口税率会削弱本国企业的竞争力;从间接影响来看,向出口工业的进口投入物品征收高额进口税,也会削弱企业的竞争力。①

① 朱可泳:《外部冲击和发展中国家的财政政策》,《金融与发展》1988 年第 6 期。

似乎，削减政府开支比征税更为可取。但削减政府开支也存在着一系列问题：一是开支中的某些项目(例如利息支付)，政府无法控制。二是削减政府开支要付出沉重的经济和社会代价，如果暂停或推迟重大建设项目的竣工要付出沉重的经济代价，而降低食品补贴会付出重大的社会代价。因此财政紧缩是个敏感的举措，容易造成经济停滞和失业率上升，引起民众反感，甚至引发社会问题。公众往往要求扩大对基础设施的投入，这时政府就面临着两难选择——经济迅速增长要求政府加大投入改善基础设施，而财政紧缩会使现有基础设施状况难以满足资本持续流入后经济高增长的需求。三是财政政策制定和执行的政策时滞较长，不可能在短期内采取行动并达到预期效果。其时滞会增加管理的风险性。财政调整涉及社会选择，它要求在这些选择的基础上提出政治和社会层面的一致意见。而外部冲击的时间存在不确定性，如果预期冲击会很快结束，则要求对财政平衡融资的政治和社会压力是巨大的，事实上，这种政策还存在一种事后的顺周期作用，即只会紧缩随经济增长需要扩大公共基础设施建设的资金，而对货币扩张易过热的服务业却没有紧缩作用。四是财政政策往往以中长期目标，例如基础设施、社会服务等为出发点，而不会对国际资本流动中的短期资本流动作出即刻反应。五是用财政政策对付国际资本流动还有明显的非对称性。例如，财政紧缩有时可以作为应对资本流入的工具，然而财政扩张不一定能对付资本流出。

3. 对财政紧缩政策的评价

财政紧缩的优点是紧缩过后的利率下降，即通货紧缩压力将抵消未被中和的外汇干预所带来的扩张性影响，会使利率产生下行压力。这在政府的借款要求被认为将下降时尤为明显。利率下行对保持资本流动的稳定性有着积极作用，可以减轻资本流入的压力。资本流入的自动减少可使本国经济避免出现过热现象。如表 4-1 所示，泰国在 1988—1991 年间，用财政紧缩作为应对资本流入的主要政策，适度地削减政府开支，以及较为强劲的经济增长[①]，使得政府财政从占 GDP 的 1.4%的赤字转为 4.9%的盈余。智利和马来西亚也曾将财政紧缩作为应对资本流入的重要措施。

① 1988—1991 年泰国的实际 GDP 增长平均达到 11.3%。

国际货币基金组织通过对过去二十年来100多例经验的研究发现，过去，在资本流入期间宏观经济较为动荡的国家——包括资本流入出现急剧逆转的国家——一般具有较高的经常账户逆差，总需求和货币实际价值出现较强劲增长。因此，在资本流入期间政府保持支出稳定，而不是过度支出，减轻了对总需求的压力，协助限制了实际汇率升值的幅度，从而减轻了资本大量流入产生的不利影响。资本流入带来的“硬着陆”与政府在资本流入期间显著增加开支有关，而约束开支有助于减少总需求和

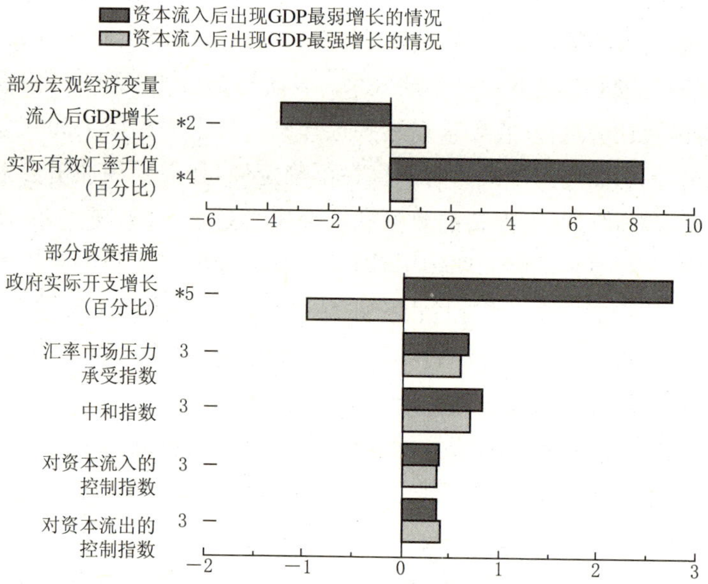

图4-1　资本流入后的GDP增长、部分宏观经济变量和政策指标[1]

注：

1. 报告值是两组情况的中间值。流入后出现最弱（最强）GDP增长指低于（高于）流入后两年GDP平均增长率与流入期间平均增长值的中间值差异。

星号（*）表示中间值的差异在10%置信水平很显著。

2. 流入后两年平均实际GDP增长率减流入期间的平均增长率。

3. 流入期间的平均增长率。

4. 流入期间的累计变化。

5. 流入期间政府实际开支（不包括利息）平均偏离趋势值减流入前两年的平均值。政府实际开支的趋势值部分是通过Hodrick-Prescott过滤器获得的。

资料来源：国际货币基金组织：《国际收支统计》；国际货币基金组织：《汇兑安排与汇兑限制年度报告》。以及国际货币基金组织工作人员计算。转引自：国际货币基金组织：《世界经济展望：全球化与不平等》（2007年10月），中国金融出版社2008年版。

实际汇率上升的压力，并促进“软着陆”①（见图 4-1）。

然而以削减政府开支来应对资本流动，会使基础设施建设受到重大影响，拖累经济增长，付出不小的经济代价。因此，对大多数新兴市场经济体来讲，财政紧缩政策并非应对资本流入的理想工具。许多新兴市场经济体，例如阿根廷、墨西哥、斯里兰卡等，在 20 世纪 90 年代初采取财政紧缩措施，并非是对越来越多的资本流入的一种反应，而是作为稳定国内通货计划和私有化的一种努力，以及执行 IMF 条款有关调整计划的一种体现。另一个局限是，这种管理资本流入的政策比其他政策缺乏灵活性。更糟糕的是，财政整顿可能会释放错误的信用，这一政策举措可能会因减轻了人们对未来流动性问题的担心，反而进一步刺激了境外短期资本的流入。

三、汇率政策：名义汇率升值或增加汇率灵活性

货币当局可以通过允许名义汇率升值的办法减少国际储备，防止因资本流入而引起的货币扩张。

（一）允许名义汇率升值

在跨境资本大量流入的情况下，货币当局若判断本币实际汇率的升值是不可避免的趋势，那么主动允许名义汇率一定程度的升值是一种可取的政策选择。允许名义汇率升值可以使国内信贷、货币供给以及银行体系与外资流入相隔离，从而有助于阻断资本流入对国内货币供应的扩张影响。尤其当预期进入资本的流向会发生逆转，而国内金融监管薄弱或缺乏高效的风险评估机制时，可以用这一措施来抑制短期投机资本的进入。这一政策工具运用的前提是本国的经济实力足以承受实际的汇率升值。

因高通胀带来的低实际利率与本币的贬值预期虽可阻止短期资本流

① 国际货币基金组织：《世界经济展望：全球化与不平等》（2007 年 10 月），中国金融出版社 2008 年版。

入，却会使本国经济遭受重大损失，而允许名义汇率一定范围内的升值，可以减缓中央银行对冲操作的压力，也可以降低进口品的价格，减轻国内通胀压力，而且汇率波动产生的不确定性对纯粹投机性和易改变流向的资本流入起到阻止作用。哥伦比亚是多年推行爬行盯住汇率制的国家，但1980—1990年间单位美元的比索值从1980年的47.28上升到1990年的502.26，比索价值的下降超过了90%。可见，"爬行盯住汇率可能会爬得很快！"①因此，哥伦比亚开始实行更加直接体现市场导向型的汇率制度，1991年6月，其汇率法定升值2.6%，1994年新汇率波动幅度分别在1月和12月升值5%和7%。货币当局希望以名义汇率升值应对跨境资本流入。

但汇率升值会给出口贸易部门造成损害，如果这种实际升值是持续的，则损害是不可避免的；即使升值不是持续出现的，汇率的急剧波动也可能因金融市场不能提供足够的金融工具以适应不确定性下的投资需求，从而对涉外部门产生负面影响。因此，大部分在20世纪90年代初经历大规模资本流入的新兴经济体都努力抵制名义汇率升值，即使在浮动汇率制或管理汇率制下也是如此。

（二）更大的汇率灵活性

除了汇率法定升值外，可允许汇率有更大的灵活性。

专栏4.1　允许汇率区间浮动

亚洲国家中，印度尼西亚1994年曾两次扩大汇率波动幅度，马来西亚和菲律宾也曾允许更大的汇率波动。

1992年以后西半球的智利、墨西哥、哥伦比亚允许汇率一定程度的浮动。墨西哥在1983—1992年，实行管制汇率与市场汇率并存的双重汇率制度，1992—1994年，实行"盯住加区间"的汇率制度。前者以管制汇率为主，后者允许浮动，但浮动区间极其狭窄。相比较而言，智

① ［美］丹尼斯·R.阿普尔亚德、小艾尔佛雷德·J.菲尔德、史蒂芬·L.柯布：《国际经济学》（国际金融分册）（原书第6版），赵英军译，机械工业出版社2012年版，第594页。

利汇率浮动区间较大。1989年,智利出现了经济过热、通胀上升,为了降低通胀率,智利中央银行将比索的基准利率从1988年的5%提高到1990年的8.7%。但高利率吸引了境外资本大量流入,进一步加大了通胀压力。于是,智利政府决定加快汇率市场化改革步伐,从"爬行盯住美元"转向"爬行盯住一篮子货币"。1992年7月,智利正式实行"爬行盯住一篮子货币"的汇率制度。该汇率制度实行后,智利的中心汇率经常处于爬行区间的下限。为了释放比索的升值压力,1992—1997年,智利央行三次调整中心汇率:1992年1月将比索中心汇率升值5%,1994年11月升值10%,1997年1月再升值5%。同时,扩大汇率爬行区间。1992年,智利央行将比索汇率的爬行区间从10%拓宽至20%,即±10%,1997年,又进一步扩大到±12.5%。1999年2月,为了应对亚洲金融危机、俄罗斯金融危机和巴西金融危机的接连冲击,打破投资者对比索单边升值的预期,智利政府最终宣布,放弃"爬行盯住一篮子货币",允许比索自由浮动。

增强汇率灵活性具有明显的优点。首先,浮动汇率具有的不确定性不仅可以阻止那些投机性和有流向逆转倾向的资本流入,而且汇率的不确定性使人们偏好于国内资产,降低经常账户对外部冲击的敏感性,减少资本净流动。其次,一旦出现资本撤离,汇率灵活性政策可减轻资本外流对外汇储备构成的压力。第三,汇率灵活性赋予货币当局更大的政策独立性,使他们更可能实施国内货币总量控制目标。

汇率灵活性政策的缺点是,在资本大量流动时,可能出现的汇率大幅波动会让整个经济背上沉重的调整负担。如果没有发达的汇率套期交易市场,实际汇率不稳会影响一国出口竞争力,给出口部门带来较大的副作用。许多新兴市场经济体之所以不愿让名义汇率大幅波动的原因就在于担心战略经济部门,例如非传统的出口部门受影响。克鲁格曼(Krugman, 1987)曾经指出,如果内流资本是暂时的,而实际汇率升值对出口又有很大影响时,就应尽量避免或减少实际汇率调整。汇率灵活性政策的另一缺点是浮动汇率可能影响到如外国直接投资这类中长期资本的流动。

四、资本流出自由化

这一政策工具的意图是通过废除对资本流出的管制来达到弱化资本流入冲击的目的。只要现存管制措施确有约束性，则这项政策可能会增加资本流出，从而抵消资本流入。在实际操作时，这类政策也意味着允许国内投资者有更大的持有外国资产的自由。为应对跨境资本大量流入，智利、哥伦比亚、墨西哥、菲律宾、斯里兰卡及泰国都曾实行过资本流出自由化举措。

要使资本流出自由化真正达到降低资本流入的效果，需要具备几个前提条件：一是现有的资本流出管制措施具有约束性。但实际情况却不见得如此。二是国内居民具有较强的对外投资潜能，且能转化成更多的对外投资。如果国内收益高于国外收益，这种转化就不可能实现。几个实施了资本流出自由化的国家，例如智利、哥伦比亚、墨西哥、泰国等，在1990—1993年间按美元计算的股市回报率远远超过了主要工业化国家的水平。三是资本流入额不会受到资本流动的直接影响。但1984年的意大利和新西兰、1986年的西班牙、1990年的南斯拉夫，以及20世纪90年代的智利等国的经验表明，资本流出自由化会导致更严重的资本流入。其原因在于，废除对资本流出的管制等于向外界释放了一个积极的信号，增强了投资者的信心，从而具有刺激资本进一步流入的意外效果，投资者对该国政府的意图具有信息不对称性，往往会以当前政策推测将来。不允许投资者从本国撤资的管制相当于投资不可逆转，而管制撤销意味着资本在将来可方便地抽回，这种投资的灵活性使得投资者更愿意投资该国。[①]资本自由流动也可理解为缩短了对外国投资的最短资本回流期，从而降低了对该国投资的不可逆转性，事实上会增加而非减少资本流入，因此这并非应对资本流入的适当对策。[②]

---

① Leonardo Bartolini and Allan Drazen. 1997. "Capital-Account Liberalization as a Signal", *The American Economic Review*, Vol.87(1):138—154.

② Raúl M.Labán and Felipe B.Larrain. 1997. "Can a Liberalization of Capital out Flows Increase Net Capital Inflows?", *Journal of International Money and Finance*, Vol.16(3):415—431.

五、 政策组合序列化

上述分析表明，应对资本流入的各种政策均有其特点和局限性，单一选择会陷入困难境地，因此，需进行政策之间的组合搭配。

一个合理的政策组合效应取决于流入资本的性质，尤其是它们逆转的可能性、动机，以及接受这些资本的国家的宏观经济与政策的大气候。为了防止流入资本的突发性逆转，政策制定者必须能够保持良好的声誉。

为了降低跨境短期资本流入带来的风险，政策选择次序应该是：首先通过中和手段进行干预以限制这些资本流入的媒介，然后采取较大的汇率浮动和(或)增加法定准备金率，随后是这些流入资本的逐步货币化，即以非中和手段进行干预，这一过程或许会伴随着货币升值。如果可利用的信用能得以限制，准财政成本很高，以及隐含的信用和货币创造不构成通货膨胀的巨大压力，那么，可以加速推行以非中和手段进行干预。

一个国家应拥有更具弹性的政策手段，以便能对资本流向突然逆转之类的不利事件作出迅速反应。把外汇储备保持在适当的水平，或者通过变动汇率限制或类似的机制允许某种程度的汇率浮动，可以在这一方面发挥作用。由于传统的宏观经济政策(包括财政、货币与汇率政策)，发挥作用存在相当长的时滞，而当今世界资本流动的瞬时性、规模性又大大降低了这些政策工具的效果，在这一变化趋势下，资本管制就成为新兴市场经济体在短期内应对资本流动的唯一可行和有效的政策选择。

小　　结

跨境资本流动包括资本流入和资本流出，同样防范资本流向逆转既可以放在流入环节、也可以放在流出环节加强管理。管理资本流入可采取的政策手段有：货币政策干预、财政政策紧缩、汇率升值或增大灵活性、资本流出自由化及资本管制；应对资本流出，则可以采取动用外汇储备干预、提高利率、采取浮动汇率或本币贬值等。由于资本流向逆转，并不只是资本的流出，而是指境外资本在一国超量汇集后，迅速、大量地撤离，因而，流入管理通常优于流出管理。由于财政、货币与汇率政策发挥作用存在相当长的时滞，且当今资本流动具有规模巨大、快进快出的特点，从而使得这些政策工具的效果大受影响。

参 考 文 献

[美]查理斯·P.金德尔伯格：《经济过热、经济恐慌及经济崩溃——金融危机史》，朱隽、叶翔译，北京大学出版社2000年版。

[英]詹姆斯·米德：《国际收支》，李翀译，首都经济贸易大学出版社2001年版。

[美]约瑟夫·E.斯蒂格利茨：《全球化及其不满》，夏业良译，机械工业出版社2004年版。

[美]查尔斯·R.莫里斯：《金钱　贪婪　欲望——金融危机的起因》，周晟译，经济科学出版社2004年版。

[美]帕德玛·德塞：《金融危机，蔓延与遏制——从亚洲到阿根廷》，王远林等译，中国人民大学出版社2006年版。

国际货币基金组织：《国际资本市场——发展、前景和主要政策问题》，中国金融出版社1999年版。

李翀：《国家金融风险论——对国际资本投机性冲击的分析和思考》，商务印书馆2000年版。

安佳：《金融危机的新趋向：资本的超量汇集与突然逆转》，《河北学刊》2004年第4期。

陈高翔：《国际资本流动新变化与我国资本政策的调整分析》，《经济学动态》2006年第2期。

Miguel Kiguel. 1994. "Exchange Rate Policy, the Real Exchange Rate, and Inflation", *Latin American Journal of Economics*, Vol.31(93):229—250.

Paul R.Krugman. 1987. "Trigger Strategies and Price Dynamics in Equity and Foreign Exchange Markets", *NBER Working Paper* No.2459.

第五章

防范跨境短期资本流向逆转的政策工具选择——管制性政策工具

20世纪80年代以后，国际货币基金组织和西方七国都信奉资本账户自由化，并认为已经实行自由化的国家如果再次实行管制，那就会遭遇挫折。但过去二十多年中反复出现的多次金融危机表明，资本自由兑换促进了巨额短期资本的无序流动。跨境短期资本的高流动性，已成为各国金融市场脆弱性上升以及国际金融体系动荡加剧的主要原因。因此，20世纪90年代后期，尤其是东南亚金融危机发生后，为了增强国际金融市场的稳定性，确保各国经济与金融的自主发展，要求对短期资本流动加强国际管理的呼声重新高涨。正如詹姆斯·克洛蒂和杰拉尔德·爱泼斯坦(James Cloudy and Gerald Epstein)指出的：

> 工业化国家和发展中国家由于经济上和政治上的原因，都认为对资本交易的永久性管理是必要的。南方认为资本管理有必要，不仅仅是为了防止投机性金融循环和汇率剧烈波动，更重要的原因是，东亚国家为了使过去40年里唯一真正获得成功的国家主导的产业政策易于执行。另一方面，北方为了易于实现新时代的就业的增加、不平等的缩小以及更加稳固的社会福利制度的建设，也需要永久性的资本管理。[①]

---

① 转引自高田太久吉：《金融全球化十大热点问题》，中共中央党校出版社2005年版，第140页。

面对全球资本市场波诡云谲的复杂形势，国际货币基金组织对资本管制的态度也在逐渐转变(见专栏 5-1)。

专栏 5-1　国际货币基金组织对资本管制的态度转变

在金汇兑本位体系下，国际货币基金组织奠基人凯恩斯(John Keynes)和怀特(Harry White)将资本管制视为布雷顿森林体系的核心组成部分。于 1944 年 7 月 22 日在新罕布什尔州布雷顿森林会议通过的《国际货币基金组织协定》允许“各成员国可以行使必要的管制，对国际资本流动进行规范”(见第 4 条第 3 款)。尽管 20 世纪 50 年代在基金组织内部存在辩论，但由基金组织执董会在 1956 年宣布的“权威解释”给出了最终裁决：“各成员国能够以任何理由自由地通过资本流动管理政策……而无须基金组织的批准。”

1944 年，作为倡导资本管制的主要学者约翰·梅纳德·凯恩斯在英国上议院说“曾经被认为是异端邪说的现在已被确立为正统”。但是这种正统并没有持续多久。20 世纪 70 年代初，在布雷顿森林体系瓦解之后，国际货币基金组织对资本管制的态度也逐渐开始改变。根据理事会 1976 年 4 月 30 日批准的第 31-4 号决议进行修订，1978 年 4 月 1 日生效的《国际货币基金组织协定》的第 4 条中列入了一句话：“国际货币制度的根本宗旨是提供一个促进国与国之间货物、服务和资本的交换的框架”。这一势头在 20 世纪 80 年代和 90 年代有所增强。在 20 世纪 90 年代国际货币基金组织开展的各种规划中，有 18 个规划对资本账户自由化提出了建议。例如，国际货币基金组织执行董事会 1995 年开始指导机构职员，鼓励资本流动自由化。1997 年 9 月内部委员会采纳了一份要求执董会修改章程的声明，并推出了两份修改草案，一份要求将促进资本账户有序自由化作为国际货币基金组织的目的之一，另一份要求赋予国际货币基金组织监督成员国资本账户开放程度的权力。

但东南亚金融危机发生后，对资本账户自由化的批评重又成为国际学术界的主流意见，国际货币基金组织也停止了对资本账户自由化的积极讨论。时任国际货币基金组织第一副总裁的费希尔(Stanley Fischer)表示，“市场并非总是正确”且“波动通常来说是合理的，但可能在一些情况下出现过度，并带来负面效应”。促使国际货币基金组织对资本账户自由化的态度发生根本性转变的是2008年全球金融危机的爆发。危机中，一些实施资本管制的新兴市场经济体成功避免了资本流动短时剧烈波动，这使国际货币基金组织开始用更现实的态度来看待资本管制这一问题。在2009年2月6日题为“危机的初步教训”的报告中，国际货币基金组织对资本账户自由化持相对客观的态度，承认资本流动的益处和风险，认为“此次危机，以及此前的许多事件，显示出大量资本流入的潜在危险。这种资本流入能够导致过于冒险，并导致国内金融机构、住户和企业面临汇率风险。它们能够导致急剧升值，随后常常是突然逆转，对资产负债表产生重大影响。它们会对需求和产出造成压力。”这意味着有必要对资本账户自由化进行重新检查。这一报告可被视为国际货币基金组织对该问题的理解和政策立场转变的一个里程碑。

从2010年11月到2012年3月，有四篇国际货币基金组织的执董会文章着重分析了资本账户自由化问题，代表着国际货币基金组织对资本管制态度的重大转变。2011年4月，国际货币基金组织发布一份文件，阐述关于应对资本流动的资本管理建议框架，称在面对资本大量流入时，“一些国家基于其汇率状况，考虑审慎措施或资本管制可能是合适的”。

为什么国际货币基金组织对资本管制的态度会发生根本转变？导致国际货币基金组织态度转变的背后有三个驱动力。第一，在现代信息技术和网络以及市场机制力量的推动下，跨境短期资本流动的规模和速度前所未有、势不可挡，可能会严重破坏国民经济稳定。第二，正如国际货币基金组织在2009年2月的报告所指出的，巨额短期不受管制的资本流动以各种复杂的金融衍生工具为主，它们在全球经济失衡和金融危机中发挥了至关重要的促进作用。第三，主要国际货币的发行国所采取的超级宽松的货币政策已经导致并将继续造成热钱和流动性的泛滥。[①]资本管制在新兴市场国家面临资本大量流入且可能带来破坏性作用时，确实有积极作用。

---

① Markus Rodlauer和Papa N'Diaye编纂：《国际货币基金组织和中国人民银行联合研讨会：资本流动管理：国际经验》，第263—264页，2013年3月20日，中国北京金融街丽思卡尔顿酒店。

对资本流动管制的工具主要有:数量管制、双重或多重汇率安排,以及对资本流动征税。

一、数量管制

数量管制是对资本流动的外汇管理或是数量性的限制,例如对外资流入或流出进行审批和计划管理,对国内金融机构的外汇资产、负债头寸的限额管理,限制外国金融机构经营国内业务,限制非银行居民持有外国证券、不动产及直接投资等(见表5-1)。

表5-1 有关国家对资本流入的限制和审慎要求

国别	巨额资本流入的起始年份	对资本流入的限制和审慎要求
巴西	1992年	1994年10月,股票市场的外国投资征收1%的税。1995年1月10日取消。 对巴西企业在国外发行债券的征税从债券价值总额的3%提高到7%。1995年3月10日取消。 巴西的外国人对固定收入投资的税率从5%提高到9%,1995年3月10日重新降至5%。 中央银行提高了可在外汇市场购买的美元的限额。
智利	1990年	1991年6月,要求企业直接借款的外币负债必须在中央银行存入20%的一年的无息准备金。 每年1.2%的印花税(以前只对本币贷款征收)也适用于外国贷款。除贸易信贷外,所有信贷在其运用的第一年都适用这项要求。 1992年5月,企业外币直接借款的准备金要求提高到30%。这样所有外币负债都具有共同的准备金要求。
哥伦比亚	1991年	1991年6月,要求从国外汇回的个人劳务收入以及其他转移支付缴纳3%的预提税。这些税可以在征收个人所得税时予以扣除。 1992年2月,共和国银行将购买外汇的手续费从1.5%提高到5%。 1992年6月,颁布作为劳务报酬的外汇流入规定。

续　表

国别	巨额资本流入的起始年份	对资本流入的限制和审慎要求
哥伦比亚	1991 年	1993 年 9 月，要求企业外币直接借款的负债在共和国银行存入 47%的无偿准备金，准备金要求持续贷款的整个期间，并适用于除外贸信贷外所有限期为 18 个月或 18 个月以下的贷款。 1994 年 8 月，要求企业的外币直接借款负债在共和国银行存入无息准备金，准备金要求持续整个贷款期间并适用于除 4 个月或 4 个月以下外贸信贷外所有 5 年或 5 年期以下的贷款。随着期限的增加，准备金率也上升到期限为 30 天或 30 天以下资金的 140%到 5 年期资金的 42.8%。
印度尼西亚	1990 年	1991 年 3 月，印度尼西亚银行采取措施控制在海外的融资活动。通过对个别银行的限额从资本的 25%减少到 20%，逐步减少调期交易活动，3 个月调期的手续费提高了 5 个百分点。 1991 年 10 月，规定政府在外的所有商业借款活动需由政府批准，并且制定出下一个 5 年新的借款承诺的年度限额。 1991 年 11 月，对海外借款采取进一步的限制措施。通过对表外头寸下达分别的限额，强化对银行的公开市场外汇头寸的限制。印度尼西亚银行宣布期货调期交易（除 2 年期以上的投资调期交易外）只能由印度尼西亚银行发起进行。 1994 年 9 月，银行的公开市场净外汇头寸的最高限额从平均每周的 20%提高到 25%。不再对个别币种分别进行限制。
马来西亚	1989 年	1992 年 6 月 1 日，对商业银行的非贸易调期进行限制。 1994 年 1 月 17 日—1994 年 8 月，银行的非贸易或与投资无关的对外债务需受额度限制。 1994 年 1 月 24 日—1994 年 8 月，禁止居民向非居民卖出短期货币金融工具。 1994 年 2 月 2 日—1994 年 8 月，不再要求银行将外国银行机构的林吉特资金（VOSTRO ACCOUNT）存入马来西亚央行的无息账户。但是，在 1 月至 5 月期间，这些账户的资金被认为是应缴纳法定准备金的负债的一部分，从而 VOSTRO 造成账户余额实际利率为负值。 1994 年 2 月 23 日—1994 年 8 月，根本上禁止商业银行作为买方与外国客方进行与贸易无关的调期以及简单远期交易。

续 表

国　别	巨额资本流入的起始年份	对资本流入的限制和审慎要求
墨西哥	1990年	1992年4月，通过将商业银行的外币负债限制在其贷款总额10%的规定。商业银行需将其资产的15%运用于高流动性的金融工具。
菲律宾	1992年	1994年1月，菲律宾中央银行开始控制与非居民金融机构进行远期保值交易。 所有的远期外汇交易需得到中央银行的批准。1994年11月，银行最小外汇空头限额从未减损资本的15%降至5%。 除出口业者和公共部门外，外汇贷款只允许用于弥补外汇成本。 银行对其总部的负债在兑换成比索的情况下才能计入未减损资本。
泰　国	1988年	1980年5月，银行和金融公司的净外汇头寸不能超过资本的20%。 除贸易目的外，禁止持有外币存款。 1990年4月，对银行和金融公司持有的净外汇头寸的限制提高到资本总额的25%。

资料来源：Alfiler(1994)；Banco Central de Chile；Evolucion de la Economia (1991 and 1992)；Banko de Mexico(1992)；Bank Indonesia，Annual Report，various issues；Bank Negara Malaysia，Annual Report，various issues；and Consolho Monetari Nacional，Brazil(1994 and 1995)。

数量管制措施包括：审慎限制甚至禁止与贸易无关的调期交易、国外借款以及银行持有公开市场外汇交易净头寸(印度尼西亚、马来西亚、菲律宾及泰国)；对银行的外汇负债实行限额(墨西哥)；全面禁止居民向外国人卖出短期货币市场金融工具(马来西亚)；限制外国人对国内债券市场投资。

20世纪90年代初，马来西亚用数量管制的方法，较好地降低了境外资本尤其是短期资本流入的规模，但墨西哥的管制效果并不理想。

(一) 马来西亚应对短期资本流入的举措

1993年，因国内外巨额利差以及对林吉特升值的普遍预期导致了境外资本蜂拥而入马来西亚，货币当局认为流入的资本大多与短期银行存款有联系,因而认为进入的资本是投机性的。一开始,当局试图以冲销干预政策防止林吉特的过度升值,但这一措施引起了利率上升,并吸引更多外资涌入。1994 年 1 月,马来西亚实施限制短期资本流入措施:禁止居民向非居民出售一年期以下的马来西亚货币市场证券;禁止商业银行与非居民进行与贸易无关的套期和远期交易,以减少离岸市场的投机活动;限制银行与非居民之间持有与贸易及外商直接投资无关的对外债权头寸;对外国金融机构在马来西亚商业银行的林吉特存款收取无利率存款保证金。大多数措施都用于控制金融部门的活动,其中多数被宣布只是临时性的。在马来西亚实施的这些措施中,一项较为有效的措施是禁止国内居民向外国人卖出短期金融工具,这一数量管制措施的执行使得将到期的可转让存单不能延期,从而短期资本流入量及货币供应总量都出现明显下降,并降低了国内利率。因此,马来西亚放弃中和政策及实施资本管制被认为是成功的举措。但这一举措并非完美无缺,随这些政策执行时间的延长,金融部门的发展和竞争力可能会受到伤害。

(二) 墨西哥应对短期资本流入的举措

在高利率与稳定汇率政策的作用下,1990 年开始,境外短期资本开始大量流向墨西哥。外资的大量涌入,造成比索的大幅度升值,从而削弱了出口竞争力。为了应对短期资本流入,墨西哥动用了数量管制手段。1992 年 4 月,货币当局通过了商业银行的外币负债不得超过其贷款总额 10%的规定。这一措施出于良好的动机,但并未带来理想的效果。

该措施属于对金融机构的审慎限制。通常政府会用补贴或存款保险制度来保障银行体系的安全。但这些安排容易引发道德风险,因存在政府当局所作的一种隐含承诺——保证银行,尤其是那些大银行不至于破产,银行反而会增加风险投资。20 世纪 90 年代初,在几个拉美国家,银行为私人消费提供的融资出现了急剧攀升,某些国家非生产性贷款所占的比重一度呈现明显上升的趋势。然而,银行却很少注意与这些贷款相适应的存款的期限,出现了明显的期限错配——通常存款期限明显短于贷款期限。同时,还出现了严重的币种错配——在银行贷款货币种类与借贷部门的利润、收入的货币种类之间出现错配,例如,银行向一个从事非贸易商品生产的借款者发放外币贷款。如果银行基于本币升值预期,卖出外汇，则银行与外币负债相对应的外币风险资产就失去了相应的外汇资本金覆盖，一旦未来发生损失，就需以本币购汇补偿，从而面临一定的汇率风险。所有这些情况都会加大金融系统的不稳定性，引发资本流向逆转。

有效的银行管理和监督可在一定程度上降低此类风险。在流入资本主要表现为短期银行存款的情形中，使银行系统免受跨境短期资本流入的影响是一个特别重要的政策目标。限制银行过分涉足易波动的股票和不动产市场，将有助于保证银行系统免受与大规模资本流入相联系的潜在的泡沫经济的影响。因此，建立资本风险准备金，并保证银行留有这类准备金，可使国内银行系统避免受到因短期资本大量流入所带来的难以预料的冲击。

基于上述考虑，1992 年 4 月，墨西哥实施了一项数量管制措施，即将商业银行的外币负债限制在其贷款总额的 10%，但这项措施的效果不尽如人意。因为在规定出台之前，墨西哥外币放款的比例本身就低于 10% 的限制规定，而且规定出台后银行贷款总额扩张很快，随着贷款总额的增长，外汇贷款份额即使不突破 10%，其本身也在扩张。例如，1992 年银行资产增加 41%，而外币贷款增长 88%。类似情况也发生在 1993 年，当年外币贷款增长 50%，而总贷款仅增长 25%。

（三）评价

直接数量限制主要是限制银行、其他国内金融机构持有对外资产负债头寸，或外国金融业开展国内业务，或国内居民持有外国资产组合、直接投资或实际不动产投资，或由外国人进行的直接投资，包括对银行体系的审慎限额（印度尼西亚、马来西亚、菲律宾）。当银行存款实际上得到担保时，从审慎角度来看，防止银行过多持有短期外币借款措施是合理必要的，因为银行倒闭可能造成严重的金融后果和财政后果。只要审慎要求是一种持久选择，这些措施的影响也将是长远的。

对跨境短期资本流入采用直接的数量管制，这是一个简单且快速有效的方法，但它会挤出境外资本流入对一国投资和经济增长的未来贡献，扭曲国内经济，影响产业结构的合理化布局。另外，资本与外汇的数量管制会创造隐含的市场价值，将强烈刺激一些人通过行贿、腐败和政治影响来获取许可证隐含的"租"。寻租行为的滋生与管制的僵硬性会使政策效力逐渐下降,漏出效应增加,而且长期来说也不利于本国经济的发展。因此,一般在下列情况下才会考虑采取这种措施:流入资本属于短期投资资本,不会使经济产生长期收益;本国经济吸收外资的能力和效率非常有限;采用其他政策工具代价更大。

二、双重或多重汇率安排

多重汇率是指一种货币对于不同的交易、不同交易的人和不同的外币实行不同的有效汇率。这是由官方行动所导致的市场分割。

(一)目的与种类

《国际货币基金协定》第8条第3款规定,"避免采取歧视性货币做法"是成员国应尽的义务。因此,成员国实行多重汇率的做法属于国际货币基金组织的管辖范围,应事先获得基金组织的批准。批准与否的关键因素是看这种做法是否具有暂时性,要求多重汇率安排必须是针对国际收支失衡采取的,而且使用多重汇率的国家不能在国际货币基金组织的成员国之间实行歧视性操作。

多重汇率主要有五类:(1)对各种交易实行双重汇率或多重汇率的外汇市场体制;(2)对指定交易使用固定的汇率;(3)货币和财政当局对指定的外汇交易或外汇转移实行征税或补贴;(4)外汇买进与卖出所使用的汇率之间有一个额外的差异;(5)不一致的交叉汇率。①

一些国家将双重汇率安排作为一种过渡性的政策工具,目的是为了在所执行的调整规划中,给将要实现的统一汇率找到一个较为现实的汇率水平,也就是说,一些国家是在货币当局准备统一汇率,但又不能确定适当的新汇率水平的情况下,才建立起双重汇率的外汇市场。在一些国家的二级外汇市场中,虽然货币贬值超出了基本的经济要素所决定的幅

① 国际货币基金组织:《货币可兑换和金融部门改革》,中国金融出版社1996年版,第108、119页。

度，但总的来说，二级外汇市场中的汇率可以自由浮动，并为制定新的、适当的官方汇率提供了有益的参考。另外，有一些国家的货币当局有计划地将固定汇率制度转变为一种更为灵活的汇率制度，并且统一官方汇率，但又担心，由于国内同业拆借市场还未迅速建立起来，汇率在自由的外汇市场上可能会出现波动。出于种种目的，这些国家建立了双重或多重汇率的外汇市场以打消上述顾虑。

各国使用多重汇率的目的不尽相同，有的是为了实现国际收支平衡，有的是为了阻止或鼓励某种交易，有的是为了增加财政收入，还有的是为了控制物价或是为了对某些部门进行财政补贴。无论出于何种目的，多重汇率必定会影响并扭曲相对价格、收入分配以及资源配置。无论是从效率的角度还是从公平的角度评判，多重汇率都会产生扭曲。当局推行多重汇率通常会为经济中的某一领域提供特殊待遇，即使使用多重汇率的目的是为了校正国内市场的某些不完善之处，这种官方行动也往往会对其他经济部门造成新的或许是更为严重的扭曲现象。

多重汇率对经济效率和资源配置的损害是严重的，对于中期国际收支失衡的调整也没有什么帮助。多数国家是在偿还对外债务出现困难时才决定实行多重汇率的做法；有的国家是因担心货币贬值会带来极其昂贵的政治和社会代价，才决定使用多重汇率安排；也有的国家担心货币贬值会削弱经济增长进程，并导致通货膨胀；有的国家则认为货币贬值使其必需进口品的成本上涨，从而扰乱了本国既定的各种社会优先发展的项目；有的国家则认为由于货币贬值会增大进口原材料的成本，影响其先导部门的发展，从而使整个经济发展前景变得暗淡。

（二）实施

出于资本管制目的而推行双重汇率制，至少对贸易和金融交易需实行不同的汇率。在大多数双重汇率制下，当局会使贸易汇率保持稳定，但允许金融汇率浮动。这样安排的意图是让贸易汇率与金融汇率相隔离，以保证正常的经常项下贸易用汇的汇率稳定；以浮动的金融汇率保证国内经济政策的独立，使实际经济免于金融冲击。这种汇率制有效与否在很大程度上取决于经常账户与资本账户交易隔离的程度。实现隔离通常需要一套复杂的规则，以界定哪些交易构成经常账户，哪些交易构成资本账户，并确定对居民进行外汇交易和非居民进行本币交易的管制。但这些规则的执行意味着实行双重或多重汇率制的代价与对资本流动实行数量管制的代价可能相差无几。

专栏 5-2 比利时的双重汇率安排

自1951年起，比利时实行双重汇率制，实行贸易法郎和金融法郎两种兑换制，官方外汇市场与自由外汇市场同时存在。

1960年11月1日，比利时、荷兰、卢森堡三国签订的比荷卢经济联盟条约开始生效，三国货币汇率波幅限制在上下1.5%。1973年3月19日，比利时与法国、荷兰、卢森堡、丹麦、爱尔兰、联邦德国、挪威和瑞典等9个国家组成汇率联合浮动集团，规定彼此间汇率波动幅度不得超过2.25%。1976年3月12日，比、荷、卢三国货币汇率波幅限制由原来的1.5%改为2.25%。1976年10月18日，比利时法郎与卢森堡法郎一起对黄金贬值1.96%，官方汇率调到1美元兑41.14比利时法郎，1978年10月16日，比、卢法郎再次对黄金贬值2%，官方汇率调到1美元兑41.945比利时法郎。1979年3月13日，欧洲货币体系正式建立，比利时为成员国，其货币与欧洲货币体系其他成员国货币之间汇率的波幅限制在上下2.25%，对英镑和西班牙比塞塔波幅为上下6%。1990年3月5日比利时废除双重汇率制。

比利时在战后相当长的时间里曾实行双重汇率（见专栏5-2），一直到1990年才最终实现并轨。就比利时当时的情况来看，两个市场之间的汇率差额十分有限，所以相对汇率总的波动来说，双重汇率并未发挥明显的作用。消除双重汇率制的另一考虑是由于行政管理的成本太高，且管理系统必须经常进行调整，对从一个市场转移到另一个市场的交易进行重新分类，并且还得考虑到由于时间领先、时滞或计价错误而导致的无法控制其他交易情况的发生。也正因如此，中国于1994年1月1日正式将延续十多年的官方汇率与调剂市场汇率相并轨，简化和统一了汇率制。

（三）评价

总而言之，双重汇率是一种歧视性汇率安排的复汇率制，既不符合国际货币基金组织的要求，其所隐含的补贴和征税也不符合世界贸易组织的精神。除了上述各国出于汇市建设阶段性及防止本币贬值的考虑外，在资本管理的代价方面，双重汇率与数量管制代价相差无几，是《国际货币基金协定》第8条第3款所明令禁止的。由于其对经济的明显扭曲，自20世纪50年代以来，各国放弃多重汇率的趋势有增无减，1989—1990年间，实行多重汇率的国家数目平均为42个。1991—1992年间，此数目下降为36个。与此同时，实行多重汇率的国家的贸易占比也有所下降，1986—1988年间，这些国家贸易额占世界贸易比重为13%，到1990年时，这一比重已经下降至8%，其中，巴西、中国、墨西哥三国占此比重的1/2，即为4%。此后这三个国家也都相继实行汇率并轨。

三、对资本流动征税

在资本管制的政策工具选择中，征税方法是相对于数量管制、多重汇率安排更富有弹性和市场化的手段，不同于一般的资本管制手段。对资本流动征税不是关闭国内与国外金融市场之间的通道，而是在两者之间用税收设置了一道"安全限速"。①通过成功地在国内国外金融市场之间插入楔子，使国内利率与经预期汇率变动调整后的外国利率间形成一个可变动的利差，从而既未与国际金融市场完全隔绝，又能在一定范围内保护国内金融市场。这一政策防止了直接管制对本国经济的扭曲程度，使资源配置更为合理。

具体的政策工具包括对特定资产交易的征税与对所有货币兑换交易的征税。

（一）对特定资产交易的征税

对资本流入征税可以减少净资本流动。通过降低不稳定资本流动，来减少证券价格和汇率的波动。具体实施时可对短期资本流入征更重的

① Paul Bernd Spahn. 1996. "The Tobin Tax and Exchange Rate Stability", *Finance and Development*, Vol.33(2):24—27.

税，也可以强制规定外国资本流入后必须在国内停留的最短时间，如一年以上，如果提前撤离，就征收高额短期资本跨境税，以此促使流入资本长期化。

专栏 5-3　智利、哥伦比亚、巴西的资本流动税

智利在 1991 年，哥伦比亚在 1993 年（见表 5-1）都曾要求外币直接借款机关须在央行存入无息准备金。在哥伦比亚，准备金要求持续贷款的整个期间，并且覆盖到所有 5 年或 5 年期以下的贷款（4 个月及 4 个月以下的外贸信贷除外）。准备金率随着期限的增长而降低（比率递减），从 30 天或 30 天以下资金的 140%到 5 年期资金的 42.8%。

为了防止跨境短期资本过度流入，智利政府制定了限制资本流入的政策措施，包括无息准备金、印花税和最短驻留期等。①1991 年 6 月，智利政府实行无息准备金制度，除了国外直接投资以外，对其他类型的资本流入实行不同无息准备金率，并根据国内外经济形势的变化随时进行调整。1991 年 6 月，首先对对外借款实行 20%无息准备金，此项准备金在中央银行存放期限为 9 个月到 1 年。1991 年 7 月，要求中期借款者按照 20%的比例向中央银行存入准备金，或者按照 LIBOR＋2.5%向中央银行支付准备金利息。1992 年 5 月，中央银行将无息准备金比率提高到 30%，并对所有外币形式的借款均实行无息准备金制度，后来将准备金存放中央银行期限统一定为 1 年，无论外币借款是否到期。1992 年 7 月，将中期借款者需要向中央银行支付的准备金利率提高到 LIBOR＋4%。1995 年 7 月，智利中央银行将无息准备金制度扩大到外国机构投资者在智利的投资，尤其是对智利国内股票市场的投资。到 1995 年底，除直接投资外，智利对几乎所有外资流入均实行 30%的无息准备金，包括对外借款，境外发行债券、对外贸易融资、国内外币借款和组合投资等。1997—1998 年东南亚金融危机之后，智利的无息准备金制度逐步退出。1998 年 6 月，将无息准备金率由 30%降到 10%。1998 年 9 月，取消了无息准备金

---

① 1991 年，智利中央银行要求所有外商直接投资必须在智利境内停留至少一年，不过，最短驻留期政策仅针对投资本金，对投资收益没有此项要求。2001 年 4 月，智利政府结束了最短驻留期政策。

制度。1991年6月，智利政府决定，对所有对外借款征收1.2%的印花税。这项政策到2001年4月结束。

智利和哥伦比亚两国的征税都采取了渐变的方式，即随着期限的增加，税率逐渐降低。适用于一个月期债券的起始税率两国分别为95%和140%，适用于5年期证券的税率两国分别为0%和43%。对不同期限采取不同税率彰显了货币当局对短期对外借款的惩罚作用，这些措施原则上会影响到居民、非金融企业以及金融部门。实际上这些政策主要是为了阻止银行从国外借入短期借款。

巴西在1992年大量跨境资本流入后，也于1994年开始开征资本流入税。对外发行债券的税负主要由国内借款者承担，但也有部分税收由外国人承担，如外国投资者对股市和固定收入产品投资也需承担类似的税负。另外1996年2月9日巴西对流入的外国资本颁布限制措施，外国投资者必须为参与私有化的基金交纳5%的税，同时要求巴西企业接受外国贷款的期限必须在三年以上(以前是两年)；这项规定还要求，进入巴西的资金必须在国内停留18个月以上，如果提前撤走，则必须交纳20%的短期资本跨境税。因为当时巴西的短期资本流入速度快、金额大，仅1996年1月就达到了32亿美元，被国际金融界称为“飞燕式”的资本流入。上述针对资本流动征税措施的出台，有助于减少短期资本流入。①

这些税负主要落到了借款期限较短的投资者头上，而长期投资者在这方面的税负相对较轻，因此，很明显这些政策措施是针对短期投机性资本流入的。

这些措施的主要缺点是境外资本可能会通过其他的途径流入流出。比如，利用对进出口多开或少开发票额的办法，因为贸易信贷是可以免税的，这实际上是将资本项目用汇混入经常项下的贸易用汇。不过智利是个例外。智利对进口也按类似税率征税，因此对进出口多开发票额的方式不能避税。1991年，智利可观测到的资本流入低于1990年，证实这项政策是成功的。1994年净资本流入开始增加，但增加的主要是外商直接投资和其他长期资本流动。哥伦比亚在1994年也出现类似情况，总资本

① 肖钢：《发达国家的短期资本管制》，《金融参考》1996年第12期。

流入量继续增加，但短期资本比例持续下降。

对特定资产征税的方法还有以下几种类型：

1. 对国外资产征税

一些国家曾对国内投资者拥有的国外资产存量征税。例如德国和瑞典。这种税增加了持有国外资产的机会成本，倒逼投资者将国外资产转换为国内资产。不过对国外资产存量征税阻止短期投机行为的效果是不明确的。这一做法还可能产生长期的结构性的影响。此外，对国外资产与国内资产实行差别税率与经济合作与发展组织有关资本市场自由化的标准，以及世界贸易组织的精神是不相符的。

2. 对资本流动征税

这种方式是针对资本流出或流入征税。对资本流出课税可以采取对国内居民购买外国投资进行征税的形式；对资本流入征税，则可以采用对境外居民购买国内投资进行征税的形式，即通过对国内证券交易课以非歧视性税金，依然可以达到减少资本流入的效果。

美国曾在1963年对资本外流课以利息平衡税。①20世纪50年代末60年代初是美国短期资本的净输出时期，这一时期美国国际收支严重恶化，美元特别是短期美元大量外流。为了改善这种状况，美国于1963年制定利息平衡税并于1964年颁布实施。利息平衡税是对美国居民②购买外国债券、银行对非居民的贷款所课征的一种特别税。根据这项规定，美国居民购买外国政府或私人企业在美国发行的股票与债券所获利息，均应缴纳平衡税，其中购买债券的税率为2.75%—15%，购买股票则应缴纳相当于股票实际价值15%的税款，按年平均计算，所征税款占外国借款者筹资成本的1%。征收利息平衡税的目的是为了限制美国资本外流。利息平衡税一直实施至70年代中期才终止。这种办法实际上是对外国关闭美国的资本市场，使得外国在美国资本市场上发行的新债券及美国投资者购买其他发达国家的债券数量明显减少，迫使美国和其他国家的跨国公司转向欧洲货币市场筹集资金，从而改变国际短期资本流向，促进了欧洲货币在六七十年代的发展。以色列也曾对外资流入征税。

① 肖钢：《发达国家的短期资本管制》，《金融参考》1996年第11期。

② 指国际收支概念的居民，包括企业、经济组织和个人。

这些税收政策后逐渐被弃用，因为通过关系人交易或其他交易办法很容易逃税，况且，此类税收政策不能解决长期的结构性问题，不能有效地抵御投机交易冲击，并且会损害资本的自由流动。

3. 对资本利得征税

对资本利得征税即对短期资本利得施行高税率。这种税必须包含在一国国民收入税收法中。在外国投资资本利得税上，法国和意大利对投资者征收30%左右的资本利得税，日本规定外资通过基金出脱股票时需征收40%的资本利得税，为全世界最高的同类税率之一。在经济合作与发展组织中，2008年，日本的外资税收超过经合组织内其他任何国家，这导致全球流入日本的资金受到抑制。2008年，日本的基金投资中外资仅占4%，远低于英国的75%，欧盟的60%以及美国的约20%。①2008年，日本私人股本和收购交易额仅为39亿美元，同期，北美这一数据为900亿美元，欧洲为730亿美元。②

对资本利得征税在管理上非常复杂，因为税率必须根据期限结构、税源、资本利得等而变化，然而，在信息和电子通讯网一体化的世界中，很难确定资本利得的最初来源。而且，征收资本利得税，会影响一国金融地位的提升，正是出于这一考虑，2009年4月日本开始停止向通过基金投资日本的外资征收公司及所得税。

（二）对所有货币兑换交易的征税——托宾税

20世纪90年代，全球金融市场的持续动荡，使得大家对利用税收体系减少不稳定资本流动并稳定汇率的做法产生了兴趣。詹姆斯·托宾(James Tobin)所倡导的对外币兑换进行征税的建议，即托宾税重新获得人们的青睐。

1. 托宾税的提出背景及方案设计

托宾税是1972年托宾教授在普林斯顿大学詹尼威(Janeway)讲演

① 路透网:《政府计划停止对由基金投资日本企业的外资征收资本利得税》，2009年1月7日，http://cn.reuters.com/article/industryNews/idCNnCN072513820090107?feedType=RSS&feedName=industryNews。

② 和讯网:《日本拟取消外资基金投资利得税以吸引海外资金》，2009年1月9日，http://stock.hexun.com/2009-01-09/113252973.html。

会上首次提出的。其最初目的是为了减少汇率的波动，因为汇率的动荡妨碍了国际金融投资。①

一方面自从布雷顿森林体系崩溃以后，资本自由流动、固定汇率制与国内货币政策独立性的难以共存成为各国宏观经济的基本难题。布雷顿森林体系存在于当今已经不复存在的条件之下，美元作为其他货币的盯住中心，使得国际政策相对容易协调，此外，各国普遍进行外汇管制和资本的直接管制以保护本币，管制之所以有效是因为有针对大萧条而制定的国际银行业限制规定的支持，而且国际债市还未从30年代的大萧条中复苏过来。②在这种情况下，严格管制得以有效进行并与相对静止的市场一起，限制了资本跨境流动，并给政府操作留下余地。虽然一国要保持汇率稳定就得牺牲本国货币政策的独立性，管制则缓和了国内目标与盯住汇率制之间的权衡取舍。尽管管制效力并不持久，随着时间流逝会渐趋无效，但管制仍降低了维持盯住汇率制的成本，并为政府提供了汇率贬值前的喘息之机。最后，投资人愿意容忍不合理汇率的经济后果是因为战后重建和“赶超”的唯一目的是经济增长。发达国家经济迅速增长，也使得政府无需施行审慎的货币、财政政策。这样投资者就不会受错误汇率的困扰，而与政治的隔离也使货币当局有更多的保护盯住汇率制的可信度。

但如今政府对宏观经济的影响越来越大，宏观经济政策制定的政治化影响了汇率稳定承诺的置信度。国际资本的高度流动，进一步凸显了政策抉择的难题。即便是货币政策的小小行动都会引起汇市的巨大波动，而对货币当局能否独立行使货币政策的担忧也会引起汇率波动。资本的高度流动减少了政策的操作空间，缩减了协商与安排有序的联盟的喘息空间，因此可调整盯住汇率制已不再存在。如果汇率可自由浮动，则会有较大的波幅；如果当局想固定汇率，则要击退货币冲击产生的外汇储备损失和利率上升，需付出高昂的成本；即使要保持盯住汇率制，也会由于规模巨大的投机资本冲击而最终被迫放弃。

---

① Paul Bernd Spahn. 1996. “The Tobin Tax and Exchange Rate Stability”, *Finance and Development*, Vol.33(2):24—27.

② Barry Eichengream, James Tobin and Charles Wyplosz. 1995. “Two Cases for Sand in the Wheels of International Finance”, *The Economic Journal*, Vol.105(428):162—172.

1971年8月15日，美国实行新经济政策，任由美元汇率自由浮动。到1973年，西方主要发达国家普遍实行浮动汇率制度。国际货币基金组织一改之前一直坚持的固定汇率的理念，不遗余力地推行浮动汇率制。1976年1月，国际货币基金组织正式承认浮动汇率制度。1978年4月，国际货币基金组织理事会通过"关于第二次修改协定条例"，正式废止以美元为中心的国际货币体系。至此，浮动汇率制度在世界范围取得了合法的地位。

但1971年后的经济状况表明，投机资本流动带来的利率和汇率波动会破坏特定部门和整个经济。例如20世纪80年代早期美元对日元的升值几乎毁了美国的自动化工业，损害了美国的多边贸易自由化。倡导浮动汇率者认为国内货币政策不应受保卫官平价而施加的限制，但套利行为在固定汇率制下会限制央行自主性，在浮动汇率制下仍会限制央行的能力。如果不同货币标价的相似金融资产在私人证券组合中完全替代，则不应有不同的本币利息收益。除非差价已经由预期汇率变动抵消。但央行与政府不可能总创造出与希望的国内利率一致的汇率预期。当然，汇率市场波动本身会使不同货币标价的资产不完全替代，并为央行独立货币政策创造一定空间，但因市场敏感摇摆而产生的波动对一国是没有益处的。

因此，在不具备布雷顿森林体系施行固定汇率制条件的当今，浮动汇率制依然不能免除汇市动荡。在短期内全球难以施行统一货币的背景下，在国际金融轮子中"撒沙子"的托宾税，成为使不同货币共存，以及使国际货币、资本市场与一国宏观经济政策独立性能协调共存的一种方法，这也是托宾税得以提出的一个客观背景。

另一方面，自从布雷顿森林体系在20世纪70年代早期解体后，金融市场的反复无常已成为全球经济的特点。全球外汇交易额每天上万亿美元，其中仅5%是为各种交易融资，还有大约5%是由政府间交易及私人间长期债务和权益转换产生的。①交易额中大部分被用于预防利率、汇率反复无常，或利用这种反复无常进行投机买卖。跨国公司通过把负债分散在多种货币和不同时点的方式躲避利率、汇率风险，银行、经纪人则通

① David Felix. 1995. "Financial Liberalization and Tobin Tax", Challenge, pp.5—6.

过套期保值业务把资金在多种货币中调整转换以获取利差。但这种反复无常扩大了虽有赚头却风险很大的获利机会，套期保值业务使投机者可以避免风险，但这种投机性资本流动又加剧了金融市场的反复无常。从20世纪60年代末、70年代初起，固定汇率制开始向浮动汇率制转变，灵活而不规范的金融市场——尤其是在解除了对跨境资本流动的限制后，通讯和技术创新带来的交易便捷成为金融全球化的决定因素，这种跨境金融交易规模巨大，但交易成本却很低。外汇投机和套利交易规模如此之大，以至于占价格百分比的微小变动也会引致风险资本的巨大盈亏。大量的全球性交易削弱了央行稳定金融市场措施的有效性，同时央行可动用的抑制投机性资本冲击的金融资源也已被淹没在投机性资本的洪流中。在调整迅速、交易成本低、运输快捷、替代程度高、预期明确时，金融市场的交易额已远远超出地区、国内、国际的实体经济规模。

当某些市场调整不完善时，对其他市场调整的干预会提高福利水平，即当商品和劳务市场面对冲击不能及时有效调整时，可通过征收交易税即在超速运转的金融车辆的“轮子中撒沙子”方式提高福利水平。①这种“轮中沙”税的设想是由托宾教授正式提出的。这种税能在“全球金融市场润滑良好、快速运行的飞轮里掷一些沙子”，它将有助于“减轻投机对企业的支配程度”。②因为对外汇交易课以比例很低的税，如5%，会大大减少从一种货币转换为另一种货币的短期金融循环中获得的收益，对3个月期的外汇倒手交易征0.5%的税相当于年税率4%。因此，这种税实际上对短期倒手交易征税更高。由于金融市场交易税更多抑制不稳定交易者，非稳定性交易者减少交易量，会降低市场波动及与之俱来的风险，实现汇市稳定。其效果是为国内外利差创造空间，允许国内货币政策对国内宏观经济需要作出反应，同样的税率对期限长的倒手交易阻碍相对较少，对长期证券组合或直接投资的影响可忽略不计。对于一般商业及运输成本，其影响也非常小，以至于不会对商品贸易产生影响和大的冲击。这是因为贸易与长期投资收益较大，与此相关的金融循环过程也相对较

① Barry Eichengream, James Tobin and Charles Wyplosz. 1995. “Two Cases for Sand in the Wheels of International Finance”, *The Economic Journal*, Vol.105(428):162—172.

② James Tobin. 1978. “A Proposal for International Monetary Reform”, *Eastern Economic Journal*, Vol.4(3—4):153—159.

慢。另外，由于投机商一方面要承受税收重负，另一方面可供他们利用的金融市场动荡在征税后会有所减弱，因此他们是不容置辩的受损者，而那些进口商、出口商和长期投资者，将会受益于较稳定的汇率。金融市场交易税“应该是我们系统性风险监管机构的一个动态工具”。①

托宾认为，商品和劳务对于国际价格信号的反应速度要远远慢于流动资本对此的反应速度，商品和劳务价格的变动速度也远远慢于金融资产价格的变动速度（包括汇率），因此，放慢金融市场的反应速度来稳定现实经济是绝对必要的。托宾税就是通过“轮中沙”效应来减慢金融市场反应速度，以稳定汇率和资本流动。托宾税是一种在国际上统一的税，不论是国内证券市场还是外汇市场，凡涉及货币兑换的即期交易都交纳此税。

托宾税试图通过增加货币兑换的成本，抑制货币投机，进而减少不稳定的短期资本流动，使汇率更加稳定，而且给本国央行创造独立确定本国利率水平的余地。但是，托宾的建议在1978年发表后并未引起人们的兴趣，其中一个重要原因是这一提议与当时主流经济学派的“有效市场假说”理论不一致。这种理论认为金融市场是有效的。只要能自由运转，市场本身可不断重估资产价值，产生相应的价格信号，以此作为长期资源配置的基础。当时主流经济学家认为金融市场反应越迅速，对现实经济越有好处。经过数十年的理论探讨，尤其是经过金融扩张年代的实践，人们最终认识到事实上并不存在所谓的有效市场。从更基本的意义上来说，认为有效市场能实现长期经济价值的假说根本不成立。

托宾税一开始未引起人们兴趣的另一个原因是，当时的外汇交易额与今天相比是微乎其微的。在世界刚刚经历过石油危机冲击后，人们把剧烈的利率、汇率波动解释为金融市场朝一种新的稳定均衡状态作出的过渡性调整。然而如今，随着国际资本在世界范围流动速度越来越快，规模越来越大，频繁引起世界金融市场的动荡，人们开始关注起托宾税的作用。在全球范围应用单一货币还为时过早时，托宾税为国际货币体系改革提供了一个选项。

---

① John Fullerton. 2011. “Why We Need a Financial Transactions Tax”, *Huffington Post Business*, 2011-08-25, http://www.huffingtonpost.com/john-fullerton/financial-trasactions-tax_b_932448.html.

2. 托宾税相对于其他抑制资本流动工具的优势

托宾设想的这种税，相对于其他抑制资本流动、稳定汇市的工具有一些独特的优势。

首先，它可以使交易商们在对基本经济因素和经济政策的变化作出反应的同时，减少市场交易中的"扰动行为"。托宾税造成投机成本上升，从而使投机成本发生冲击的可能性大大降低。

其次，它不会影响长期投资。早在1936年凯恩斯就曾指出，征收金融交易税可以影响投机者对其他投机者短期行为的猜测，从而会加强长期基本因素对证券定价的影响。凯恩斯的择美竞赛论①同样适用于汇市："投机者关注的是市场对新闻会怎样反应，而不是关心基本的经济因素"。托宾税通过提高货币投机成本来抑制投机资本流动，并以此稳定汇率。这一工具不会影响贸易和投资，从而，使投资者更加重视长期投资而非短期投资机会。

再次，托宾税的实施限制了资本流动对一国货币汇率的冲击，并允许国内利率与国际利率之间保持一定利差，从而拓展了一国货币政策的自主性。例如比例为0.5%的托宾税可允许国内外利率偏离4%。在此幅度内提高利率，不会引起利用这种变动来谋利的资本流动。虽然不能指望它能保护汇率的错误定价，但可以减缓汇率的波动速度，为当局的政策调整争取宝贵的时间。

第四，托宾税的征收既可以产生大量稳定的税收，又不会流失储备，可避免资本流动冲击下其他政策手段为防止投机而导致的储备损失或提高利率的政策成本。在金融全球化的今天，央行可动用的抑制投机资本冲击的金融资源与数量庞大的国际性私人资本相比，如与投资基金相比力量是微乎其微的。然而，托宾税既不需要耗费储备又能产生大量稳定的税收，有利于政府在更大范围内实现充分就业和社会公平分配。税收

① 凯恩斯认为"从事职业投资，好像是参加择美竞赛，报纸上发表一百张照片，要参加竞赛者选出其中最美的六个，谁的选择结果与全体参加竞赛者之平均爱好最相接近，谁就得奖。在这种情形之下，每一参加竞赛者都不选他自己认为最美的六个，而选他认为别人认为最美的六个。每个参加者都从同一观点出发，于是都不选他自己真认为最美者，也不选一般人真认为最美者，而是运用智力，推测一般人认为最美者。"详见凯恩斯：《就业、利息和货币通论》，徐毓枫译，商务印书馆1997年版，第134页。

收入可成为政府实现充分就业和社会公平的资金来源，并且不会引起大规模资本流动，也不会使赤字恶化。

托宾税作为全球性统一的税收，需各国在宏观经济政策方面进行国际协调，因此，它可以成为国际货币基金组织或世界银行这类国际组织的政策工具。托宾税的征收不仅可以提高市场效率，还可以增强全球金融稳定。

3. 托宾税的应用及问题

影响托宾税应用的主要有四方面的问题：税基的确定、应税交易的确定、税率和税收收入分配。①

(1) 税基确定问题

从防止市场扭曲的角度出发，对国际金融交易征税的税基应尽可能宽广。不论交易商是何国籍，所有市场参与者都应包括在内。此税应适用于金融机构、政府、国际组织、商品生产者、服务提供者、工商企业和居民个人等从事的交易。但托宾税的征税目的是限制引起汇市混乱的不稳定性交易，因此，对央行干预市场的交易及政府与国际组织的交易应免征此税；造市者②的交易及增加市场流动性的交易也应免税；金融中介机构的交易也应免税，因为此类交易通常都是通过保持流动性以稳定市场的交易，而不是投机性交易。

然而托宾税的问题是无法区分金融机构的交易，是保持金融市场稳定和有效性的正常交易，还是引起市场不稳定的扰市交易。若对金融中介机构免税会鼓励和诱使金融机构或客户通过金融中介进行交易，若对金融机构征税则又会伤及市场上的稳定性交易，从而牺牲市场效率。

(2) 应税交易的确定问题

金融工具间的替代性会为征税带来麻烦。如果只对即期外汇交易征税是远远不够的，因为利用金融衍生工具交易就可以合理避税。金融市场上开发出的现金交易替代产品可以逃避现金交易税，如类似于银行承

① Paul Bernd Spahn. 1996. "The Tobin Tax and Exchange Rate Stability", *Finance and Development*, Vol.33(2):24—27.

② 造市者就是外汇市场的领导者和组织者，其主要功能是在市场流动性不足时，提供双向报价以促进交易并增强市场的流动性。

兑票据、商业票据的新的短期金融工具，外汇市场基金和回购协议（用于替代抵押品，不通过央行账户清算）。外汇衍生产品交易，例如外汇远期、外汇掉期、货币互换、货币期货和货币期权等，可以对即期交易产生重要影响，将"长期交易"转换为"短期交易"。

近年来全球外汇市场交易量呈现显著快速增长态势，外汇衍生产品数量在全部外汇交易额中占有越来越大的比重。全球日均外汇交易量从2007年4月的3.3万亿美元，上升至2010年4月的4.0万亿美元，2013年4月达到了5.3万亿美元的历史新高。其中现货市场交易量达到了日均2万亿美元，贡献了2010—2013年全球40%的外汇交易量，掉期交易日均达到2.2万亿美元，占全球外汇交易量的42%。①

如果将征税范围扩大至金融衍生工具交易，可大致反映通过汇市传导的资金总量。但如果按金融衍生工具合约的名义交易量征税可能会严重破坏衍生工具市场，甚至完全摧毁这个市场。鉴于远期交易、货币期货等在防范汇率波动风险的套期保值方面有重大作用，这些市场的逐渐消亡将威胁汇市的稳定。另一种选择是对衍生工具合约的名义交易量，以更低的税率征税，例如对正常交易以两个基点征税，而对衍生产品交易以正常税率的一半，即一个税率的基点征税。从降低衍生工具的成本来看，这种方法有其合理性，但却形成了有选择的税收体制，对金融管理部门来说，有很大的随意性且难以管理。

(3) 税率问题

理想的税率应是，当汇率稳定，交易中各种货币的汇率处于均衡状态时，对外汇交易征收税率为0，随着汇率偏离均衡状态波动幅度的扩大税率也相应提高。这就意味着税率是一种可变的税率。

然而托宾建议的是一种统一不变的税率。如果税率设置过低，则不能阻止投机，如对倒手交易——售出外汇再购回外汇——按低的固定税率如1%征税，是不可能吓住预期汇率会在投机期间短暂下跌3%的投机者的；如果税率设置到高到足以遏制投机行为，又可能严重损害金融市场调节的效率。

---

① BIS：2013. "Triennial Central Bank Survey—Foreign Exchange Turnover in April 2013：Preliminary Global Results". http://www.bis.org/publ/rpfx13.htm.

(4) 税收收入分配问题

托宾税的收入由税率、税基及免税交易量若干因素决定。托宾税的征收会使市场参与者作出行动上的强烈反应。较高的税率会导致应税税基的缩小,但由于汇市绝对规模大,因此托宾税的税收收入仍很可观。根据国际清算银行 2013 年 12 月 8 日发布的报告,世界外汇市场上(即期、远期交易衍生产品合约)的净交易额估计每天高达 5.3 万亿美元。如果对世界外汇即期市场和衍生产品市场总交易额征收 1%的托宾税,则固定收入(即不考虑税收对交易行为的反作用)估计每天可以达到 530 亿美元,或者每年约 132 500 亿美元(以每年 250 个工作日来计算),当然此数字并不现实,因为没有考虑托宾税对市场参与者交易行为的影响。但即便外汇市场交易因这个新税种而萎缩 99%,此税仍可能带来 1 325 亿美元的可观收入,换一种算法,对 5.3 万亿美元按两基点税率(0.02%)征税,每年也可增加 2 650 亿美元的收入。按照低税率估算的税收收入更现实一些,这么低的税率不会使市场交易行为发生重大改变。

关于税收收益的分配是个颇具争议的政治问题。尽管托宾税由各国政府征收,但需国际合作协调才能实施。托宾建议由世界银行或国际货币基金组织来担当这一角色。当然不会是哪个机构负责征税,则将收益分配给哪个机构。问题主要是在税收收益如何返还给各国政府上存在着争议,如果税收收益分配给税收来源国则有利于主要的国际金融中心所在国,这可能不够公平;另一种办法是根据各国在类似国际货币基金组织这类国际组织中的认缴份额或投票权,但这也有一定程度的不公平。托宾税税收分配的思想是经济的合理性。鉴于难以决定收入的地区影响,也可将收入分配给一个超国家的组织,用于资助提供公共产品或全球性事业,如健康和环保研究等,但这种设想不见得能被所有国家接受,况且税收分配给某个国际组织可能会使该组织权力过大而引起国际争端。因此,在世界范围达成收入分配的一致意见可能就会导致巨大的成本支出。另外,托宾税作为一种金融交易税必须实行全球统一征税,若单国征税会使本国外汇交易转移到离岸市场。①尽管收入分配问题尚有争议,但由于托宾税

① Peter Garber and Mark P. Taylor. 1995. "Sand in the Wheels of Foreign Exchange Markets: A Sceptical Note", *The Economic Journal*, Vol.105(428):173—180.

能给政府带来巨大收益，因而，解决这些问题还是具有一定的动力。

托宾最初提议这种税时，全球外汇交易额还很小，因而未引起人们多大兴趣。但 20 世纪 90 年代以来，外汇交易量和国际资本迅速增长，以及金融危机的频繁发生使得人们对国际金融交易征税以抑制投机性货币交易，减少汇率波动的托宾税产生了浓厚的兴趣，对托宾税的讨论也多了起来。1995 年，美国经济学家艾兴格林(Barry Eichengreen)、托宾和威普罗茨(Charles Wyplosz)再次主张对外汇交易和跨境短期银行贷款征税，他们认为对短期流动资本征税可以减少国际资本流动对国内货币政策的影响，增强国内货币政策的独立性；也可以增加投机资本冲击固定汇率制的成本，降低发生投机性冲击的可能性；还可以使投资者更加偏好长期的投资而不是短期的投机。①针对托宾税的应用问题，学者们也作了进一步的发展和完善。

四、优化和改良的托宾税：两级托宾税

解决托宾税构成方式的一个设想，是实行两级税率体系。

(一) 两级托宾税的提出

托宾税是一种单一的固定税率。要想通过征税实现汇率稳定则需要较高或变动的税率，但这有可能降低市场流动性，阻碍国际金融市场的有效运作，从而损害市场效率；反之，若税率太低，虽然不会扭曲市场运作，但也难以抑制从预期汇率变动中获取巨大利润的投机行为。为了解决这一难题，德国经济学家保罗·贝恩·施潘(Paul Bernd Spahn)于 1996 年 6 月在国际货币基金组织出版的《金融与发展》刊物上发表了《托宾税和汇率的稳定》一文。施潘基于对单一固定税率托宾税政策难题的研究，提出了一种创造性运用托宾税的税收思想②，即分两档次征税，以克服单一

① Barry Eichengream, James Tobin and Charles Wyplosz. 1995. "Two Cases for Sand in the Wheels of International Finance", *The Economic Journal*, Vol.105(428):162—172.

② Paul Bernd Spahn. 1996. "The Tobin Tax and Exchange Rate Stability", *Finance and Development*, Vol.33(2):24—27.

托宾税的主要缺陷。这种两档次更为灵活的征税方式，在汇率稳定时期，对外汇交易低税率征税，既不会影响市场的流动性和有效性，又能征收到大量税收；在汇率巨幅波动时期，则通过惩罚性高税率提高投机资本的交易成本，从而平抑汇市波动。施潘认为可以以有效汇率的变化作为决定征收哪一级税率的标准。

（二）两级托宾税的作用机制

两级托宾税的思路是指对货币兑换交易两级征税，一级是对正常交易征收的最低基本交易税，另一级是对极短期货币投机利润额外征收的交易附加税。作为一种反投机的工具，交易附加税仅在汇率动荡时期按照精确设定的定量标准征收，在外汇市场正常运行时，并不启用。

具体操作时，应该事先确定目标汇率以及汇率波动的上限和下限。正常时汇率在限定区域内自由波动，一旦超出波动范围，则对市场汇率超过设定边界的差价部分征税。这样通过征税就可使汇率稳定于目标圈内，而不必通过央行大幅干预或流失外汇储备来达到稳定汇率的目的。在高度投机的情况下，征收高税率可熨平汇率波动，而正常时征收的最低交易税又可以在不影响市场效率的情况下聚集大量税收(见图 5-1)。

1. 基本交易税

作为对外汇交易征收的最低名义税，如税率为 2 个基本点，则征税不会明显加重资本交易成本，也不会对涉及货币兑换的交易量产生明显影响。基本交易税的主要功能就是持续不断征收大量稳定的税收而不会影响金融市场的正常流动性，同时还可以用作监督和控制附加交易税的手段，构成其操作和运算的基础。对于金融衍生工具交易也可以征收交易税，税率按照标准税率的一半征收，即 1 个基本点。这样既允许金融衍生工具市场继续以低成本运营，又可防止利用金融衍生工具交易替代现金交易的逃税行为。这相对于单一托宾税仅对现金交易征税是一大改进。

2. 附加交易税

附加交易税应与基本交易税一起配合实施，但两者的使用目的与执行方式不同。附加交易税的目的是针对引起汇率波动的不正常交易波动课税，在正常交易情况下，附加税税率为零。因其税率为零，征收的税收也为零。只要汇市正常运转，附加税不被启用，也不能用来增加税收，因而可以保证市场流动性和交易的有效性。附加税仅在货币投机冲击发生时才启征，“自动发挥断路器的作用”①，因为此时税基为正值。附加税可以仅对现金交易使用，必要时也可以方便地扩展至衍生产品交易。理想状态下，如果附加税能够达到其目的，则不会创造税收收入。

附加税仅在投机资本冲击期间征收。它对价格很敏感，一旦某种货币的交易价格超过预定的临界点，则自动启征。此临界点是爬行盯住(类似于一个移动平均值)目标汇率并加上一个安全边界(定义为目标汇率的一定百分比)来确定的。对于不同的货币此安全边界也不尽相同，但统一规则适用于所有市场和市场上交易的金融机构。当然爬行盯住汇率调整的时间间隔越短，汇率短期波动的范围也越大，因此时间间隔应短得足以避免“见风使舵”行为的发生②，即根据市场趋势不受投机风向左右保持有效汇率，使市场能根据基本经济因素的变动作出充分调整。

一旦启征附加交易税，交易成本会大幅上升，市场会尽快抹平汇率的巨大波动以避免高成本的发生。在这种情况下应当授权交易商重新签订合约的权力，因为交易成本不可能事先预知，这将使大量合同具有不确定性，但另一方面由于市场价格大幅度波动时，交易商也会因为不确定性而从市场自动退出，这使得投机变得困难，投机冲击也将难以发生。理想的情况是，因附加交易税的开征引导市场为了自身利益而更趋平衡地运作，从而无需动用附加交易税。

这种方案与欧洲货币体系的机制很相似，该体制是通过确定目标汇率和可接受的汇率浮动边界，实现汇率的稳定。图 5-1 描述了两级托宾税的这种类似思想。图中模拟了一定时间内的有效汇率，并用每天的预期移动平均值作为目标汇率。根据占目标汇率的比率，确定安全边界内的高汇率和低汇率。只要每天汇率波动幅度保持在高低汇率之间的安全边界内，就不用征收托宾税，一旦有效汇率的变动超出了容许范围，就将对市场汇率超出安全边界部分，课以一定的且很重的税。与欧洲货币体系机制不同的是，附加交易税不是通过为隔夜货币存款提供高额溢价或抛售外汇储备的方法支持弱币的，而是通过技术上严格限定的额外投机

①② Paul Bernd Spahn. 1996. “The Tobin Tax and Exchange Rate Stability”, *Finance and Development*, Vol.33(2):24—27.

收益征税的方式达到保护相关货币的作用的。

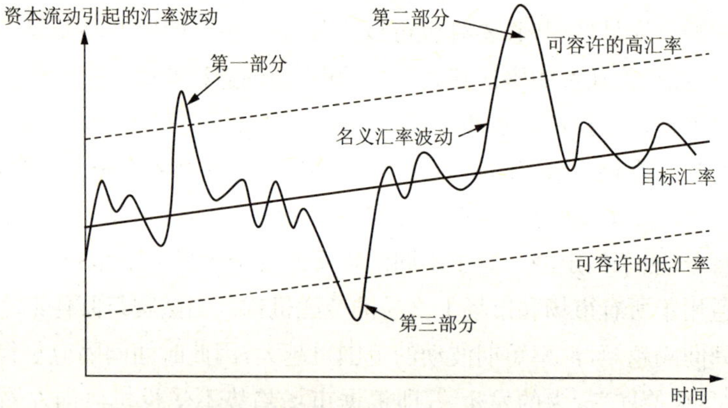

图 5-1　两级托宾税的理论征税税基

注：图中第一、二、三部分为两级托宾税的理论税基。

资料来源：Paul Bernd Spahn. 1996. "The Tobin Tax and Exchange Rate Stability", *Finance and Development*, Vol.33(2)：24—27。

单一结构的托宾税对所有"导致错误结果"的交易不加区别地一律征税，因而也惩罚了正常的货币交易。与此不同的是，附加交易税仅仅对投机性的交易征税，因而不会影响正常的货币兑换交易。从这一意义上讲，两级托宾税比单一托宾税更为灵活有效。

（三）两级托宾税的独特优势

在单一托宾税基础上优化和改良后的两级托宾税进一步彰显了托宾税的优势。其独特优势主要表现在以下几个方面：

1. 有利于社会福利和公平分配

当今世界外汇交易额迅猛增长，外汇市场绝对规模巨大，世界外汇市场每天净交易额超过 5 万亿美元。汇市平稳时期，按一个基点的低税率征税，每年也可带来 1 250 亿美元的收入。低税率不会影响市场交易行为，因此，托宾税不仅可以抑制汇市波动，还可以聚敛大量财政收入，有利于政府在更大范围实现充分就业，提高社会福利水平。通过对以攫取高额利差、汇差为目的的投机资本课以更重的税负，也有利于政府更好地推进公平分配。

2. 自动启征和间接稳定汇率

两级托宾税的作用机制是在汇率稳定期间对外汇交易征收很低的基本交易税，而一旦市场汇率波动幅度超过目标汇率的限定上下安全边界时，高额的附加交易税即自动发挥“断路器”功能，对超额部分自动启征，从而大幅度提高投机交易成本以抑制货币投机，减少不稳定的跨境短期资本流动，平抑汇率波动。这种汇率稳定措施，可避免其他政策的负效应，无需付出牺牲外汇储备和被迫提高利率的政策成本。抵御投机资本冲击时，附加税不仅不消耗公共资产，而且还能创造收入。由于打消了对央行经常性干预外汇市场的预期，因而也能减少精神损耗。通过间接的汇率稳定措施，缩小价格泡沫幅度，减弱虚假市场信号，使汇市尽快恢复稳定。这一做法还能改善国际资源配置，减少风险金，尤其是与通胀有关的风险金。防止央行的干预资产淹没在投机冲击的大潮中，从而能让货币当局重获因严重市场投机而丧失的部分政策自主权，并有助于防止为纠正不合理汇率而采取有害政策措施情况的出现。

3. 有效打击和区分短期投机资本

针对单一固定税率托宾税的主要缺陷：高税率会影响国际金融市场效率和正常运作的流动性，而低税率不能阻止市场投机行为，两级征税相当于一种更灵活和可变动的征税，可以更有效地抑制投机行为。期限越短则实际税率越重。若一个月期交易税率相当于12%，则一天的倒手交易税率相当于365%。因此在汇率剧烈波动时征收高额附加税可有效打击和区分短期投机资本。

4. 有利于全球经济一体化及国际经济政策协调

托宾税的最优方案是全球性的统一税率，可以一国或多边实施，但如果单边实施易使本国汇市转移至离岸市场，出现逃税行为。例如仅在泰国实行托宾税则泰国银行可将泰铢转移至泰国以外的离岸市场，如外国分支机构，在那儿将泰铢兑换卖掉，买入外币。因此最理想的状况是，将托宾税应用于所有的主权国家，并且各市场规则一致。对于政府的国际管理应免除一定的外汇征税。这种多边协同方案有利于国际经济政策协调，即各国政府为维持国际经济稳定并促进其发展，对国际经济活动采取联合干预管理和调节的政策行为。①这种需要多边协同实施的方案也更

① 陈彪如：《国际经济学》，华东师大出版社1995年版，第369页。

有利于各国政府加强共同联合，也将成为国际货币体系的一项改革，在全球采用单一货币尚不具备条件时，在拥有多种货币的世界上，托宾税可帮助各国央行联合应付不同货币间大规模的私人资本流动冲击。

5. 更为市场化和富有弹性

相对数量管制而言，托宾税允许交易商对基本经济因素和经济政策变化作出反应，而不是硬性规定交易的范围、种类和数量。严厉的数量管制是将国内金融市场与国外金融市场完全隔离，从而使本国市场免受外部金融市场和投机的影响，并保持一定的国内外利差。而托宾税则是在国内外市场之间设立了"安全限速"，通过加上一道灵活的楔子，从而既扩展了本国货币政策的自主性，又得以使本国与国外保持一定的利差，使本国金融市场与国际金融市场之间保持一定程度的渗透与分离。

（四）两级托宾税的应用

两级托宾税通过两种档次的征税，弥补了单一托宾税的重要缺陷，能更有效地抑制投机资本对汇率稳定的冲击。但它主要是作为货币政策的短期稳定工具，而不能用于解决和纠正长期的结构性问题，其目的是根据经济基本规律对汇率进行平稳的调整，而不是将令人苦恼的经济修复为健康经济。此外，它也不能防止因突然害怕拖欠或政治危机而诱发的投机性交易。①

两级托宾税制仍存在一些单一结构托宾税的问题②，例如，不能从机构上区分稳定市场和破坏市场稳定的不同性质的外汇交易，但设想的征税应更多落在投机性短期交易上。交易税能否减少汇率过度波动取决于以下条件：凯恩斯认为的投机者比着眼于长期对外投资或基本经济因素的市场参与者视野更窄，持有期限更短。如果是这样的话，投机者就更易受到交易税的影响。

这种可变税率使市场价格更加变幻莫测，会有效改变市场行为方式。另外，税收征收、监督和强制实施的管理会更加复杂。这种税收作为短期

---

① Paul Bernd Spahn. 1996. "The Tobin Tax and Exchange Rate Stability", *Finance and Development*, Vol.33(2):24—27.

② Janet G.Stotsky. 1996. "Why a Two-Tier Tobin Tax Won't Work", *Financial and Development*, Vol.33(2):28—29.

货币稳定工具，是货币政策、财政政策两种政策手段的混合运用。这两种政策工具在混用时要注意其协调搭配，因为货币政策易变，一般不太受政治影响，而税收政策相对稳定，易受政治考虑影响。

由于大多数金融交易都要通过中介机构，这种征税方式易产生瀑布效应（Waterfall Effect），即通过中介机构汇聚后集中交纳的税收是单项交易分别纳税之和的许多倍。

托宾税要取得理想效果，最好在国际上统一实施。如果单一国家实行金融交易税，则容易逃税；如果只对国内市场上的交易征税，则投资者可转移到国外开展交易来逃税；如果对各种交易都征税，交易商可改用关键货币，以避免货币兑换，导致使用不广的小国货币成本增加并削弱这些国家的货币控制力。但要在国际社会上协商一致、统一征税困难重重，甚至在欧洲货币联盟这样相对有共性的国家联盟也是阻力重重。

托宾税的技术性问题，例如应税交易定义、最优税率选择、实施程序都容易解决，最大的问题是观念和政治上的，即一国是否愿意征税。大部分国家都抵制向金融部门课税，因担心这一做法会带来负效应，缩小金融部门规模，从而改变就业格局；而受益于托宾税的生产部门并不愿意切断同金融部门的联系。事实上，金融资本瞬息万变的跨境流动会缩小或摧毁福利，提高了生产部门的资本成本，扩大了交易的不稳定性。权衡利弊，总体上托宾税可作为控制金融不稳定性的有效手段，可作为国际货币改革过程中的一个重要过渡步骤。

五、资本管制的有效性分析

对新兴市场经济体来说，跨境短期资本流入意味着更低的融资成本，反映国际投资者对本国经济发展信心的上升。但跨境短期资本流向的易变性会加大宏观经济的风险，大量的短期资本流入会刺激外币贷款增加，推动国内市场信贷激增并滋生资产泡沫，而资本流向的突然逆转会导致泡沫破灭。因此，新兴市场经济体有必要采取措施防范风险，但要不要，以及如何应对跨境资本流动一直是个充满争议的话题，尤其在涉及资本管制效果时。

(一) 学术界的基本观点

关于资本管制的有效性问题,可以从长期管制的有效性、短期管制的有效性,以及同一时期不同国家资本管制的有效性、同一国家不同时期资本管制的有效性等方面展开分析。

1. 长期、短期分析法

从理论上讲,资本管制抑制资本流动的有效性可以从两个方面展开分析,其一是利差分析法。考察本国(资本管制国)与外国(未实行资本管制的国家)在资本收益率之间的差别,即如果一国的资本管制能够防止各种套利行为的发生,从而使其与未实行资本管制的国家在资本收益率方面产生利差,那么该国的资本管制就是有效的。其二是储蓄—投资分析法。如果资本管制是有效的,那么国内储蓄和国内投资应该是完全相关的。这一方法把储蓄和投资的相关性看成是检验资本流动程度,即资本管制有效性的检验。已有不少学者对这两个方面作了大量的实证研究。

(1) 短期效果分析法——利差分析法

凯恩克罗斯(Alec Cairncross, 1973)分析了英国1961—1972年的货币市场的数据。他的分析表明资本管制在有限的范围内是有效的,因为投资货币的溢价有几年的时间超过20%,有些时候超过50%;但同时也发现,没有证据表明,有针对性地对私人资本流出实行的管制是有效的。

通过分析国外利率和本国利率的差异来衡量资本管制有效性的方法首先是由爱德华兹和卡恩(Edwards and Khan, 1985)作出的。哈奎和蒙蒂尔(Haque and Montiel, 1991)进一步扩展了模型。他们认为,在一个半开放的经济体中国内的利率(R)受到国内和国外也即整个国际金融市场资本供求的影响。他们的模型用到了两种利率,一是资本账户封闭时国内市场的出清利率(R'),另一是经汇率调整后的世界利率(R^*),同时模型中采用了一个开放度系数α,这些变量之间的关系如式5.1所示:

$$R=\alpha R^* +(1-\alpha)R' \tag{5.1}$$

以式(5.1)为基础,再根据货币市场均衡条件与资本账户、经常账户的关系,可得到以下方程:

$$\mathrm{Ln}(M^s/P) = a_0\alpha + a_1\alpha R^* + (1-\alpha)\ln(M^{s'}/P) + a_2\alpha\ln(Y) \quad (5.2)$$

其中，M^s 为货币供应量，$M^{s'}$ 为封闭状态下的货币供应量，P 为国内价格水平，Y 为实际收入。设 $a_1 < 0$，即实际货币需求量与国内利率水平成反方变化，$a_2 > 0$，即实际货币需求量与收入成同方向变化。

根据式(5.2)就可以求出资本账户的开放度系数 α。当 $\alpha = 0$ 时，国际市场的资本供求状况不对国内利率水平产生影响，国内利率水平取决于国内资本市场的供求状况，即资本管制有效；当 $\alpha = 1$ 时，国内市场利率等于经汇率调整后的世界市场利率水平，资本流动完全不受管制。

运用利差分析方法，理论界对资本管制应对资本流动有效性分析的主要观点是：短期有效、长期无效。

库克津斯基(Kuczynski，1987)非常怀疑资本管制的最终价值，除非在管制前已经采取合理的经济政策特别是有一个持续合理的汇率。他认为巴西和哥伦比亚在把私人资本留在国内方面取得了合乎情理的成功，资本管制也许起了作用，但管制对拉美国家畸形的收入分配和政治动荡难起什么作用。防止资本流向逆转的最好的办法，只能是重建有利于投资和经济增长的国际国内环境。①

德普勒和威廉森(Deppler and Williamson，1987)认为，如果资本流向逆转导致的国际收支、汇率、通货膨胀和真实经济的不稳定是随机的、非系统的，那么在金融市场不发达的国家，资本管制在短期内也许有效。然而事实上，这些不稳定更可能源于当政府意图实现一组并非易于协调的短期目标时金融政策的不一致。在这种情况下，用管制替代应采取的政策调整不可能有效。实际上，由于缺乏政策调整，一方面管制加剧了紧张，另一方面政策不一致又容易助长进一步加强管制的预期。这类预期在过去曾导致了一些最显著的资本抽逃行为。因此，即使是在短期内，资本管制对于阻止资本流向逆转也不可能有效。

瓦曼-施奈德(Varman-Schneider，1991)认为，资本管制只能是解决

① Pedro-Parlo Kuczynski. 1987. "Panel on Policy Issues", In Donald R.Lessard and John Williamson. Capital Flight and Third World Debt. Washington: Institute for International Economics, pp.27—67.

资本流向逆转问题的短期办法。比如,看看印度资本管制的历史,就会发现逃避管制的机制发展得相当完好。一种特定类型的管制措施存在的时间越长,逃避它就越容易。代理人在意图向境外转移资本的居民和外国金融中心之间提供交易服务,一开始交易成本也许会很高,但时间一长交易成本就降低了。因此,作为一种应对资本流动逆转的政策措施,资本管制仅仅在很短的时间内是有用的。

菲利克(Fieleke, 1994)比较了 1992 年 ERM(欧洲汇率机制)期间西班牙、爱尔兰和葡萄牙欧洲货币的短期利率及国内类似资产的利率。每个国家的政府当局对资本流出加强控制都是其维持汇率政策的一部分。尽管资本管制导致国内及离岸市场之间的利率差,但是资本管制并没有阻止这些国家的汇率变化。那些没有进行资本管制的国家,如挪威和瑞典,在保持他们汇率目标的同时,国内的利率变化很大。

奥布斯菲尔德(Obstfeld, 1995)的实证研究表明,资本管制对经济变量会产生影响。通过资本管制,政府能在一定时期内使国内和国外相似金融工具的收益率产生差别。但是随着私人部门的规避行为,这种差别会变得越来越小。格罗斯(Gros, 1987)分析了 1979—1986 年意大利和法国欧洲货币和国内存款之间的利差。在短期内,两者之间的利差达到 20—24 个百分点。这与他的模型预测相一致,也就是说在短期内资本管制对限制投资头寸的变化是有效的;然而在长期内,利差会回到很低的水平。格罗斯(1988)分析了 1979 年至 1987 年的比利时法郎的双重汇率的差价,1982—1986 年墨西哥比索双重汇率之间的差价。他认为当局只能在一年左右维持一个较大的差价,因为私人部门总能找到逃避管制的方法。

尼布哈德(Nembhard, 1996)对韩国和巴西两国 20 世纪 60 至 80 年代实施资本管制的实际经验进行了研究。①结论是,一国持续一贯的资本管制能够将资本流向逆转有效地降低到最低水平,而且,以资本管制为核心的"三位一体"的政府干预工具(即经济计划、资本管制、信贷控制三者有机结合),能够有效地促进新兴经济体的经济增长和工业化。韩国在

① Jessica Gordon Nembhard. 1996. "Capital Control, Financial Regulation, and Industrial Policy in South Korea and Brazil", London: Praeger Publishers, pp.33—46.

20 世纪 60 和 70 年代实施了严格的资本管制，资本抽逃量十分少，但进入 90 年代，资本抽逃量剧增，经济增速放缓，而这正好是韩国放松贸易、资本和金融控制的时期。在巴西，实施严格资本管制的时期与资本抽逃规模不大、经济快速增长的时期基本上是对应的，尽管略有一些时滞。

杜尔利(Dooley，1996)对资本管制的有效性进行了广泛的调研。①他认为，一般来说，资本管制可使各国暂时保持在国内收益与国外收益之间的隔离。然而，事实表明随着时间的推移，当私人部门找到了新的逃避管制的技巧时，这种效果就逐渐消失了。除此以外，很少有经验数据支持管制措施对其他重要的经济变量(如私人资本流动量及其构成、国际储备变动、汇率水平等)产生影响，尤其很少有证据表明，管制措施能控制直接针对反复无常的政策机制所作的成功的投机性攻击。

索托(Soto，1997)对智利的资本流动、利率和实际汇率的水平及不稳定性进行了一次向量自回归分析。②他发现资本管制实现了预期的减少资本流入、保持较高的利率和较低的实际汇率，并降低短期资本流入所占比重的效果。不过，据估算效果很不明显。但爱德华兹(1998)的检验却表示，在引入资本管制之后，国内利率与国外利率的差异的持续性有所提高，而对实际汇率行为的影响是十分有限的。③

可见，学术界在对短期内资本管制能否有效防止资本流向逆转这一点上分歧不大，而对于资本管制在长期能否有效防止资本流向逆转上存在较大分歧。利差分析法仅仅是一种针对资本管制的短期效应进行的分析方法，储蓄—投资分析法则能对资本管制的长期、短期效果进行全面的考察。

(2) 长期、短期效果分析法——储蓄—投资分析法

费尔德斯坦和霍里奥卡(Feldstein and Horioka，1980)提出了储蓄—投资分析法。④在其后一些学者如费尔德斯坦(1983)，费尔德斯坦和

① Michael P. Dooley. 1996 “A Survey of Academic Literature on Controls over International Transactions”, *IMF Staff Papers* Band 43.

② Claudio Soto. 1997. *Controles a los Movimientos de Capital*: *Evaluación Empiríca del Caso Chileno*, Santiago: Banco Central de Chile, p.97.

③ Sebastian Edwards. 1998. “Capital Flows, Real Exchange Rates, and Capital Controls: Some Latin American Experiences”, *NBER Working Paper* 6800.

④ Martin Feldstein and Charles Horioka. 1980. “Domestic Saving and International Capital Flows”, *Economic Journal*, Vol.90(358):314—329.

巴克塔(Feldstein and Bacchetta, 1989),詹森(Jansen, 1996)等人的不断修正和完善下,这一方法可以从长期和短期对资本管制的有效性方面进行全面考察。费尔德斯坦和霍里奥卡认为,如果资本是完全自由流动的,那么国内储蓄和国内投资可以是不相关的,因为国内储蓄会根据世界范围的边际收益率在世界范围内进行配置。在小国开放经济中,国内储蓄的增加不一定会引起国内投资的增加。因此,可以把储蓄和投资的相关性看成是检验资本流动程度,即资本管制有效性的标准。

费尔德斯坦和霍里奥卡(1980)首先提出了利用储蓄和投资之间的关系来分析资本控制有效性的方法。他们使用了 1960—1974 年 16 个经合组织(OECD)国家平均的投资占国内生产总值的比率(以下简称投资率,记为 IR_t)和储蓄占国内生产总值的比率(以下简称储蓄率,记为 SR_t)的数据进行回归。他们之所以会选择分析这两个比率之间的相关关系,原因就在于,他们认为,在全球资本完全流动的情况下,一国投资资金不一定来自该国储蓄,因此如果资本完全流动,两者之间的相关性就应该是零。而资本不完全自由流动的情况下,投资和储蓄具有一定的相关性,资本流动越少,投资和储蓄的相关性就越高。而如果两者之间的相关系数越高,就表明该国资本控制的程度越高。他们的方法是利用横截面的数据,使用下面的计量方程进行回归:

$$IR_t = \alpha_0 + \alpha_1 SR_t + \varepsilon_t \tag{5.3}$$

其中 IR_t 表示 t 时期内的投资率;SR_t 表示 t 时期内的储蓄率。

这个计量模型的实证检验结果表明,即使在经合组织这样的工业化国家中,资本流动也受到很大的限制。因为实证检验结果表明这些国家的储蓄率与投资率之间存在着显著的正相关性,并且两者的相关系数高达 0.887,这说明这些国家的国内投资严重依赖于国内储蓄。对此结果,费尔德斯坦和霍里奥卡的解释是,这些国家官方的限制阻碍了资本的流出,即这些国家对资本的流出采取了控制措施。而其他众多学者的研究则认为这些工业化国家之间的资本流动性是相当高的,这就形成了一对矛盾。国际经济学将此称为费尔德斯坦—霍里奥卡(Feldstein-Horioka)之谜,或者称为储蓄—投资之谜。

用于检验国际资本流动的费尔德斯坦—霍里奥卡之谜是一种简单而

且直观的方法，但正是由于它的过于简单，才遭受了大量的计量经济学方面的批评。并且学术界至今也没有提出一种相关的理论来真正解释这个谜。有些学者认为它仅仅是对投资率和储蓄率的时间序列数据进行相关性分析，并没有考虑两者之间的动态关系。于是费尔德斯坦(1983)使用投资率和储蓄率的一阶差分来估计投资率和储蓄率之间的关系：

$$\Delta IR_t = \alpha_0 + \alpha_1 \Delta SR_t + \varepsilon_t \tag{5.4}$$

模型(5.4)衡量的是投资率和储蓄率之间的短期关系。费尔德斯坦(1983)以17个经合组织国家在1960—1979年的投资率和储蓄率为样本，发现总投资和总储蓄之间的相关系数为0.796，而净投资和净储蓄之间的相关系数为0.993。表明在短期内这17个经合组织国家的资本流动性较低。但该模型并没有考虑到投资率和储蓄率在长期之间的关系。费尔德斯坦和巴克塔(Feldstein and Bacchetta，1989)讨论了开放经济中的投资和储蓄问题。由他们的无限期模型，可以得出，在资本完全流动的情况下，从长期看，投资和储蓄都会达到稳态，基于这一模型的结果，费尔德斯坦和巴克塔使用了一阶滞后的储蓄率和投资率差作为一阶投资率差分的解释变量：

$$\Delta IR_t = \alpha_0 + \alpha_1 (SR_{t-1} - IR_{t-1}) + \varepsilon_t \tag{5.5}$$

模型(5.5)考虑了滞后一期的储蓄率和投资率之差对投资率变化的影响，反映了投资率和储蓄率的长期关系。由巴克塔和费希尔(Fisher)的无限期模型可推出，在资本可以自由流动的情况下，长期而言，由于投资和储蓄都达到了均衡状态，那么ΔIR_t为零，($SR_{t-1} - IR_{t-1}$)为一常数，这样模型(5.5)的回归系数α_0与α_1就应该为零。故而模型(5.5)可以用于资本管制长期有效性的检验。费尔德斯坦和巴克塔利用该模型对除卢森堡外其余23个经合组织国家自1961年到1986年的投资率和储蓄率数据进行回归分析。结果表明，在长期，这些经合组织国家的投资率和储蓄率仍然具有一定的相关性(α_1为-0.227)。这也就表明，就长期而言，资本也并没有能在这些国家内部完全自由流动。

综合上述模型的优缺点，詹森(1996)用以下计量模型估计投资率和储蓄率的相关性：

$$\Delta IR_t = \alpha_0 + \alpha_1 \Delta SR_t + \alpha_2 (SR_{t-1} - IR_{t-1}) + \alpha_3 SR_{t-1} + \varepsilon_t \quad (5.6)$$

模型(5.6)中的系数 α_1 表明了投资率和储蓄率的短期相关关系，用于检验资本管制的短期有效性。而$(SR_{t-1} - IR_{t-1})$则是对投资率和储蓄率的长期相关关系进行考察。因而模型(5.6)能够从短期和长期两个方面对资本管制的有效性进行检验。詹森将 1952—1991 年 23 个经合组织国家的数据代入模型(5.6)进行回归分析。回归结果表明，无论是短期还是长期，投资率和储蓄率的相关性程度都较高①，说明这些经合组织国家的资本流动程度并不高。

早在 1987 年德普勒和威廉森(Deppler and Williamson)就提出，从能否增加可用于发展的实际资源这个角度来讲，资本管制在长期内的效力也是值得怀疑的。首先，管制的支持者倾向于低估管制对资源分配和储蓄水平的副作用，而且，这些论点疏于考虑管制对国外储蓄可获得性的影响。在长期内，全球储蓄在各国的分配由观察到的各国边际投资效率决定，以使边际收益相等。因而，在对国外信贷有一定依赖的情况下，通过资本管制防止资本流向逆转以增加一国投资的企图，可能会降低投资收益率，从而使外国投资者去寻找更加有利可图的机会。因此，总的看来，对资本流动的管制，在长期内不会增加总的真实可用资源。实际上，由于管制使一国的投资边际效率曲线明显左移，管制可能还会减少一国的真实可用资源。

从上述两种分析方法，我们可以看出，学术界关于资本管制防止资本流向逆转有效性分析的主流观点一般认为，短期是有效的，但长期是无效的。这一结论主要是在长、短期区分的基础上进一步分析而得出的一般结论。对于不同的国家这一结论是否适用呢？对此，坎贝和莱维奇(Cumby and Levich，1987)，马西森和苏亚雷斯(D.J.Mathieson and L.Rojas-Suarez，1995)又从国别角度进行了相应的研究。

2. 国别分析法

坎贝和莱维奇(1987)指出，在拉美国家中，20 世纪 70 年代末 80 年

① W.Jos Jansen. 1996. “Estimating Saving-Investment Correlations：Evidence for OECD Countries based on an Error Correction Model”, *Journal of International Money and Finance*, Vol.15(5)：749—781.

代初没有实施资本管制的国家，与经历大规模资本流向逆转的国家之间，有严格的对应关系。在阿根廷、墨西哥、乌拉圭和委内瑞拉，资本外流是完全合法的，这些国家都经历了大规模的资本流向逆转，而巴西、智利、哥伦比亚和秘鲁对资本外流保持限制，政府明令积累国外资产为非法，这些国家的资本流向逆转就比较有节制（当然资本流向逆转并非肯定地如数字显示的那样有节制，转移资本为非法的规定会使资本流向逆转采取隐蔽的形式）。韩国和菲律宾也实施了资本管制，这两个国家分别经历了最低限度和有节制的资本流向逆转（Nerbhard，1996）。

但是，马西森、苏亚雷斯在深入评述资本管制防止资本流向逆转效力的实证研究、分析发展中国家和国外金融市场之间的联系后，得出的一个主要结论却是：认为资本管制提供了万灵药肯定是错误的，许多国家实施了资本管制，但是并未使管制取得成功（比如1982年的墨西哥）。一些国家能够避免大规模资本流向逆转的原因，并不仅仅是实施资本管制。①比如，巴西提供了有吸引力的指数化了的资产，并使汇率有竞争力，智利把贸易账户开放到资本转向耐用品比转向外国金融资产更容易的水平，哥伦比亚有一系列非法外币收入以增加外国金融资产积累，因而在统计上无任何资本流向逆转的显示，秘鲁则提供了以美元计价的资产。如果没有这些因素存在，这些国家完全有可能在实施资本管制的同时，经历大规模的资本流向逆转。他强调，虽然一些经验研究发现，资本流向逆转与宏观经济变量之间关系密切，但很难证明这种联系是否取决于一国资本管制的程度。

为进一步确定不同国家资本管制防止资本流向逆转的效力，马西森、苏亚雷斯对28个发展中国家进行了实证研究。②他们先按不同时间段内资本管制的程度把这些国家分为两类：一类是资本管制较松或不断减少的国家，另一类是资本管制较严或不断增加的国家，然后考察不同类国家资本流向逆转与其宏观经济基本条件之间的关系。如果资本管制是有效力的，则宏观经济基本因素对严格管制类国家资本流向逆转的作用，应小于那些资本管制较松的国家。在资本流向逆转与两类国家基本条件之间

①② 马西森、罗哈斯·苏亚雷斯：《资本账户自由化：经验和问题》，中国金融出版社1995年版，第7—16页。

的经验关系中，资本流向逆转被假设为国内居民就其资产组合作出的决定，即在其持有的资产中国内资产和国外资产的比例，这两种资产的适当比例，取决于持有每一种资产的预期实际收益和风险。马西森、苏亚雷斯的回归分析最后表明：虽然限制性极强的资本管制并没有打破宏观经济基本条件与资本流向逆转规模之间的联系，但确实延缓了经济部门对预期财政不平衡的增加所作出的反应。尽管资本管制较松的国家与违约风险变量相关的系数大于严格资本管制的国家，但对这两类国家而言，该系数值都很大。因此，虽然资本管制能有效地减少资本流向逆转对违约风险上升作出反应，但经济部门在同一时期内仍然无法对违约风险的增加作出反应。

3. *不同阶段分析法*

对于同一个国家而言，资本管制也不能一概而言有效或无效，必须将其放在特定的阶段进行特定的分析。

一般认为，20 世纪 70 年代后期以前，日本实施资本管制的行政体系是最有效率的，因此，可以用二战后至 1980 年以前日本的经验，来判断增加资本管制效力的一些变量，从而分析一国在金融对外开放的不同阶段资本管制防止资本流向逆转的效力。马西森、苏亚雷斯对此的研究结论是，20 世纪 50 年代，当汇兑、贸易和资本管制并用以限制经常账户和资本账户可兑换时，日本当局能够有效地限制居民积累的国外资产净值；20 世纪 60 年代，日本实行了经常账户可兑换，放松了与贸易有关的资本流动管制，在固定汇率制下给独立制定执行货币政策造成了新的困难，但只要人们预期固定汇率会继续下去，国内金融市场的条件没有显著的差别，则资本管制仍然会继续有效地限制居民的国外资产净值；但是 70 年代初布雷顿体系崩溃期间，人们预期汇率会有大的调整，因而导致了大量(往往在表面上与贸易有关)的资本流动，使资本管制体系受到了极大的冲击。①

经常项目自由兑换后，资本管制防止资本流向逆转的效力有何变化，同样是一个不能不关注的问题。卡尔沃(Calvo，1998)的研究代表了国

① 马西森、罗哈斯·苏亚雷斯：《资本账户自由化：经验和问题》，中国金融出版社 1995 年版，第 7—16 页。

外经济学界一种很流行的观点：当经常账户实行可兑换后，资本账户在事实上也已开放，即出现了所谓的“事实上的自由化”(De Facto Liberalization)。他们认为，实行资本管制能否防止资本流向逆转，将国内金融市场与国际金融市场隔离开，从根本上取决于逃避管制的预期得失。逃避资本管制的动机不仅来自名义收益差(包括预期汇率变化)，而且还来自获得贷款的难易程度、金融产品和服务的类型，以及国内和离岸市场金融机构的稳健性。此外，对在国内持有的资产没收和课税的风险也是促成逃避管制的一个重要原因。从实践上看，资本管制防止资本流向逆转的关键问题是实施私人部门无法轻易规避的具体机制。这样的具体机制可能具有高度的国别差异。比如，在金融市场较为发达的国家实施管制，要比在金融市场相对不发达的国家实施管制困难得多。对经常从事国际贸易和金融交易的人或机构来说，逃避资本管制的交易、通讯及其他成本，要比其他的人或机构低得多。如果成本很高，小规模的非法资本转移就无利可图，隐蔽性资本流动规模的大小与对逃避管制者惩罚的轻重是密切相关的。惩罚措施能否有效阻止资本非法转移取决于实施资本管制和处罚犯法者付出的努力，为实施全面、复杂的资本管制，需要有一个庞大的、业务水平较高的官僚机构。以上所列举的，构成了一些显著影响资本流向逆转动机和行为的经济和制度条件，而这些条件在一国允许还是禁止经常项目自由兑换的不同情况下，存在着明显的差异。总的来看，在一国宏观经济政策和经济前景不佳，而又实行了货币经常项目可兑换的情况下，通过资本管制来防止资本流向逆转往往是很难奏效的。此外，学者普遍认为，当今世界，全球资本市场高度一体化，高超的技术使资金交易迅速进行，一般而言，经济和金融全球化进程确实大大弱化了资本管制防止资本流向逆转的效力。

(二) 新兴市场经济体资本管制与放松管制的经验与教训

接下来我们将以智利和泰国为例，分析新兴市场经济体资本管制与放松管制的经验教训。

1. 相对成功的实施者：智利

鉴于历史上对资本流出进行管制的效果不明显，新兴市场经济体可以通过管制短期资本流入来避免不稳定的国际金融市场的影响。只要投机性资本不能流入，它们也就不会突然外流，这样新兴市场经济体就可以减少金融脆弱性。智利1991—1998年期间的资本管制经验被这些学者视为实施资本管制政策的成功典范。①

（1）资本管制政策出台的背景

智利是新兴市场经济体中较早实施资本账户开放的国家之一。20世纪70年代中期，伴随着国内金融自由化，智利在很短的时间里推出了许多实质性的经常账户和资本账户开放措施。但是，这一经济自由化的进程很快被1982年发生的金融危机打断，并且被迫进行为期三年的调整。1984—1988年，智利对外部门运行良好。经常账户赤字占国内生产总值(GDP)的比重从1984年的11%下降到1988年的1%。5年间年平均经济增长率为5.7%。②但是，随着投资和消费的迅速增长，1989年智利经济开始出现过热迹象。在此情况下，政府开始逐渐提高央行实际参考利率，利率从1988年7月的5%提高到1990年1月的8.7%。由于当时的国际利率是逐步下降的，因此存在国内外利率差异的问题。另外，1989年12月民选政府上台后，智利开始重新进入国际资本市场，同时，外国投资者对智利经济的信心也进一步增强。20世纪八九十年代，资本大量流入新兴市场经济体，智利也成为投资者看好的对象。

跨境资本大量涌入使智利产生了国内利率政策与汇率政策之间的矛盾。随着外资大量进入，国内通货膨胀压力也逐渐增大。为了抑制通货膨胀需要提高实际利率，但加息会进一步刺激外资流入，并导致名义汇率和实际汇率升值。实际汇率升值将降低智利经济的竞争力，使汇率政策的目标落空。在这种情况下，政府面临三种政策选择：一是任由汇率升值；二是实行冲销性汇市干预政策，同时实行紧缩性财政政策，以抵消冲销政策的成本；三是对资本流入实行管制政策，同时放松对资本流出的管制。智利政府采取了三种政策相结合的策略。政府首先进行汇市干预，

① 例如，Barry J.Eichengreen. 1999. “Toward a New International Financial Architecture: A Practical Post-Asia Agenda”, Washington: Institute of International Economics.

② Akira Ariyoshi, Karl Habermeier, Bernard Laurens, Inci Otker-Robe, Jorge Iván Canales-Kriljenko and Andrei Kirilenko. 2000. “Capital Controls: Country Experiences with Their Use and Liberalization”, *IMF Occasional Paper* No.190. http://www.imf.org/external/pubs/ft/op/op190/index.htm.

接着实行冲销政策，防止了货币供给的扩张。由于当时存在国内外利差，所以央行实行冲销政策成本较大。虽然紧缩性的财政政策可以降低一部分成本，但由于财政状况的好转又进一步提升了投资者的信心，并促使外资流入。面对这种情况，为了在不影响智利出口竞争力的前提下保持一种紧缩的货币政策，政府在1991年6月开始实施资本管制措施，要求特定类型的短期流入资本在央行存入一定比例的无息准备金（the Unremunerated Reserve Requirement, URR）。因此，无息准备金制度是智利资本管制政策的主要内容。

（2）政策演变与政策效果

最初，无息准备金政策覆盖了除贸易信贷外的所有外国贷款。但是，人们很快找到了规避这一措施的方法。如短期证券投资以贸易信贷的名义流入，或者以直接投资的支持性贷款的名义流入。随着政策漏洞的不断出现，无息准备金政策覆盖的范围也开始包括非债务资本。商业银行的外币存款和二级ADRs（美国存托凭证）也分别在1992年和1995年纳入无息准备金政策的覆盖范围。无息准备金所占比重也从最初的20%上升到1992年的30%。东南亚金融危机爆发后，由于流入资本的下降，智利于1998年6月将无息准备金比重降至10%，9月进一步降为零（见表5-2），但并未取消该政策，这意味着，必要时智利政府仍然可以提高无息准备金比重以管理短期资本流入。

表5-2　智利无息准备金政策的演变及其政策动机

日　　期	措　施　内　容	政策动机
1991年6月17日	引入20%的无息准备金要求政策。90天的信贷，准备金存期为90天；90天至1年的信贷，准备金存期为资本的停留期限；1年以上的信贷，准备金存期为1年。URR的币种与信贷币种一样，无息，适用于除贸易信贷以外的所有外国信贷。	增强货币政策的灵活性；防止汇率升值；保持国内高利率；限制短期资本的流入；刺激股权和长期资本的流入。
1991年6月27日	借款人可以通过订立回购协议来交纳无息准备金。央行向借款人出售相当于外国信贷20%金额的票据，然后再回购，按照伦敦银行间拆借利率（LIBOR）进行。	回购协议机制使应纳税收预先交纳，有利于URR政策的实施和监督。

续 表

日　　期	措　施　内　容	政策动机
1991年7月	URR扩展到原有授信的展期。	堵塞漏洞。
1992年1月	URR扩展到银行的外币存款。	堵塞漏洞。
1992年5月	URR比重提高到30%,企业境外融资除外;存期统一为1年。	增加了隐性税的成本;统一存期有利于政策的实施。
1992年8月	30%的URR比重适用于所有信贷;存期统一为1年;贴现率提高到LIBOR+2.5%。	堵塞漏洞,提高隐性税的成本。
1992年10月	贴现率提高到LIBOR+4%。	提高隐性税的成本。
1994年11月	从1995年开始,无息准备金币种限于美元。	防止使用本币头寸。
1995年7月	URR扩展到二级ADRs。	堵塞漏洞。
1995年12月	免除对旧债务的新融资的无息准备金要求。	新融资可能降低成本,延长停留期限。
1996年5月	URR扩展到潜在的投机性外商直接投资。	堵塞漏洞。
1996年12月	URR对小额信贷例外(金额低于20万美元或者12个月内累计50万美元)。	降低实施URR政策的管理成本。
1997年3月	例外的小额信贷额度进一步降低(低于10万美元或者12个月累计10万美元)。	堵塞漏洞。
1998年6月	URR比重降至10%,以减少外部借款的成本;短期信贷和外币存款例外。	适应国际资本市场形势。
1998年9月	URR比重降至零。外商投资者必须把资金在智利保留1年①的规定继续有效。	适应国际资本市场形势。

资料来源:IMF, Annual Report on Exchange Arrangement and Exchange Restrictions(various issues),转引自宋林峰:《1991—1998年智利资本管制的经验》,《拉丁美洲研究》2001年第6期。

智利的无息准备金制度对资本流入、汇率水平,以及货币政策的独立性施加了明显的影响。

① 对资本流入构成和总量规模的影响。1988—1997年间,智利的

① 适用于除短期借款和美国存股证以外的所有超过10万美元的资本流入。

资本流入结构发生了明显的变化。在这期间，短期资本占资本流入总额的比重明显下降。由表5-3可以看出，1991年实行无息准备金制度以后，资本流入结构迅速发生变化，短期资本占外资流入总额的比重从1990年的90.3%下降到1992年的28.9%，而且这一比重呈不断下降趋势，到1997年降至2.8%。这种结构性变化说明，无息准备金制度对改变资本流入结构起到了一定的作用，延长了流入资本的停留期限。但是，无息准备金制度似乎并没有遏制住资本流入总量规模的扩大。由表5-3可以看出，尽管1991年实施资本管制以后，资本流入明显下降，从1990年的18.65亿美元下降到1991年的7.17亿美元，但从1992年开始，资本流入总量呈不断增加的趋势(除1993年略有下降外)，1996年达到21.10亿美元，超过了实施无息准备金制度之前的外资流入水平。这种变化表明，无息准备金制度对资本流入总量产生的影响是暂时的。

表5-3　1988—1997年智利外资流入总金额　　单位：百万美元

年份	短期资本[a]流入额	短期资本流入额占外资流入总额的比重(%)	长期资本流入额	长期资本流入额占外资流入总额的比重(%)	外资流入总额	储蓄[b]
1988	916.564	96.3	34.838	3.7	951.402	—
1989	1 425.595	95.0	77.122	5.0	1 529.717	—
1990	1 683.149	90.3	181.419	9.7	1 864.568	—
1991	521.198	72.7	196.115	27.3	717.313	0.587
1992	225.197	28.9	554.072	71.1	779.269	11.424
1993	159.462	23.6	515.147	76.4	674.609	41.280
1994	161.575	16.5	819.699	83.5	981.274	87.039
1995	69.675	6.2	1 051.829	93.8	1 121.504	38.752
1996	67.254	3.2	2 042.456	96.8	2 109.710	172.320
1997	81.131	2.8	2 805.882	97.2	2 887.013	331.572

注：a. 所谓短期流入资本是指投资期限不到一年的资本；
b. 由于无息准备金制度的要求而储蓄在智利银行。

资料来源：Sebastian Edwards. 1999. How Effective are Capital Controls? http://www.anderson.ucla.edu/faculty/sebastian.edwards/controls_final.pdf.

② 对汇率制度的影响。从 1991 年 4 月至 1998 年 9 月，智利的实际汇率累计升值 28%。判断无息准备金制度对于汇率作用的关键问题在于，如果没有无息准备金，智利实际汇率升值的幅度会不会更大？不少学者使用不同的方法对此问题进行了研究。他们的研究表明，智利的无息准备金制度短期内对实际汇率产生了一定的影响，长期内并不影响实际汇率（巴瑞・艾兴格林，2000）。

③ 对国内外利差以及货币政策独立性的影响。有关资本流入管制政策对国内利率水平的影响的大量研究集中于对通胀指数化利率的分析。研究表明，智利对短期资本流入实施的管制政策对国内利率产生了一定的影响，但是，这种影响不是很明显。爱德华兹（1999）发现，如果对资本流入征收的隐性税提高，那么，它对指数化利率将产生较小的正效应。格雷戈里奥、爱德华兹和瓦尔德斯（Gregorio，Edwards and Valdes）的研究也表明，无息准备金比重提高 30%，短期利率将上升大约 140 基本点。①从理论上说，一旦实施资本管制，比索与美元之间的利差将增大；利差回复到均衡水平的时间也将拉长。爱德华兹（1999）的研究表明，在长期内资本管制对比索与美元之间利差的影响较小。但是，他也发现利率回复到均衡利率水平的时间的确变长了。这一结果说明，在实施资本管制之后，央行调控利率的能力增强了。总之，越来越多的研究表明，对流入资本的管制使智利央行能够实施更为独立的货币政策。

总的说来，智利运用无息准备金制度管理短期资本流入是比较成功的，改善了资本流入结构，保持了相对稳定的正的利差，为反通货膨胀的紧缩货币政策创造了较大的空间。特别是与其他同类国家相比，智利受墨西哥金融危机、东南亚金融危机的影响相对较小，这充分说明无息准备金在抑制国际资本流动不稳定方面的有效性。麻省理工学院经济学教授保罗・克鲁格曼（Paul Krugman）也因此说，虽然我们不喜欢资本管制，我们还是看到了在繁荣时期对短期资本流入进行智利式管制的一些好处。②

---

① Jose De Gregorio，Sebastian Edwards and Rodrigo O. Valdes. 2000. "Controls on Capital Inflows：Do they Work?"，*NBER Working Papers* 7645.

② 见[美]杰弗里・弗兰克尔：《日本和东亚的经济政策》，载[加拿大]罗伯特・A.蒙代尔、[美]保罗・J.扎克：《货币稳定与经济增长》，中国金融出版社 2004 年版，第 184 页。

2. 失败的操作者:泰国

与智利相比,泰国资本管制政策的效果是差强人意的。

(1) 资本管制政策出台的背景

2006年在泰国经济日渐活跃的背景下,泰铢对美元的升值幅度,开始明显高于本地区其他主要货币对美元的升值幅度,在外商直接投资不断增长的同时,短期投机资本也开始大量进入泰国热炒泰铢。据泰国央行统计,在2006年的前10个月里共有360亿美元热钱进入泰国。从12月份开始,热钱进入泰国的数量激增,仅12月第一周,就有9亿美元热钱进入泰国,这比一个月前多了2倍。热钱的大量流入让泰国政府十分担心。因为热钱涌入→本币高估→贸易逆差→外汇储备锐减→资金快速抽逃……恰恰是引发1997年泰国金融危机、甚至东南亚金融危机的导火线。为避免重蹈覆辙,维持经济的内、外部均衡,2006年12月18日,泰国政府宣布采取无息准备金制度来抑制不断涌入的资金。

泰国无息准备金制度的具体规定如下:①境外借款或同泰铢的兑换,金融机构均应扣留其30%金额作为准备金,同贸易与服务相关的交易、一级居民境外投资资金汇回除外。②一年之后,被扣除资金的投资者可提供其资金至少已在泰国停留一年的相关证明,申请返还资金。③金融机构经检查并证实其客户资金满足一年的最低停留期限后,应通知泰国银行并通过其自身返还投资者被扣留的资金。④投资者如需在一年停留期内汇回资金,只能返还其被扣留资金的2/3。⑤2006年12月19日之前的外汇交易不受此准备金要求。⑥外商直接投资或无报偿转移应受此准备金限制,但在提供相关证明后可通过金融机构返还其被扣留资金。一旦金融机构检查并证实申请的真实性、合法性,泰国银行也认为申请是合理的,泰国银行应立即返还投资者全部被扣留的资金。⑦金融机构应在扣除投资者准备金的次月7日,将所扣留准备金以外汇形式汇给泰国银行。⑧此项措施所带来的经济收入将用于公共福利。

(2) 政策演变与政策效果

泰国实施无息准备金制度的动机旨在提高热钱投资或投机的资金成本,遏制短期外汇资金流入炒做泰铢,抑制泰铢过快升值。

但作为亚洲首个使用无息准备金制度控制资本流入的国家,泰国实行这一政策后,市场的反应却与政府的预期相距甚远,泰国的股市、汇市双双大跌，并一定程度上波及周边市场。2006 年 12 月 19 日，泰铢对美元出现快速下跌，最低跌至 36.08 泰铢对 1 美元，1 天内跌幅达到 2.85%；当天，泰国股市开盘后急速下跌，在跌幅超过 10%之后一度暂停交易 30 分钟，但复牌后股指继续下跌，最终泰国 SET 指数下跌 108.41 点，跌幅达 14.84%，创下 1990 年以来的最大单日跌幅。泰国股市市值一日蒸发 225 亿美元。受泰铢贬值影响，周边国家股市、汇市也纷纷下跌。2006 年 12 月 19 日，东南亚其他货币对美元纷纷下挫。新加坡元对美元触及 3 周低点，韩元对美元则跌至近 1 个月最低位，印度尼西亚盾对美元下滑约 1%，马来西亚林吉特对美元跌至 2 周低点。股市方面，新加坡海峡时报指数跌 2.2%，马来西亚股市下挫 2%，印度尼西亚股市下滑近 3%，菲律宾综合股价指数收低1%。①面对如此强烈的反应，泰国央行被迫于第二日宣布除对冲基金外，投资于泰国证券、泰国期货交易所和泰国农业期货交易所的外币资金和投资收益不受 18 日颁布的资本管制条例约束。于是泰国政府的无息准备金制度在一日之内以失败告终。

3. 不同政策效果的原因

智利和泰国均采取无息准备金制度来应对短期资本流入的冲击，两者的效果却相距甚远。其原因可以从政策目标与政策工具的相容性以及政策实施策略等两个方面加以分析。

(1) 政策目标与工具的相容性

正如首届诺贝尔经济学奖获得者、荷兰经济学家丁伯根(Jan Tinbergen)所言，“经济政策就是为达到一定目的而有意变动各种手段”。②智利、泰国实施无息准备金制的目标是减少外资流入的总量规模，改变资本流入的期限结构。

为了实现这一目标，智利政府在实行无息准备金制度的同时，注重加强金融体系稳定性建设，建立稳健性框架，并辅以宏观经济政策来稳定国内金融，为无息准备金制度的有效实施提供了前提保障。为了减少(至少是推迟)由于资本流入产生的本币升值压力，智利政府在实施无息准备金制度限制外资流入的同时，逐步放开了对资本流出的限制，增加居民对外

---

① 见王蔚祺、张喆、徐以升：《URR“宣战”投机资本泰股汇市暴挫》，《第一财经日报》2006 年 12 月 20 日第 B01 版。

② 丁伯根：《经济政策：原理与设计》，商务印书馆 1988 年版，第 3 页。

国证券的持有量，减轻汇率升值的压力，降低资本流入规模。

相比较而言，当短期资本大量涌入的时候，泰国实施无息准备金制度时，只是一味地阻止资本的进入，并未考虑如何降低资本的流动性，使得国内金融市场、资本市场能够有效地吸纳这部分资金。因此，政策目标缺乏政策工具的有效支持。

(2) 实施策略

由表5-2可见，智利在实行无息准备金制度时，对短期资本流入采用的是渐进、灵活的管理方法。一开始只是针对除贸易信贷以外的所有外国信贷实行无息准备金，随着政策漏洞的出现，逐渐将政策延伸至其他非债务资本流动。渐进式的政策调整防止了恐慌情绪的发生，避免了资本流向的突然逆转。此外，在这一期间，智利政府根据国际资本市场以及本国的经济情况不断进行调整，当1995年大量资本流入、过度从国外借入短期资本成为问题时，他们提高了税率；当过度短期资本流入不再是问题时，他们降低税率；在1998年夏天，贷款给新兴市场的资金(无论是长期或短期资金)大幅度减少时，智利作出了将无息准备金比重下降到零的决定。正如万多皮瑞多(1998)的形象比喻："我们关于资本流入税像一把伞，当下雨时，把它撑开，在不下雨时，把它收起来。"①

如果渐进式的政策调整是智利无息准备金制度成功实施的保证，那么，短时间内政策的剧变正是泰国无息准备金制度失败的重要原因。首先，由于在政策执行之前，泰国对流入国内的资本结构未能进行有效的区分，因此，不能突出政策重点，过于宽泛的管制范围引起金融市场的剧烈动荡，在股市一度停止交易与国际舆论压力之下，泰国被迫缩小管制范围。其次，泰国国内金融体系自身存在诸多弊端，在这样的背景下，贸然实施激烈的政策变动，容易引起投资者信心下挫，资本出于安全性考虑，会争相外逃。在国内、国际市场压力之下，泰国政府只能在一日之内被迫修改政策。但由于政策的剧变，已经严重影响了泰国的投资环境。②

通过智利与泰国无息准备金制度实施的分析，我们可以得到以下几

---

① 转引自[美]巴瑞·易臣格瑞(艾兴格林)：《发展中国家金融开放——迈向新的国际金融体系——亚洲金融危机后的思考》，北京出版社2000年版，第104页。

② 标准普尔2007年1月8日发表报告称，鉴于泰国政局不稳定性、海外投资者所有权限制和最近资本管制政策，泰国的投资环境正在恶化。

点结论与启示：

① 资本管制可以为一国赢得宝贵的政策时间。金融自由化是不可逆转的潮流，但金融自由化并不是要完全取消政府的管理，而是要改变政府对经济的干预方式——用法律和规章的约束来取代人为的干预。金融自由化的过程，也是金融监管的范围、结构和力度调整的过程。用价格型管理手段——例如无息准备金制度取代数量型管制符合金融自由化的趋势与要求。对新兴经济体而言，在必要的时候，实行资本管制，可以改善资本的流入期限与结构，放慢对银行体系外汇或负债基础的挤兑，为一国赢得宝贵的政策时间与空间。

② 一项资本管制政策的有效实施需要其他政策的配套。智利与泰国无息准备金制度实施的经验表明，无息准备金制度要起作用必须有其他政策的配套，并且得到全面的实施，即任何短期资本流入管理措施只能是作为更为广泛的一揽子措施的一部分。因此，新兴经济体管理短期资本流动，应避免像泰国一样一味地管制流入，而应借鉴智利的经验，做到疏堵结合。

③ 资本管制政策只能在短期内有效。智利的经验表明，无息准备金制度的正面作用是临时性的，因为任何资本管制措施都会引起规避措施[①]，抑制合法的交易。[②]无息准备金制度可以暂时减轻短期资本流动对国内政策的压力，但这并非解决问题的根本方法。正如保罗·克鲁格曼所言，任何控制资本流动的行为都会引起麻烦：如果规定太严格，它会限制那些你想鼓励的“好”交易；如果规定太宽松，人们很容易规避。如果实施资本管制，应明确管理的重点项目，尽量避免过于苛刻的管制而引发大规模资本流向逆转。资本管制只是手段而非目的，政府应该利用政策赢得的时间和空间来进行结构改革，改善实体经济质量。“苍蝇不叮无缝的

---

① 例如，从统计资料看，1991 年智利国际收支统计中的外资流入出现下降，但是，错误和遗漏项目上升显著，这说明有相当部分的外资避开资本管制，的确，在经常项目可兑换后，区别经常项目和资本项目的外汇交易更加困难。

② 在评价 URR 政策有效性的同时，我们也不能忽视实施 URR 政策的成本。智利为此付出了沉重的代价，其中最重要的成本是中小企业的融资成本上升了，因为这些企业很难也不可能规避资本管制。例如，1996 年中小企业的比索融资成本高达 24%，美元融资成本超过 21%，1997 年美元融资成本超过 19%。详见 Sebastian Edwards. 1999. “How Effective are Capital Controls?”, *NBER Working Paper* 7413. http://www.nber.org/papers/w7413.pdf。

蛋”，唯有健康的实体经济才是防范短期资本冲击的坚固屏障。

小　　结

防范资本流向逆转，可以采用管制性政策工具，也可以采用非管制性政策工具。经济学家们的论证表明不论是何种政策工具，最多只能在短期内起到“防火墙”的作用，资本管制不是解决资本流向逆转、金融危机的根本手段，如果长时间忽视国内经济结构改革，割裂内外经济联系，资本管制的负面效应会逐渐显露。但对新兴经济体而言，在经济处于严重危机的特殊时刻，实行抑制短期资本流动的措施比不实行要好，这至少可以为国内经济调整赢得宝贵时间。而在抑制短期资本流动的各种政策工具中，征税是一种可以考虑的选项。

参 考 文 献

Alexandre Kafka. 1974. “Control of Long-term International Capital Movements: A.Cairncross”, *Journal of International Economics*, Vol.4(4):397—398.

Barry Eichengream, James Tobin and Charles Wyplosz. 1995. “Two Cases for Sand in the Wheels of International Finance”, *The Economic Journal*, Vol. 105 (428):162—172.

Benu Varman-Schneider. 1991. “Capital Flight from Developing Countries”, Colorado: Westview Press.

Daniel Gros. 1987. “The Effectiveness of Capital Controls: Implications for Monetary Autonomy in the Presence of Incomplete Market Separation”, *IMF Staff Papers*, Vol.34(4):621—642.

Daniel Gros. 1988. “Dual Exchange Rates in the Presence of Incomplete Market Separation: Long-Run Effectiveness and Policy Implications”, *IMF Staff Papers*, Vol.35(3):437—460.

Francisco Nadal-De Simone and Piritta Sorsa. 1999. “A Review of Capital Account Restrictions in Chile in the 1990s”, *IMF Working Paper* 1999/52.

Guillermo A.Calvo. 1998. "Capital Flows and Capital-Market Crises: The Simple Economics of Sudden Stops", *Journal of Applied Economics*, Vol.1(1):35—54.

Sebastian Edwards. 1999. "How Effective Are Capital Controls?", *NBER Working Paper* 7413. http://www.nber.org/papers/w7413.pdf.

James Tobin. 1996. "A Currency Transactions Tax, Why and How", *Open Economies Review*, Vol.7(1):493—499.

Jessica Gordon Nembhard. 1996. Capital Control, Financial Regulation, and Industrial Policy in South Korea and Brazil, London: Praeger Publishers.

Joseph P.Joyce and Ilan Noy. 2008. "The IMF and the Liberalization of Capital Flows". *Review of International Economics*, Vol.16(3):413—430.

Martin Feldstein. 1983. "Domestic Saving and International Capital Movements in the Long Run and the Short Run", *European Economic Review*, Vol.21(1—2): 129—151.

Martin Feldstein and Phillipe Bacchetta. 1989. "National Saving and International Investment", *NBER Working Paper* No.3164.

Maurice Obstfeld. 1995. "International Capital Mobility in the 1990s", *International Finance Discussion Papers* No.472.

Mauricio Cardenas and Felipe Barrera. 1997. "On the Effectiveness of Capital Controls: The Experience of Colombia during the 1990s", *Journal of Development Economics*, Vol.54(1):27—57.

Michael Deppler and Martin Williamson. 1987. "Capital Flight: Concepts, Measurement, and Issues", Staff Studies for the International Monetary Fund's *World Economic Outlook*, Washington: IMF.

Michael Hanke, Jürgen Huber, Michael Kirchler and Matthias Sutte. 2010. "The Economic Consequences of a Tobin tax—An Experimental Analysis", *Journal of Economic Behavior and Organization*, Vol.74(1—2):58—71.

Nadeem U. Haque and Peter Montiel. 1991. "Capital Mobility In Developing Countries: Some Empirical Test", *World Development*, Vol.19(10):1391—1398.

Nicolás E.Magud, Carmen Reinhart, Kenneth Rogoff. 2007. "Capital Controls: Myth and Reality—A Portfolio Balance Approach to Capital Controls", *FRBSF Working Paper* 2007-31. http://www. frbsf. org/publications/economics/papers/2007/wp07-31bk.pdf.

Olivier Damette. 2009. "Exchange Rate Volatility and Noise Traders: Currency Transaction Tax as an Eviction Device", *Economics Bulletin*, Vol.29(3):2449—2464.

Peter J. Quirk, Owen Evens. 1995. “Capital Account Convertibility: Review of Experience and Implications for IMF Policies”, *IMF Occasional Paper* 131. Washington, DC: IMF.

Robert Cumby and Richard Levich. 1987. “On the Definition and Magnitude of Recent Capital Flight”, *NBER Working Paper* 2275.

Sebastian Edwards. 1998. “Capital Flows, Real Exchange Rates, and Capital Controls: Some Latin American Experiences”, *NBER Working Paper* No. 6800. http://www.nber.org/papers/w6800.

Sebastian Edwards. 1999. “Crisis Prevention: Lessons from Mexico and East Asia”, *NBER Working Paper* No.7233. http://www.nber.org/papers/w7233.pdf.

Sebastian Edwards and Mohsin S. Khan. 1985. “Interest Rate Determination in Developing Countries: A Conceptual Framework”, *NBER Working Paper* No.1531.

[英]阿列克·凯恩克劳斯:《经济学与经济政策》,李琮译,商务印书馆 1990 年版。

[美]巴瑞·易臣格瑞(艾兴格林):《发展中国家金融开放——迈向新的国际金融体系——亚洲金融危机后的思考》,北京出版社 2000 年版。

[美]保罗·克鲁格曼:《萧条经济学的回归》,中国人民大学出版社 1999 年版。

李翀:《短期资本流动的成因、效应与风险》,人民出版社 2004 年版。

马超:《马来西亚资本管制的效果分析》,《国际金融研究》2000 年第 2 期。

马西森、罗哈斯·苏亚雷斯:《资本账户自由化:经验和问题》,中国金融出版社 1995 年版。

第六章

中国防范跨境短期资本流向逆转的政策工具选择

至今人民币尚未完全实现资本项目下的可自由兑换，我国的金融市场也尚未完全开放，因此，从理论上讲，中国目前还不存在发生大规模跨境短期资本冲击的风险。但是，在经常项目开放后，资本项目的管制事实上是“名存实亡”的，况且，人民币终究是要实现可自由兑换的，中国的金融市场也是要进一步扩大开放的。在逐渐迈向金融开放、资本项目可自由兑换进程中的中国，如何尽可能保持人民币币值的内外稳定，实现宏观经济稳定运行，这是宏观经济管理部门必须认真研究的重大课题。①

---

① 事实上，近年来，随着跨境短期资本大量流入，作为资本管制国的中国该如何有效管理资本流动、防止资本流向逆转，已经引起有关部门与理论界的高度关注。中国人民银行在2006年《二季度货币政策执行报告》的一则专栏，细呈了针对跨境资本流动的管制性手段，探讨了行政型和价格型两类管理方式，第一次对价格型管制的无息存款准备金制度和跨境资本交易税等措施进行了详细阐述。在2007年1月举行的全国金融工作会议上，总理温家宝明确指出，要加强对跨境短期资本流动特别是投机资本的有效监控。国家外汇管理局在2014年4月4日发布的《2013年中国国际收支报告》中强调，“促进国际收支基本平衡、防范跨境资本冲击风险仍是未来的主要政策方向”。

一、渐进有序：人民币资本项目可自由兑换的原则

从理论上讲，资本项目可自由兑换①能够促进相应国家的经济增长，提高资源配置的效率，对国内金融体系产生积极影响。就特定国家而言，实施资本项目可自由兑换的一个巨大考验是如何在防范国际资本流动风险的同时从资本市场准入中获取收益。资本项目可自由兑换的路径大致有两个：一是迅速的自由化，强调快速、全面地放开资本管制，期待在短时间内根本改变国内的宏观经济战略；一是渐进的自由化，主张逐步推进资本项目的可自由兑换，避免危及汇率和货币的稳定。从实施效果看，各有成功和失败。例如，英国、奥地利、南非和匈牙利都相对成功地实现了资本项目可自由兑换，墨西哥、瑞典和土耳其在推进资本项目可自由兑换的过程中都遭遇了经济危机，但成功实施中的英国和匈牙利放松资本管制相对较快，奥地利和南非进展较慢；遭遇危机的墨西哥和土耳其进展较快而瑞典相对较慢（国际货币基金组织，2006）。出现不同结果的原因在于，从资本项目可自由兑换中获益需要具备相应的条件。在不具备前提条件的情况下仓促开放资本项目，非但不能实现潜在益处，甚至还会因为与国际金融联系的增强而加剧金融领域和实体经济的震荡。为了尽可能获取资本项目可自由兑换的好处，规避可能的风险，中国一直坚持审慎原则，渐进有序地推进人民币资本项目可自由兑换的进程。

（一）人民币资本项目可自由兑换的历程

所谓渐进有序是指在有关的经济制度和政策环境基本成熟的条件

① 依据国民账户体系外部积累账户和国际货币基金组织（IMF）1993 年出版的《国际收支手册》第五版的口径，“资本项目”（Capital Account）已经改为“资本与金融项目”（Capital and Financial Account），该项目分两大部分：即资本项目与金融项目。资本项目反映资产在居民与非居民之间的转移，它由资本转移和非生产、非金融资产交易两部分组成；金融项目反映的是居民与非居民之间投资与借贷的增减变化，它由直接投资、证券投资、其他投资和储备资产等四部分构成。但习惯上仍将“资本和金融项目可自由兑换”称为“资本项目可自由兑换”。

下，分阶段地逐步实现不同类别的资本项目可自由兑换。

1. 基本历程

20 世纪 70 年代末，为了促进国内经济增长，中国在改革开放初就推行了引进外资政策，鼓励外商直接投资，拉开了资本项目可自由兑换的帷幕。1980 年，中国恢复了在国际货币基金组织的合法席位。由于当时中国是一个资本严重匮乏的国家，所以采用了国际货币基金组织协定的第 14 条，实施严厉的资本管制，但这只是一个过渡性的安排。随着中国整体经济实力的增强、国际收支状况的改善，1993 年 11 月 14 日，中共十四届三中全会通过的《中共中央关于建立社会主义市场经济体制若干问题的决定》中明确要求，“改革外汇管理体制，建立以市场供求为基础的、有管理的浮动汇率制度和统一规范的外汇市场，逐步使人民币成为可兑换货币”。1994 年我国对外汇体制进行了重大改革，实行人民币经常项目有条件可兑换。1996 年 11 月 27 日，中国人民银行行长戴相龙致电国际货币基金组织总干事，宣布自 1996 年 12 月 1 日起，中国接受国际货币基金组织协定第 8 条第 2、3、4 款的义务，实现经常项目下人民币的可自由兑换。国际货币基金组织认为：“在各国很难将本国市场与国际市场分离的情况下，加快资本项目可兑换及其相关的改革无论如何都是有益的”（约翰斯顿等，2000）。在成功实现人民币经常项目可自由兑换的基础上，中国开始有步骤地推进资本项目的可自由兑换（见表 6-1）。

表 6-1 人民币资本项目可自由兑换的主要历程

年　份	主要政策举措
1978	引入外商直接投资
1979	引入对外直接投资
1982	允许国内企业在中国境外发行外币债券
1991	启动针对外商投资者的以外币结算的股票市场（或称人民币特种股票市场，即 B 股市场）
1993	允许国内实体在境外发行股票
1994	实行以市场为基础的、有管理的汇率体制，从而实现双重汇率体制的并轨
1996	逐步取消经常账户汇兑限制

续 表

年 份	主要政策举措
1998	实行进口付汇电子核销系统,打击骗汇行为
1998—2000	重申关于资本账户相关交易先使用自有外汇而后才能购汇的要求
2001	允许居民个人进入B股市场
2002	实行"合格境外机构投资者"计划
2004	允许国际开发机构在境内市场上发行人民币计值的债券
2004	放开国内企业向其境外关联实体提供贷款的限制
2005	允许国内实体在香港市场发行人民币计值的债券
2006	实行"合格境内机构投资者"计划
2006	逐步取消国内企业强制结汇要求
2006	对外国实体购买房产实行限制
2006	取消对外直接投资购汇额度限制
2007	扩大合格境内机构投资者机构;提高合格境内机构投资者的配额;居民发行离岸人民币债券
2009	允许合格企业以其自有外汇或用人民币购买的外汇向境外贷款
2009	启动跨境人民币贸易结算业务试点
2010	启动试点项目,允许合格境内出口企业在境外开立存款账户
2011	实行"人民币合格境外机构投资者"计划
2012	取消国内企业购买外汇对外放款的审批要求
2012	取消对外直接投资和外商直接投资交易的很多事先审批要求;合格境外机构投资者配额增加至800亿美元;QFII配额增加至2 000亿美元;取消对中央银行/主权财富基金的配额
2013	R-QFII扩大合格的机构;放松对资产配置的限制

资料来源:中国人民银行和国家外汇管理局。

(1) 放宽直接投资限制(1996—2001)

在1996年实现人民币经常项目下可自由兑换后,1997年中国再次大幅提高居民个人因私用汇供汇标准,允许部分中资企业保留一定限额经常项目外汇收入,开展远期银行结售汇试点,等等。

1998年，在东南亚金融危机爆发后，为了稳定外汇形势、防止逃汇套汇，中国人民银行和国家外汇管理局根据形势需要，在资本项目外汇管理方面采取了一些临时性的购汇限制措施。

2001年，在我国宏观经济健康运行，外汇收支状况良好的背景下作出了相应调整：取消对购汇偿还逾期国内外汇贷款的限制；放宽对购汇提前偿还国内外汇贷款、外债转贷款及外债的限制；放宽对购汇进行境外投资的限制。国家对外战略性投资项目（经国务院批准的项目）、境外带料加工项目及援外项目可以购汇投资，其他项目以自有外汇为主进行投资。

（2）放宽间接投资限制（2001—2004）

自2001年加入世界贸易组织以来，中国改革开放进入了一个新阶段，对外经济迅速发展，国际收支持续保持较大顺差。同时，我国进一步深化外汇管理体制改革，稳步推进资本项目可兑换。

根据2002年《国务院关于取消第一批行政审批项目的决定》和2003年《国务院关于取消第二批行政审批项目和改变一批行政审批项目管理方式的决定》，进一步推进了资本项目的可自由兑换：一是取消境内中资机构中长期外债融资条件、境内中资机构融资租赁金融条件、对外发债市场时机选择和融资条件、项目融资金融条件的审批。相应审批取消后，中资机构对外借用中长期外债、发行中长期外币债券、进行飞机融资租赁和项目融资，不再要求到外汇管理局办理有关融资条件的审批手续，只需在签订借款合同后办理外债逐笔登记手续。二是取消境内中资金融机构海外分支机构大额融资的审批，不再要求到外汇管理局办理事前审批手续。三是取消证券公司在境内外资银行B股保证金账户（现统称“客户交易结算资金账户”）的开立、变更和撤销的审批。四是取消境内机构境外投资外汇风险审查。

2002年11月，《合格境外机构投资者境内证券投资管理暂行办法》正式出台，推出了合格境外机构投资者（即QFII）试点，放开了外资投资中国证券市场的限制。2006年9月证监会、中国人民银行、国家外汇管理局联合颁布《合格境外机构投资者境内证券投资管理办法》，在政策上对长期资金管理机构适度倾斜，引导长期资金入市：一是降低资格标准。对于基金、保险等长期资金管理的证券资产规模、成立年数要求适度降低，而对银行和证券公司的资格标准维持不变。二是允许直接开立账户。

QFII可以为其管理的各类长期资金申请单独开立证券账户，为其他客户开立名义持有人账户。三是资金锁定期适度放宽。养老基金、保险资金、共同基金等长期资金的锁定期降至3个月，其余资金仍维持1年的锁定期不变。截至2013年末，中国共批准251家QFII机构，累计审批额度约495.1亿美元。①

2002年10月1日，浙江省的《境外投资外汇管理改革试点办法》得到国家外汇管理局首肯，并成为全国第一个进行境外投资外汇管理改革的试点省份，允许符合条件的企业通过人民币购汇向境外投资。2006年7月1日起，境内投资者到境外投资所需外汇，可使用自有外汇、人民币购汇及国内外汇贷款，国家外汇管理局不再对各分局(外汇管理部)核定境外投资购汇额度。从过去的企业只可以用自有外汇投资改为可以用人民币购汇进行境外投资，的确是中国资本项目开放的一个重大突破。

2003年1月1日起，外资开始参与国有企业的改造和重组。同年4月12日起，允许外国投资者并购境内企业。

国际货币基金组织将资本交易划分为7大类43项。根据中国现行法律、法规及政策，以及具体实行情况，可以分为完全可兑换、较少限制、有较多限制和严格管制四类。到2004年底，已经实现完全可兑换的有11项，占25.6%；基本可兑换(较少限制)的有11项，占25.6%；较多限制的有15项，占34.9%；严格管制的有6项，占14.0%。这就意味着至2004年底，我国一半以上的资本项目已经实现完全可兑换和基本可兑换。

(3) 放宽资本流出限制(2005年以后)

2005年1月10日，中国银联正式开通人民币银联卡在韩国、泰国和新加坡的受理业务，提高了人民币的可兑换性。

2005年10月批准了国际金融组织在境内发行人民币债券。

2006年4月，中国人民银行发布第五号文件，允许符合条件的银行、基金管理公司等证券经营机构和保险机构在一定额度内集合境内机构和个人自有外汇，用于在境外进行包含股票在内的组合证券投资，合格境内

① 中国人民银行上海总部:《2013中国金融市场发展报告》，中国金融出版社2014年版，第12页。

机构投资者(QDII)制度开始启动。截至2013年底,中国共有116家机构获得QDII资格,累计投资额度约842.32亿美元。[①]

2008年8月1日国务院第20次常务会议修订通过的《中华人民共和国外汇管理条例》,进一步规范了资本项目的外汇管理,一是为拓宽资本流出渠道预留政策空间。简化对境外直接投资外汇管理的行政审批,增设境外主体在境内筹资、境内主体对境外证券投资和衍生产品交易、境内主体对外提供商业贷款等交易项目的管理原则。二是改革资本项目外汇管理方式。除国家规定无需批准的以外,资本项目外汇收入保留或者结汇应当经外汇管理机关批准;资本项目外汇支出国家未规定需事前经外汇管理机关批准的,原则上可以持规定的有效单证直接到金融机构办理,国家规定应当经外汇管理机关批准的,在外汇支付前应当办理批准手续。三是加强流入资本的用途管理。要求资本项目外汇及结汇后人民币资金应当按照有关主管部门及外汇管理机关批准的用途使用,并授权外汇管理机关对资本项目外汇及结汇后人民币资金的使用和账户变动情况进行监督检查。

2008年8月,国家外汇管理局批准在北京和上海开展个人本外币兑换特许业务试点。在试点地区,符合条件的境内非金融机构经批准,可以为个人提供本外币兑换服务。

2009年7月1日,中国人民银行等六部委共同发布《跨境贸易人民币结算试点管理办法》,"国家允许指定的、有条件的企业在自愿的基础上以人民币进行跨境贸易的结算,支持商业银行为企业提供跨境贸易人民币结算服务"。上海、广州、深圳、珠海和东莞五城市率先进行试点工作,境外试点地域暂定为港澳地区和东盟国家。同年7月6日,中国银行和交通银行在上海成功启动跨境贸易人民币结算首批业务,这意味着人民币在国际贸易结算中的地位从计价货币提升至结算货币,人民币正式开始了国际化征程。

2. 人民币资本项目可自由兑换的现状

按照"循序渐进、统筹规划、先易后难、留有余地"的改革原则,中国逐

① 中国人民银行上海总部:《2013中国金融市场发展报告》,中国金融出版社2014年版,第12页。

步推进资本项目可自由兑换。当前对资本账户可自由兑换实行部分管制。

（1）直接投资

我国对外商直接投资外汇管理一直比较宽松。近几年来，不断放宽境内企业对外直接投资外汇管理，支持企业“走出去”，但外商对我国的直接投资及清算需要审批。

外商直接投资管理：在外商来华直接投资方面，主要实行登记管理和真实性审核。外商投资企业的资本金、投资资金等需开立专项账户保留；外商投资项下外汇资本金结汇可持相应材料直接到外汇管理局授权的外汇指定银行办理，其他资本项下外汇收入经外汇管理局批准后可以结汇；外商投资企业资本项下支出经批准后可以从其外汇账户中汇出或者购汇汇出；为进行监督和管理，对外商投资企业实行外汇登记和年检制度。

境外投资管理：在对外直接投资方面，中国 2006 年开始逐步取消对境外投资的购汇额度限制，目前已在全国范围内实现了境外直接投资“按需供汇”。国家外汇管理局是境外投资的外汇管理机关。为了促进和便利境内机构境外直接投资活动，2009 年 7 月 13 日，国家外汇管理局发布《境内机构境外直接投资外汇管理规定》，扩大了境内企业投资境外的外汇资金来源，“境内机构可以使用自有外汇资金①、符合规定的国内外汇贷款、人民币购汇或实物、无形资产及经外汇管理局核准的其他外汇资产来源等进行境外直接投资。境内机构境外直接投资所得利润也可留存境外用于其境外直接投资”。国家外汇管理局对这些外汇资金来源的审核方式由事前审查改为事后登记，对境内机构境外投资资金汇出的管理也由核准制调整为登记制。国家对境外投资实行联合年检制度。

（2）证券投资

证券投资受额度控制。

在证券资金流入环节，境外投资者可直接进入境内 B 股市场，无需审批；境外资本可以通过合格境外机构投资者（QFII）间接投资境内 A 股市场，买卖股票、债券等，但合格境外机构投资者的境内证券投资必须在批准的额度内；境内企业经批准可以通过境外上市（H 股），或者发行债

① 自有外汇资金包括经常项目外汇账户、外商投资企业资本金账户等账户内的外汇资金。

券，到境外募集资金调回使用。2013 年 5 月 2 日中国人民银行关于实施《人民币合格境外机构投资者境内证券投资试点办法》有关事项的通知中，删除了原规定的第 7 条，即“试点机构在香港募集人民币进行境内证券投资的资产配置应当符合以下要求：在获批的投资额度内，不超过募集规模 20％的资金投资于股票及股票类基金，不少于募集规模 80％的资金投资于固定收益证券，包括各类债券及固定收益类基金。”这一修改可视为是对于 R-QFII 投资证券市场比例限制的松绑。

证券资金流出管理严格，渠道有限。对外证券投资（居民购买外国证券）是通过“合格境内机构投资者”计划进行的，针对具体机构制定上限，2012 年底的总额度为 860 亿美元。除外汇指定银行可以买卖境外非股票类证券、经批准的保险公司的外汇资金可以自身资金开展境外运用外，其他境内机构和个人不允许直接投资境外资本市场。平安保险是首家获准进行海外投资的保险公司，2005 年 1 月 10 日，该公司率先获得境外机构投资者身份。另外，批准中国国际金融有限公司进行金融创新试点，开办外汇资产管理业务，允许其通过专用账户受托管理其境内客户的外汇资产并进行境外运作，2006 年，中国国际金融有限公司受托管理的一笔 300 万美元的外汇资金，正是获批汇出并进行证券投资。2005 年，中国人民银行批准国际金融公司和亚洲开发银行在全国银行间债券市场分别发行人民币债券 11.3 亿元和 10 亿元。这是中国债券市场首次引入外资机构发行主体，是中国债券市场对外开放的重要举措和有益尝试。

跨境发行证券需要审批。

(3) 其他投资

境外借款有上限要求（短期借款）或需要审批（长期借款），但境外放款基本不受限制。持有跨境账户需要经过外汇局批准。

外债管理：中国对外债实行计划管理，金融机构和中资企业借用 1 年期以上的中长期外债需纳入国家利用外资计划。1 年期以内（含 1 年）的短期外债由国家外汇管理局管理。外商投资企业借用国际商业贷款不需事先批准，但其短期外债余额和中长期外债累计发生额之和要严格控制在其投资总额与注册资本额的差额内。所有的境内机构（包括外商投资企业）借用外债后，均需及时到外汇局定期或者逐笔办理外债登记。实行逐笔登记的外债，其还本付息都需经外汇局核准（银行除外）。地方政府不得对外举债。境内机构发行商业票据由国家外汇管理局审批，并占用其短贷指标。

另外，境内机构 180 天（含）以上、等值 20 万美元（含）以上延期付款纳入外债登记管理；境内注册的跨国公司进行资金集中运营的，其吸收的境外关联公司资金如在岸使用，纳入外债管理；境内贷款项下境外担保按履约额纳入外债管理，并且企业中长期外债累计发生额、短期外债余额以及境外机构和个人担保履约额之和，不得超过其投资总额与注册资本的差额。

对外担保管理：对外担保属于或有债务，其管理参照外债管理，仅限于经批准有权经营对外担保业务的金融机构和具有代位清偿债务能力的非金融企业法人可以提供。除经国务院批准为使用外国政府贷款或者国际金融组织贷款进行转贷外，国家机关和事业单位不得对外出具担保。除财政部出具担保和外汇指定银行出具非融资项下对外担保外，外汇指定银行出具融资项下担保实行年度余额管理，其他境内机构出具对外担保须经外汇局逐笔审批。对外担保须向外汇局登记，对外担保履约时需经外汇局核准。

此外，目前已批准中国银行进行全球授信的试点，为境外企业发展提供后续融资支持；允许境内居民（包括法人和自然人）以特殊目的公司的形式设立境外融资平台，通过反向并购、股权置换、可转债等资本运作方式在国际资本市场上从事各类股权融资活动；允许跨国公司在集团内部开展外汇资金运营；允许个人合法财产对外转移。

国际货币基金组织将资本项目交易细分为 7 大类 40 项。根据国际货币基金组织发布的《2011 年汇兑安排和限制年报》以及综合其他相关机构研究报告，人民币资本项目有 5 项实现完全可兑换，8 项基本实现可兑换，17 项部分实现可兑换，尚有 10 项不可兑换，主要是非居民参与国内货币市场、基金信托市场以及买卖金融衍生产品。

3. 中国（上海）自由贸易试验区先行先试

2013 年 9 月 29 日，中国（上海）自由贸易试验区在上海正式成立，作为我国扩大开放和促进改革的重要举措，自贸试验区的一个重要任务是深化金融领域的开放创新。要求在风险可控的前提下，对人民币资本项目可自由兑换等方面创造条件先行先试（见专栏 6-1）。

专栏 6-1　中国(上海)自贸试验区加快金融制度创新

在风险可控前提下,可在试验区内对人民币资本项目可兑换、金融市场利率市场化、人民币跨境使用等方面创造条件进行先行先试。在试验区内实现金融机构资产方价格实行市场化定价。探索面向国际的外汇管理改革试点,建立与自由贸易试验区相适应的外汇管理体制,全面实现贸易投资便利化。鼓励企业充分利用境内外两种资源、两个市场,实现跨境融资自由化。深化外债管理方式改革,促进跨境融资便利化。深化跨国公司总部外汇资金集中运营管理试点,促进跨国公司设立区域性或全球性资金管理中心。建立试验区金融改革创新与上海国际金融中心建设的联动机制。

——摘自《中国(上海)自由贸易试验区总体方案》

围绕金融市场化、国际化、法制化的基本方向,自贸试验区金融制度创新是"1+4"的体系,"1"是创新有利于风险管理的账户体系,"4"是探索投融资汇兑便利、扩大人民币跨境使用、稳步推进利率市场化、深化外汇管理改革。

(1) 创新有利于风险管理的账户体系

为进一步加大对试验区跨境贸易和投资的金融支持力度,通过分账管理的方式,在风险可控的前提下,推动试验区金融业务创新,实现跨境投融资汇兑便利,更好地服务实体经济发展。

在金融机构层面,上海地区金融机构(包括区内金融机构)可根据中国人民银行的规定,通过内部设立试验区分账核算单元的方式,为区内居民、非居民开立本外币自由贸易账户,并提供相应的金融服务。试验区分账核算单元实行分账核算,且在流动性管理上以自求平衡为原则,试验区分账核算单元相对于其母行独立运营。

上述账户之间的资金划转主要涉及三个方面,一是居民自由贸易账户与境外账户、境内区外的非居民账户、非居民自由贸易账户以及其他居民自由贸易账户之间的资金可自由划转。二是同一非金融机构主体的居民自由贸易账户与其他银行结算账户之间因经常项下业务、偿还贷款、实业投资以及其他符合规定的跨境交易需要可办理资金划转。三是居民自由贸易账户与境内区外的银行结算账户之间产生的资金流动视同跨境业务管理。

(2) 探索投融资汇兑便利

投融资汇兑便利的核心是人民币资本项目可兑换。贸易投资便利化必然要求资金自由流动、支付结算便利并减少汇率风险,也就是要求可兑换。大量研究表明,我国已基本具备资本项目可兑换的条件。在试验区内先行试验资本项目可兑换,在实行分账核算管理的前提下,有序提高跨境资本和金融交易可兑换程度,建立健全宏观审慎管理框架下的外债和资本流动管理体系,在试验区探索形成尊重和保护消费者财产所有权,并与资本项目可兑换相适应的外汇管理新框架,为全面实现人民币资本项目可兑换积累管理经验。

(3) 扩大人民币跨境使用

国家发改委发布的《"十二五"时期上海国际金融中心建设规划》明确提出,要抓住人民币跨境使用进程加快的历史性机遇,不断增强上海金融市场的国际内涵和全球影响力,力争到 2015 年,基本建成上海在全球人民币产品创新、定价和交易、清算中心的地位。

过去几年人民币国际化的主要推动力量来自贸易结算。2009 年 7 月,以货物贸易为起点,开展了跨境交易人民币结算业务。近年来,跨境人民币业务发展迅速,人民币跨境使用范围不断扩大,已涵盖全部经常项下及跨境直接投资、对外项目贷款、证券市场投资等部分资本项下经济活动。试验区着重推动跨境交易人民币计价和人民币在岸市场深化,为人民币国际化提供新动力,不断提升人民币的国际地位,将人民币国际化推向新的高度,使境内外企业和个人更加灵活使用人民币进行跨境交易、投资。

(4) 稳步推进利率市场化

我国利率市场化改革的目标,是建立健全由市场供求决定的利率形成机制。2013 年 7 月 29 日,人民币贷款利率已经放开,目前中国人民银行仅对人民币存款利率上限进行管理。

试验区利率改革是既有改革成果的进一步深化。利率改革应按照宏观审慎金融管理原则,根据服务区内实体经济发展需要、金融市场主体培育目标以及市场环境建设情况,结合金融抗风险状况,稳步推进。

（5）深化外汇管理改革

多年来，国家外汇管理局以促进贸易投资便利化为重点，积极进行多项政策调整和制度创新，推出一系列改革措施，在外汇管理重点领域和关键环节取得实质性进展。

自贸试验区外汇管理改革作为我国外汇管理体制机制改革的重要组成部分，体现了试验区建设的总体要求和外汇管理理念方式的转变。一是服务实体经济，鼓励企业充分利用境内外两种资源、两个市场，实现跨境融资自由化，深化外债管理方式改革，促进跨境融资便利化。二是有针对性地对市场主体实施动态分类监管，加强对守法企业的服务力度，优化经营环境。三是进一步减少外汇管理行政审批，从重行政审批转变为重监测分析，从重微观管制转变为重宏观审慎管理。四是加强非现场监测和现场核查，完善跨部门联合监管机制，牢牢守住不发生系统性、区域性金融风险的底线。

自贸试验区内的金融举措的落实，都坚持以"风险可控、稳步推进，适时有序组织试点"为原则，平稳有序地组织实施。

（1）支付机构跨境人民币支付业务

自2013年12月2日中国人民银行发布《关于金融支持中国（上海）自由贸易试验区建设的意见》，即"央行30条"，经过两个多月的酝酿，2014年2月18日，中国人民银行上海总部在上海自贸试验区组织召开支付机构跨境人民币支付业务启动仪式。为促进支付机构跨境人民币业务的顺利开展，人民银行上海总部制定了《关于上海市支付机构开展跨境人民币支付业务的实施意见》，遵循自贸试验区简政放权的改革思路，上海市注册成立的支付机构以及外地支付机构在自贸试验区设立的分公司，凡取得互联网支付业务许可的，均可从事跨境人民币支付业务。中国人民银行上海总部将对根据该《实施意见》对支付机构开展跨境人民币支付业务实施事后备案和负面清单管理，同时要求支付机构在开展业务中严格遵守现行规章制度中有关客户备付金与风险管理的要求，严格建立并落实客户实名制、客户风险评级管理、风险准备金与交易赔付、交易与信息安全管理等制度。

（2）扩大人民币跨境使用

2014年2月21日，中国人民银行上海总部发布《关于支持中国（上海)自由贸易试验区扩大人民币跨境使用的通知》,这是落实央行支持上海自贸试验区30条的又一条具体实施细则。《通知》开宗明义,“国家出台的各项鼓励和扩大人民币跨境使用的政策措施均适用试验区”。也就是说,国家对任何地方出台的有关人民币跨境使用政策,上海自贸试验区都能直接适用。另外,在区内就业或执业的个人可以开立个人银行结算账户或者个体工商户单位银行结算账户,办理经常项下跨境人民币收付业务,外籍人士亦可。

① 在简化流程,扩大人民币跨境使用方面,《通知》明确了两方面具体内容:一是区内经常和直接投资项下跨境人民币结算更为简便。上海地区银行在“了解你的客户”、“了解你的业务”和“尽职审查”展业三原则基础上,只需凭区内机构和个人提交的收付款指令,即可直接办理相关业务。二是明确区内个人可以办理经常项下跨境人民币结算业务。

② 在改革创新、深化金融支持实体经济方面,《通知》提出四项具体措施:

一是明确人民币境外借款相关事项。区内非银行金融机构和企业可以从境外借用人民币资金,但数额不得超过实缴资本倍数乘以宏观审慎政策参数,其中区内企业的实缴资本倍数为1倍,区内非银行金融机构的实缴资本倍数为1.5倍。区内银行借款资金须进入试验区分账核算单元。从境外借用的人民币资金可调回境内,但须存放在上海地区的银行为其开立的专用结算账户,用于区内生产经营、区内项目建设和境外项目建设。试验区启动前已经成立的区内外商投资企业,可以自行决定按“投注差”或者按《通知》规定借用境外人民币资金。

二是支持上海地区总部经济发展。区内企业可开展集团内跨境双向人民币资金池业务;开展经常项下跨境人民币集中收付业务的成员企业,除集团内企业外,可拓展至与集团内企业存在供应链关系的、有密切贸易往来的集团外企业。

三是推动试验区跨境电子商务发展。对于真实跨境电子商务,鼓励上海地区的银行与区内取得“互联网支付”业务许可的支付机构合作,或者直接向区内跨境电子商务运营机构提供人民币结算服务。

四是支持中国外汇交易中心和上海黄金交易所在区内提供跨境人民币交易服务。

③ 在防范风险，加强金融宏观审慎管理方面，《通知》明确：一是中国人民银行上海总部与中国(上海)自由贸易试验区管理委员会建立信息共享平台；二是中国人民银行上海总部根据全国信贷调控需要，对于区内非银行金融机构和企业境外人民币借款规模，通过设定和调整宏观审慎政策参数进行调控；三是上海地区银行、区内金融机构、企业和个人在开展跨境人民币业务及提供相关金融服务时，应按国家有关规定切实履行反洗钱、反恐融资及反逃税义务和职责。

(3) 放开小额外币存款利率上限

从 2014 年 3 月 1 日起放开中国上海自贸试验区 300 万美元(或者等值外币)以下小额外币存款利率上限。上限放开后，自贸试验区将在全国率先实现外币存款利率的完全市场化，在负债产品市场化定价上先走一步。这是利率市场化改革的重要一步，自贸试验区的先行先试，将为在全国推进这项改革积累可复制、可推广的经验。

在自贸试验区放开小额外币存款利率上限，是指对自贸试验区居民放开小额外币存款利率上限，上海地区金融机构对区内居民小额外币存贷款利率自主定价。区内居民，包括在试验区内依法设立的中外资企事业法人(含金融机构)、在试验区内注册登记但未取得法人资格的组织、其他组织、境外法人机构驻试验区内的机构以及在试验区内就业一年以上的境内个人。

(4) 外汇管理细则

2014 年 2 月 28 日，国家外汇管理局上海市分局举办外汇管理支持自贸试验区建设政策通报会，发布《关于印发支持中国(上海)自由贸易实验区建设外汇管理实施细则的通知》。《通知》共五章，涉及 24 项具体内容，细则主要有以下几方面特点：

第一，体现了自贸试验区优先于区外的政策导向，体现了资本项目可兑换在自贸试验区正式启动的趋向。《通知》明确，直接投资外汇登记，外商企业外汇资本金意愿结汇(见专栏 6-2)，大幅度放开对外债权债务管理等一系列的资本项目改革的措施。试验区在这个基础上，结合自身的特点，未来还会出台专门的自贸试验区的资本项目可兑换改革的细则。在此基础上将积极探索资本项目可兑换的经验，在更高层次上推动外汇管理的改革和创新。

第二，体现了大幅度地简化外汇管理的审批流程，简政放权的特点。从具体的内容看，不仅简化了区内主体和境外之间经常项目交易单证的审核，直接投资外汇登记的手续，还率先在全国实行外资企业外汇资本金意愿结汇，赋予企业结汇选择权，规避汇率风险；同时，还取消了相当部分的债权债务行政审批的手续，促进了跨境融资的大幅度便利化。在改进外债风险管理的前提下，赋予了微观主体更多的境内外融资的自主选择权。

专栏6-2　意 愿 结 汇

所谓意愿结汇，是外商投资企业在项目总额下设立的公司的资本金金额范围内，可以自由结汇。过去，企业如果有支出，都必须按每个“实际需求”来向外管局申请结汇，非常繁琐。现在等于给了企业一个总的额度可以先期结汇资金备用，有助于企业提高效率。企业可以选择结汇，也可以选择不结汇，这就是“意愿”。

第三，促进总部经济和新型贸易业态的发展。《通知》通过改进跨国公司总部外汇资金集中运营管理，外汇资金池及国际贸易结算中心外汇管理各项试点的政策，大幅度放宽试点企业的条件，简化审批流程和账户管理，有利于总部经济在自贸试验区大面积的集聚。

第四，积极支持融资租赁业务在自贸试验区快速发展。为适应自贸试验区融资租赁业务的发展需要，细则通过取消区内的融资租赁公司办理融资租赁对外债权业务的逐级审批，允许非金融类融资租赁公司境内收取外币资金，简化飞机、船舶等大型融资租赁项目预付货款手续。通过一系列的措施，极大地便利了区内融资租赁业务开展，促进区内企业开拓国际市场，提高我们的业务竞争能力。

第五，改革和风险管理并重。在风险管理方面，通过两大路径来实现和加强风险管理：

一是加强统计检测的分析预警，严格履行外汇数据信息报送义务，督促银行、企业等按照现行外汇管理规定，及时准确地向外汇局报送外汇收支、申报境内资金跨转、结售汇等数据，主动报告异常或可疑情况，并积极地采取措施，防止异常跨境资金的流动。

二是强化非现场监测和现场检查核查，加强跨境资金流动的监测，完善外汇收支预测、预警体系，对银行和企业的可疑情况进行提示。依法开展现场核查和检查，实施分类监管。在出现重大风险时，可以及时调整政策，采取临时性管理措施。

(5) 反洗钱和反恐怖融资

中国人民银行上海总部2014年2月28日天发布了《关于切实做好中国(上海)自由贸易试验区反洗钱和反恐怖融资工作的通知》。这是央行支持上海自贸试验区“金融30条”中又一条实施细则，也是“从紧”的一条实施细则。

按照《通知》，自贸试验区反洗钱措施主要包括：严格依法履行反洗钱义务，建立健全与自贸试验区业务有关的反洗钱内部控制制度；为自贸试验区资金监测和分析提供系统支持；采取与风险水平相适应的客户尽职调查和风险处置措施，重点强化客户实际控制人或交易实际受益人的尽职调查；加强对自由贸易账户及主体的监测和分析，做好自由贸易账户资金划转的背景审查；强化创新业务的反洗钱审查要求，在配备与风险相当的控制措施后开展创新业务；加强自贸试验区跨境业务全流程的反洗钱风险管理，做好反洗钱审查、资金监测和名单监控工作。

专栏6-3　自贸试验区业务机构可以拒绝建立业务关系的客户

业务机构(指金融机构和支付机构)经过授权部门批准，可以拒绝与下列自贸区客户建立业务关系：

拒绝提供客户身份基本信息；

有合理理由怀疑客户与洗钱、恐怖融资及其他违法犯罪活动有关；

客户是来自反洗钱、反恐怖融资监管薄弱国家(地区)；

其他经济评价超过本机构风险管理能力的高风险客户。

---

(6) 分账核算业务及审慎管理细则

2014年5月22日，中国人民银行上海总部举行发布会，发布《中国(上海)自由贸易试验区分账核算业务实施细则》和《中国(上海)自由贸易试验区分账核算业务风险审慎管理细则》。

《分账核算细则》详细规定了上海地区金融机构内部建立试验区分账核算管理制度的具体要求，以及自由贸易账户的开立、账户资金使用与管理等内容。《审慎管理细则》主要根据宏观审慎管理和风险防控的要求，对试验区分账核算业务管理的审慎合格标准、业务审慎合格评估及验收、风险管理、资金异常流动监测预警以及各项临时性管制措施等作出了明确规定。两项细则从业务管理和风险防范两个方面，共同构建了有利于风险管理的试验区账户体系框架，为下一步推动试验区投融资汇兑创新业务发展奠定了基础。

两项细则的落地，标志着央行《意见》中创新有利于风险管理账户体系的政策框架已基本成型，为在试验区先行先试资本项目可兑换等金融领域改革提供了工具和载体；两个文件的出台，也标志着央行支持上海自贸试验区的细则已基本出齐。

（二）人民币资本项目可自由兑换的基本经验

国际货币基金组织的一份研究表明，资本项目可自由兑换以后，国际货币基金组织大约有 2/3 以上成员的金融体系出现了不同程度的问题，甚至发生了危机。中国在推进资本账户可自由兑换的过程中，尽管也碰到不少挑战，但总体比较稳定，结合本国国情采取渐进有序的开放原则在其中起到了关键作用。

1. 基本路径的选择

中国在资本账户可自由兑换中遵循着“先长期资本后短期资本、先直接投资后间接投资、先资本流入后资本流出、先机构投资者后个人投资者”的基本路径。

（1）考虑了资本流动的期限效应。按期限是否超过一年，通常将国际资本分为长期资本和短期资本两类。短期资本具有较强的跨国流动性，流动很不稳定，也不易监管。在许多情况下，大规模短期资本的积聚与逆转会对一个国家造成不利的甚至是破坏性的影响（李翀，2004）。一般说来，长期国际资本流动的冲击程度相对较低，也易于监管。中国在资本账户可自由兑换上选择“先长期资本后短期资本”的路径可以在一定程度上避免短期资本的投机冲击。

(2) 考虑了不同类型资本扭转移动方向的难易程度。按照国际资本流动的类型，一般将其区分为“直接投资”和“间接投资”(包括股本证券和债务证券等)。由于间接投资流动的成本较低，一般认为其比直接投资具有更强的波动性和不可预测性，因此，“先直接投资后间接投资”的开放顺序更有利于金融市场稳定。

(3) 考虑了国内经济增长与经济安全。一方面，改革开放初，中国是一个资本严重匮乏、外汇严重短缺的国家，资金短缺成为了制约经济发展的瓶颈。为了促进中国经济的高速增长，改革开放后，鼓励引进外资尤其是直接投资，并给予种种优惠①，外资对中国经济发展作出了巨大贡献。另一方面，过去二十来年中，无论是1994—1995年的墨西哥金融危机、1997—1998年的东南亚金融危机，还是2001—2002年的阿根廷金融危机、2008年的全球金融海啸，每一次金融危机都伴随着巨额国际资本的突然撤离。尽管在经常项目可自由兑换后，对于资本项目管制的有效性存在着争论(于洋等，2005)，但资本流出管制可以避免资本流向的大规模逆转与外逃，放慢对银行体系外汇或负债基础的挤兑，保证国内金融和经济的健康发展。因此，“先资本流入后资本流出”的开放步调更有利于经济的持续稳定增长。

(4) 考虑了不同投资者的特点。在金融市场上，主要有两种类型的投资者：机构投资者和个人投资者。中国人民银行在《2006年中国金融市场发展报告》中指出：“机构投资者已经成为我国金融市场的主体。除银行业金融机构外，基金公司、财务公司和保险公司等非银行金融机构和企业等非金融机构的市场参与程度也快速提高”。一般而言，个人投资者在信息获取、资金实力、风险规避等方面相对处于弱势，而机构投资者拥有雄厚的资金实力、丰富的投资经验、组合化的投资结构和规范化的投资行为，具有稳定市场的功能。因此，在资本项目可自由兑换上，按照“先机构投资者后个人投资者”的路径相对更为稳妥。

2. 配套条件的支撑

渐进有序意味着资本账户的可自由兑换应该根据本国的具体条件适时、有序、逐步推行。人民币可自由兑换的历程相对稳定，与配套条件的

① 曾经实施的对外资企业的税收优惠、土地优惠等就是典型的例子。

支撑是密切相关的。

（1）不断增强的经济实力。一国货币的可自由兑换必须以强大的经济实力为后盾。经济实力越强大，经济结构和产品结构越丰富，抵御货币兑换所带来的风险能力就越强，因货币自由兑换可能造成的负面影响也就越小。中国的国内生产总值由 1978 年的 3 600 亿元人民币增加到 2013 年的 568 845 亿元人民币，按照 2013 年底人民币与美元的汇率，折合为 9.3 万亿美元①，根据世界银行公布的数据，按购买力平价计算，2013 年中国的 GDP 为 16.16 万亿美元。②GDP 总量仅次于美国，位居全球第二。中国经济总量占世界经济的份额已从 1978 年的 1.8%提高到 2013 年的 12%。不断增强的经济实力为人民币可自由兑换提供了坚实的后盾。

（2）充足的外汇储备。在实现货币可自由兑换的过程中，为了应付随时可能发生的兑换要求，维持外汇市场和汇率的相对稳定，一国必须拥有充足的外汇储备。1978 年，中国的外汇储备仅为 1.67 亿美元。2006 年 2 月，中国首次超过日本成为世界第一大外汇储备国。截至 2013 年底，中国的外汇储备规模已经达到 38 213 亿美元。充足的外汇储备是人民币资本账户自由兑换顺利推进的有力保障。

（3）金融改革的整体推进。一方面，进一步推进金融改革需要实施人民币资本账户的可自由兑换。1978 年开始，中国的金融改革大体经历了三个阶段：初步形成阶段（1978—1996）、加快改革开放阶段（1996—2001）和开放境内金融服务业阶段（2001 年 12 月以后），人民币资本账户的可自由兑换是中国金融对外开放的第四阶段（王国刚，2003）。金融改革的进一步推进，需要建立与国际接轨的金融体系和金融运行机制，资本账户的可自由兑换是一个必经阶段。另一方面，资本账户可自由兑换必须以整体金融改革推进为配套条件，包括具备健康的金融体系、有效的金融监管体系、合理的汇率水平等，中国金融改革的渐进性本身决定了资本账户可自由兑换的渐进性。

---

① 根据《中华人民共和国 2013 年国民经济和社会发展统计公报》相关数据计算而得。

② The World Bank.2014. “Gross domestic product 2013, PPP”, http://databank.worldbank.org/data/download/GDP_PPP.pdf.

（三）对资本账户可自由兑换必须持谨慎态度

2012年11月，国际货币基金组织在《资本项目开放与管理：机构观点》一文中提出了关于资本项目开放的新观点：首先，不能假定全面开放在任何时候对任何国家都是适当的。某个国家在某个时间的适当开放程度取决于其具体情况，特别是其金融体系和机构。如果一国的金融和体制发展已经达到一定水平或"门槛"，资本流动开放通常带来更大好处，且风险更小。这些"门槛"涉及收入和增长、宏观经济稳定和缓冲、治理和商业环境等因素。其次，长期实施资本项目管制的国家可能会得益于更大程度的开放。例如，许多新兴经济体一直保持了经济增长和宏观经济稳定、充足的外汇储备和低水平的债务。对于这些经济体，进一步放开资本流动的好处相对于现行限制措施的成本可能较高。国际货币基金组织认为，中国打算进一步放开资本流动的方向是正确的。第三，正在推进资本项目开放的国家需要作出相应的妥善规划，确定适当的时机，并安排好顺序，以确保收益大于成本。为预防资本项目开放引发的金融稳定风险，除了需要健全的金融监管和稳健的金融机构外，还需其他宏观经济政策在管理资本流动中发挥重要作用。①

各国在实施资本账户可自由兑换的顺序时，所采取的措施大体上反映了该国所面临的不同政策环境和现实制约因素，其中各国政府的特定优先次序具有重要的影响力，这可以说是与整体经济发展战略密切相关的（约翰斯顿等，2000）。国际货币基金组织主张采用"综合方法"放开资本账户，实现安全放开的前提条件，通过连续（但可以重叠）的各个阶段向前推进。资本账户的开放顺序应是，首先放开外国直接投资流入，然后是外国直接投资流出和长期证券投资，最后是短期证券投资。需要改革法律、金融和公司框架，发展金融市场，以此支持资本账户开放。如果一国发现开放步伐太快，无法应对由此产生的大量资本流动，那么可以暂时重新采取资本流动管理措施，直到相关改革到位。②国际货币基金组织认为中国的资本账户改革战略在很多方面遵循了上述方法，按照"先长期资本

①② IMF. 2012. "The Liberalization and Management of Capital Flows: An Institutional View", http://www.imf.org/external/np/pp/eng/2012/111412.pdf.

后短期资本、先直接投资后间接投资、先资本流入后资本流出、先机构投资者后个人投资者”的路径推行人民币资本账户可自由兑换，较好地防范了金融风险。

由于在一国实现经常项目的可自由兑换后，其对资本项目的管制在一定程度上会失效，再加上 2008 年爆发的国际金融危机背景下人民币国际化问题的提出，由于更加开放的资本账户将支持人民币国际化，而人民币国际化本身也将促进更加开放的资本流动，因此近年来希望人民币加快实施可自由兑换的呼声较高。

人民币可自由兑换是中国的既定目标，但达到这一目标的速度和节奏需要根据客观经济情况作出相应的选择。考虑到以下三个方面，中国对资本账户的可自由兑换必须持谨慎的态度：一是何时实现和如何实现资本账户可自由兑换属于一国自主决策的事项。无论是国际货币基金组织还是世界贸易组织均无资本账户可自由兑换的强制性条款与要求，对此，我们拥有充分的自主权和选择权。二是在资本自由流动和经济增长之间难以发现因果关系(国际货币基金组织，2004)；三是在尚不完全具备条件的情况下为开放而开放资本账户，会给国内经济发展和金融稳定带来严重的冲击。人民币资本账户可自由兑换的前提条件包括：稳定的宏观经济、健全的微观机制、健康的金融体系、有效的金融监管、有利的国际环境(王元龙，2008)。显然，对照上述诸多条件，中国目前尚未完全具备。正因如此，未来人民币资本账户的可自由兑换仍将坚持渐进有序的开放原则。

二、人民币渐进有序可自由兑换中仍需适度的资本管制

由于跨境资本流动具有明显的顺周期与超调特征，因此，在推动人民币资本项目可兑换的进程中，需要不断改进和加强宏观审慎监管，有效防范资本流动冲击。

(一) 我国仍需适度的资本管制

在人民币资本项目可兑换的进程中，仍需适度的资本管制。

1. 适度资本管制符合国际货币基金组织精神

资本管制是对资本账户交易的管制，是相对于资本账户的可兑换而言的[①]，具体包括对长、短期资本流动的管制，即所有试图抑制资本的流入或流出，或试图影响资本流出、流入的方法都可统称为资本管制。从管制手段而言，包括从银行体系的审慎管制到市场手段，直至对资本流出或流入的数量限制等各种形式。[②]

《国际货币基金组织协定》允许实行资本管制。《协定》第 6 条第 3 款规定：为管理国际资本流动，“成员国可以采取必要的管制，以调节国际资本流动，但这种管制，除第 7 条第 3 款(b)项及第 14 条第 2 款规定外，不得限制经常性交易的支付或者不适当地阻滞清偿债务的资金转移”。

2. 资本账户开放并不等于完全放开

所有的工业化国家到 1995 年底，都实现了资本账户的可自由兑换，在新兴经济体中，资本账户可兑换的国家近年来也呈现日渐增加的趋势。但资本账户的开放并不意味着完全放弃管制。

根据国际货币基金组织 2013 年公布的《汇兑安排与汇兑限制年报》，截至 2012 年底，在资本账户交易中，各国(或地区)管制较多的项目有：(1)商业银行和其他信贷机构，168 个国家和地区对此项有管制，其中既有英国、加拿大、法国、芬兰等发达经济体，也有大部分新兴经济体，“金砖五国”对此项目均采取管制；(2)直接投资，151 个国家和地区对此项有管制，其中包括美国、英国、德国、法国、日本、芬兰等发达经济体，也包括大部分的新兴经济体，“金砖五国”对此项目也均采取管制；(3)资本市场证券，148 个国家和地区对此项有管制，全球几大主要资本市场所在国家和地区中，美国对此就有相应管制，“金砖五国”全部管制；(4)房地产交易，145 个国家和地区对此项有管制，其中包括美国、德国、日本、瑞士、新西兰、澳大利亚等发达经济体，以及大部分新兴经济体，“金砖五国”除俄罗斯外都对此项目采取管制。

---

① 国际货币基金组织：《资本账户自由化——经验和问题》，中国金融出版社 1995 年版，第 3 页。

② 国际货币基金组织：《国际资本市场发展、前景和政策》，中国金融出版社 1995 年版，第 95 页。

从国别和地区来看，国际货币基金组织188个成员国（或地区）中，大多数对资本账户有管制，完全放开的只有巴拿马；不包括专项条款项目，对资本交易无管制的有海地、利比里亚、卢旺达、危地马拉、赞比亚；包括专项条款，新加坡管制的项目有4项，美国、日本管制的有8项，英国3项，中国香港3项，德国8项，亚洲的马来西亚、泰国、韩国、印度尼西亚分别有12、11、3、11项管制，拉美的阿根廷、智利、墨西哥分别有12、9、11项，中国有11项。

表6-2表示，从具体的子项来看，美国对证券市场工具的买卖、货币市场工具的买卖、集体投资证券、直接投资、机构投资者等，都有不同程度的管制。从"直接投资"来看，美国对直接投资的管制基本上是服从于自身特定的产业政策的，美国对外来直接投资限制在核能生产与利用、通讯、航空，以及内河、内湖和近海航运之外，非居民即使购买这些领域的股票也有限制；在对外直接投资方面，美国禁止对古巴、伊朗、利比亚、朝鲜、苏丹等被其归类为敌对国家的投资。

可见，资本项目的管制与开放是一个相对而言的概念，资本项目可自由兑换并不意味着对所有国家和地区、所有项目的交易都实行完全的放开。

3. 我国资本管制的必要性与长期性

从发达经济体的经验与现状来看，资本账户开放并不意味着资本账户下所有分类全部实现自由交易，即资本账户开放不等于资本的完全自由流动。事实上，实现本国货币的可自由兑换后，为了维护本国货币政策的独立性，管理当局仍然可在一定程度上调控汇率，部分资本账户仍然可以进行管制。即使是号称经济高度自由开放的美国，在资本交易方面也仍存在着限制性的规定。正因如此，我国人民币自由兑换完全应该按照自己的原则与步骤推进，并且开放并不意味着完全的自由化。所谓的"自由"应是相对的，即在圈内是自由的，越界是不自由的。

在渐进有序推进人民币资本账户可自由兑换的过程中，仍需要适度的资本管制，并在原有资本管制的基础上努力创造和完善新的管制手段，以更为市场化、更富有弹性的间接管制手段补充并逐步取代直接的管制手段，以配合资本账户自由兑换的进程。

表 6-2　2012 年底对资本账户交易管理的国家和地区数及相应的管制情况

资本账户交易	有管制的国家和地区数	中国	中国香港	美国	英国	德国	日本	韩国	印度	巴西	俄罗斯	南非	智利	阿根廷
管制项目														
1. 资本市场证券	148	•		•		•	•	•	•	•	•	•	•	•
2. 货币市场工具	125	•		•		•	•		•	•	•	•	•	•
3. 集体投资证券	125	•		•		•	•		•	•	•	•	•	•
4. 衍生和其他工具	98	•	•	•		•	•		•	•		•	•	•
5. 商业信贷	84	•							•			•		
6. 金融信贷	114	•				•	•		•	•		•		•
7. 担保、保证和备用融资工具	77	•		•					•			•	•	•
8. 直接投资	151	•		•	•	•	•	•	•	•	•	•	•	•
9. 直接投资清盘	46								•					•
10. 房地产交易	145	•		•		•	•		•	•		•	•	•
11. 个人资本交易	98	•							•			•		•
专项条款项目														
12. 商业银行和其他信贷机构	168	•	•		•				•	•	•	•	•	•
13. 机构投资者	142	—	•	•	•	•	•	•	•	•		•	•	•

注："•"表示有管制；"—"表示数据缺失。

资料来源：IMF. 2013. *Annual Report on Exchange Arrangements and Exchange Restrictions*, Washington, DC: International Monetary Fund, pp.76—84.

（二）中国目前资本管制的有效性分析

各界的一个基本共识是：资本管制为中国抵御1998年亚洲金融危机、2008年全球金融海啸等一系列外部冲击筑起了一道“防火墙”，为改革和调整争取了时间。但在具体资本管制的有效性方面，学术界又充满了争论。

1. 国内学者的主要观点

国内不少学者对我国资本管制防范资本流向逆转的有效性进行了考察。

王晓春从收益率差异、资本流出和流入三个方面对中国资本管制的有效性问题进行了考察，他认为中国资本管制是较为成功的。中国资本的收益率与国际市场的资本收益率存在明显的差异，且不存在共同趋势；在资本流入方面，与我国鼓励国外直接投资的政策相对应，外商直接投资（FDI）占了资本流入的绝大部分，对外借债和其他资本也在政府有效的控制之下；在资本流出方面，在人民币实现经常账户可自由兑换后，控制力逐渐减弱。①

周平剑从政策取向国别差异、宏观经济形势变动的不同角度，考察了资本管制防范资本外逃的效力②，并得出了以下结论：第一，一般而言，资本管制不是发展中国家阻止资本外逃的万灵药，尤其不是适当的政策调整的替代物，但其对于阻止资本外逃的确具有正向效力。不仅实施资本管制的国家资本外逃规模较小，而且一个国家在实施资本管制的时期资本外逃的规模也较小。就单项具体的管制措施来说，其阻止资本外逃的效力则倾向于是短期的，长期内极可能被规避。第二，资本管制阻止资本外逃的效力受制于一系列条件。国内外宏观经济条件是根本的决定性因素，管制措施与经济发展战略、政府规划、国内信贷控制等政府干预工具的配套，以及管制措施本身的不断完善和管制政策的持续性、一致性，也是影响管制效力的重要因素。第三，当资本管制与汇兑和贸易管制并举，以限制经常账户和资本账户的可兑换时，资本管制阻止资本外逃的效力

① 王晓春：《中国资本控制的有效性考察》，《当代财经》2001年第4期。

② 周平剑：《论资本管制阻止资本外逃的效力》，《中国软科学》2003年第2期。

较为显著。实行经常账户可兑换为隐蔽的资本流动提供了多种渠道,通常弱化了资本管制的效力。第四,在经济和金融全球化的进程中,发展中国家通过资本管制阻止资本外逃的效力不断衰退。

章奇、何帆、刘明兴认为,在金融自由化的过程中经济政策的不协调会显著影响金融危机发生的概率。如果政府对金融体系实行严格管制,尤其是控制资本的自由流动,金融风险仍然只是表现为在金融体系内的积累,因资本流向逆转而直接爆发系统性金融危机的可能性从短期看并不大,但从长远看,这种损失是任何经济都负担不起的。①

张斌从利率差异、降低货币供给中外汇占款波动等角度分析了中国资本管制的有效性,认为我国过去的资本管制对于稳定宏观经济、保障经济可持续增长是有积极意义的,但对于防止资本流向逆转,只是一种辅助作用。②

于洋、杨海珍利用模型对中国1983—2002年资本管制的有效性进行了实证分析,得出的结论是:与短期内资本管制的有效性相比,中国的资本管制在长期内的有效性相对较弱。③

陈高翔则从中国国际收支统计中"错误与遗漏"数额大小的角度检验资本管制的有效性。④他认为如果"错误与遗漏"项目数额过大就表明实际经济存在问题。20世纪90年代以来,巨大的借方余额是我国国际收支平衡表的基本特点,从1991年到2013年,我国每年的"错误与遗漏"都是借方余额,说明我国的资本流向逆转事实上是存在的,也就是说,我国对外汇和资金流动实行管制的监管模式对资本流向逆转是缺乏效率的。

由于中国实行着较为严厉的资本管制,因而多数学者认为,在短期内资本管制防范资本流向逆转应该是有效的,但长期内有效性相对较弱。考虑到中国资本管制的逐渐放松,本书拟以1982—2013年的数据为样本,对中国资本管制防范资本流向逆转的短期和长期效力进行相关的

① 章奇、何帆、刘明兴:《金融自由化、政策一致性和金融脆弱性:理论框架与经验证据》,《世界经济》2003年第12期。

② 张斌:《如何评价资本管制有效性——简评中国过去的资本管制效率》,《世界经济》2003年第3期。

③ 于洋、杨海珍:《中国资本控制有效性的实证检验及启示》,《管理评论》2005年第5期。

④ 陈高翔:《国际资本流动新变化与我国资本政策的调整分析》,《经济学动态》2006年第2期。

检验。

2. 实证检验

为了分析中国资本管制防范资本流向逆转的有效性，本书将从费尔德斯坦和霍里奥卡提出的判断资本管制有效性的原始模型出发，利用式(5.3)至(5.6)分别估计1982—2013年中国年投资率和年储蓄率之间的关系，通过对两者之间关系的考察，来判断中国资本管制的有效性程度。其中投资率与储蓄率的数据来自图3-12(见表6-3)。

表6-3　1982—2012年中国投资率和储蓄率

年份	投资率(%)	储蓄率(%)	年份	投资率(%)	储蓄率(%)
1978	38.2	37.9	1996	38.8	41.5
1979	36.1	35.7	1997	36.7	41.8
1980	34.8	34.6	1998	36.2	41.3
1981	32.5	32.5	1999	36.2	39.9
1982	31.9	33.7	2000	35.3	38.9
1983	32.8	33.8	2001	36.5	40.2
1984	34.2	34.5	2002	37.8	41.8
1985	38.1	34.3	2003	41	44.5
1986	37.5	35.4	2004	43	45.7
1987	36.3	36.8	2005	41.5	46.5
1988	37	36.3	2006	41.7	48.2
1989	36.6	35.9	2007	41.6	50.8
1990	34.9	38	2008	43.8	51.9
1991	34.8	38.2	2009	47.2	50.6
1992	36.6	38.3	2010	48.1	51.8
1993	42.6	41.5	2011	48.3	50.6
1994	40.5	42.6	2012	47.8	51
1995	40.3	42.5	—	—	—

资料来源：历年《中国统计年鉴》。国家统计局网站：http://www.stats.gov.cn/tjsj/ndsj/。

运用stata11计算软件，分析结果如表6-4所示：

表 6-4　投资与储蓄关系分析

模　　型	检验结果
$IR_t = \alpha_0 + \alpha_1 SR_t + \varepsilon_t$　(1)	$IR_t = 11.12251 + 0.6723947SR_t$ R^2(调整) $= 0.8028$　$DW = 0.8138676$ $F = 139.39$
$\Delta IR_t = \alpha_0 + \alpha_1 \Delta SR_t + \varepsilon_t$　(2)	$\Delta IR = 0.0786077 + 0.5288044\Delta SR_t$ R^2(调整) $= 0.1128$　$DW = 1.799563$ $F = 5.19$
$\Delta IR_t = \alpha_0 + \alpha_1(SR_{t-1} - IR_{t-1}) + \varepsilon_t$　(3)	$\Delta IR_t = -0.3369791 + 0.266211(SR_{t-1} - IR_{t-1})$ R^2(调整) $= 0.1249$　$DW = 1.388006$ $F = 5.71$
$\Delta IR_t = \alpha_0 + \alpha_1 \Delta SR_t + \alpha_2(SR_{t-1} - IR_{t-1}) + \alpha_3 SR_{t-1} + \varepsilon_t$　(4)	$\Delta IR_t = 3.41285 + 0.5078762\Delta SR_t + 0.4099491(SR_{t-1} - IR_{t-1}) - 0.1048016SR_{t-1}$ R^2(调整) $= 0.2563$　$DW = 1.526536$ $F = 4.79$

根据表 6-4 的模型(1)回归结果，从 1982—2013 年，储蓄率的系数是 0.672 394 7，在其他条件不变的情况下，也就是说储蓄率上升一个百分点，投资率就上升约 0.67。R^2(调整)为 0.802 8，这说明在样本区间内，储蓄率对投资率的解释程度为 80.28%。由 F 检验可以看出这种储蓄率对投资率的线性关系是显著的。按照费尔德斯坦和霍里奥卡的理论依据，如果投资率和储蓄率回归系数接近 1，说明资本流动性很差，表明资本管制的有效性很强；如果系数接近于零，说明资本流动很强，表明资本管制的有效性很小。从回归的结果看，中国储蓄率的系数是 0.672 394 7，同时 F 检验的值为 139.39，R^2(调整)=0.802 8，画出散点图(见图 6-1)，发现 ΔSR_t 与 ΔIR_t 存在一定的线性关系。

如果配上拟合的直线，图形如 6-2 所示。

图 6-2 表明在样本区间内中国资本管制存在一定的有效性。

从表 6-4 的模型(2)的回归结果可以看出，投资率变化和储蓄率变化正相关，储蓄率的系数是 0.528 804 4，说明储蓄率的变化对投资率的影响较明显。由于模型(2)反映的是短期内储蓄率和投资率之间的关系，因此回归结果也可以说明中国资本管制的有效性在短期内较为理想。

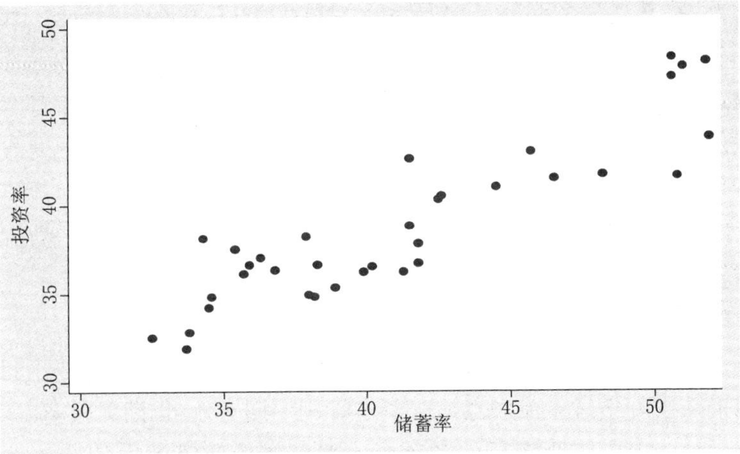

图 6-1　储蓄率变化对投资率影响的散点图

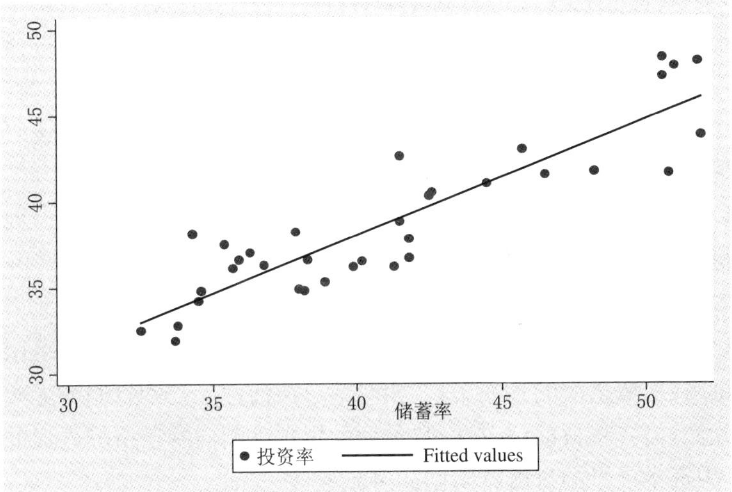

图 6-2　添加拟合线的储蓄率变化对投资率影响的散点图

表 6-4 的模型(3)反映了投资率和储蓄率之间的长期关系。此模型的回归结果显示，尽管投资率变化和储蓄率变化存在正相关，但回归系数仅为 0.266 211，说明在长期内，资本管制的有效性明显下降。

从表 6-4 的模型(4)的回归结果我们可以看到，在其他条件不变的情况下，ΔSR_t(储蓄率的变化)每升高一个百分点，ΔIR_t 会上升 0.507 876 2 个百分点；其他条件不变的情况下，$(SR_{t-1}-IR_{t-1})$(上期储蓄率与投资率的差)每升高一个百分点,ΔIR_t 会上升 0.409 949 1 个百分点;其他条件不变的情况下 SR_{t-1} 每升高一个百分点,ΔIR_t 会下降 0.104 801 6 个百分点。回归结果表明,无论是短期还是长期,投资率和储蓄率都存在着明显的正相关,但从各自的回归系数来看,短期内储蓄率的变化对投资率的变化影响较为明显,相对而言,长期内储蓄率和投资率的差对投资率变化影响不是很大(0.409 949 1)。说明在样本区间内,长期资本的流动性相对较强。这表明长期资本管制的有效性弱于短期。

3. 长期资本管制效果不理想的原因

上述实证分析表明,中国资本管制在长期内有效性都相对较弱。这一结果与国外学者主流观点——资本管制短期有效、长期无效基本吻合。也就是说当前中国所实行的各项资本管制措施政策效力的持久性不够强。造成这一情况的可能原因是:

(1) 近年来中国资本管制的逐渐放松。中国在 1996 年实现了人民币经常项下可兑换,资本项目的可兑换进程也在积极有序地推进。从可兑换进程看,中国采取了渐进式开放的道路。

(2) 储蓄转化成投资的渠道不畅。巨额的存贷差,一方面表明当前居民的储蓄动机以预防为主,另一方面也表明银行贷款难。

(3) 类似于外资优惠待遇的政策安排,吸引了大量外资流入,内外资差别待遇政策引发了大量过渡性资本外逃。①这也降低了中国资本管制的有效性。

(4) 资本管制政策工具的无效。当前我国在资本管制方面采用的主要是行政性、数量型的管制工具,相对缺乏灵活性。资本管制的无效性也提醒我们,需要将目前行政性、数量型的资本管制向基于市场方式的管制转变,为资本项目的自由兑换创造过渡条件。

(5) 经济金融开放度的不断提升,为规避管制提供了更多渠道。企业进出口推迟或提前收付汇的行为,以及近年来跨境人民币业务的发展,均会加剧跨境资本流动的波动。②

① “过渡性资本外逃”是相对于“真实性资本外逃”而言的。“真实性资本外逃”指的是因恐惧、怀疑或为逃避某国的异常风险或管制而导致资本从一国单向转移到另一国;“过渡性资本外逃”则是指为了逃避各种管制、获取较高的相对收益所引起的资本从一国转移到另一国,而后再以外资身份重返资本流出国。

② 管涛:《资本项目可兑换进程中的挑战及应对》,《中国外汇》2012 年第 9 期。

三、对托宾税在中国应用的思考：改进的两级托宾税

当前全球日均外汇交易超过5万亿美元。其中，98.2%是没有实际经济背景的[①]，纯粹是为了进行资金的交易，相当一部分是由外汇投机产生的。如果对外汇市场和证券市场的每笔交易都征收小额税收，原来专门从事短线交易的投机商势必减少投机交易，从而使汇率趋向稳定，降低金融危机爆发的可能性。而且即使发生了金融危机，由于托宾税的征收提高了一国资本的流入质量，恐慌性的资本外逃会大大减少，本币也不会大幅度贬值，从而为中央银行的政策调节赢得了宝贵时间。

（一）中国实行托宾税的可行性

根据目前的国情，在我国征收托宾税是一个值得考虑的选项。我国目前的经济实力相对于发达国家还较弱，市场经济体制尚不完善，现代金融体系还没有完全建立起来，难以应对动荡的国际金融市场的冲击。特别是2005年我国推出有管理的浮动汇率制度后，人民币被迫不断升值，大量套汇套利资本通过各种途径涌入中国，而2008年金融海啸发生后，短期资本的大进大出更是严重影响了国内经济政策的效果。国际上已有一些国家征收托宾税来应对跨境资本流动（见专栏6-4）。

专栏6-4　托宾税的近期开征情况

2009年10月，巴西对进入该国购买股票或固定收益债券的外资课以2%的金融操作税。

2011年初，韩国开始对外国人购买国债和货币稳定债券的利息征收14%的预提税。

2011年9月，欧盟委员会向成员国提交一份计划，建议各国对股票

---

① 朱民：《全球经济失衡的调整及对中国的影响》，《国际经济评论》2005年第1—2期。

和债券交易征收0.1%的税、对金融衍生产品交易征收0.01%的税。但一直以来，欧盟各国对其可行性、潜在后果等方面的质疑始终不绝。因此，原定11国将于2014年1月1日推出金融交易税的时间也一再被推迟。但2012年8月1日，法国已在欧盟范围内率先开征金融交易税。其征税主要针对证券交易行为。征税主体为“在法国境内注册经营且股本超过10亿欧元的企业所发行的有价证券”。涉及法国电信、法国电力等109家大企业。具体来说，只要是在巴黎证券交易所上市的股票，不管交易发生于何处，均需要缴纳交易税。在初期，税率被定为0.1%至0.2%。2014年5月6日，德国、法国、意大利等10个欧盟成员国发表联合声明，计划从2016年1月起对本国的股票交易征税，并将征税范围逐步扩大到金融衍生产品交易领域。参与征税的国家将在2014年底前商讨出最终的征税协议，并完成立法。与此同时，包括英国、荷兰、瑞典等其余18个欧盟成员国却暂未有计划参与这项征税方案。其中尤以英国的反对意见最为强烈。英国担心，一旦征收金融交易税，将损害本国金融市场的竞争力。

在经常项目放开后，对资本项目实行数量管制的难度加大了，而近年来我国资本项目的逐渐开放，使得愈来愈多的国际游资开始通过权益资本投资(如FDI)、股票投资基金(如QFII等)、对外借款、抵押借款(境外抵押，境内放款)等合法途径流入，特别是外国金融机构的进入，通过抵押借款，将其资金以转贷国内机构投资者为名，绕开资本项目管制及金融监管以赚取利差。①对此，中央银行只能被动地在自己的账户上做平衡基础货币的加减法，能用的办法就是提高准备金率和公开市场操作。但传统监管方法对上述资本流动是无能为力。有鉴于此，我国需要增强管制资本流动的能力，应从完善市场的角度出发，采取包括税收在内的综合性经济手段进行调整。②

托宾税相对来说是一种更为市场化和富有弹性的资本管制工具，具有不同于其他政策工具的优势。它不仅可以抑制和打击投机资本流入，平抑汇市波动，而且还可以集聚大量的税收收入，在管理资本流动时不必

① 徐田强:《我国实施托宾税的必要性分析》,《重庆科技学院学报》(社会科学版)2009年第2期。

② 张乃方:《国际金融危机下我国可考虑征收两级“托宾税”》,《涉外税务》2009年第8期。

付出诸如损耗外汇储备、增加财政成本等代价，可以更好地增强一国货币政策的独立性。由于托宾税允许交易商根据市场形势作出相应反应，从而也更富有弹性。既不会过度扭曲经济，又能使本国经济与国际经济有一定程度的隔离，在一定程度上可以较好地防范因境外短期资本大进大出而引发的金融风险。尤其是改进的两级托宾税可以考虑其成为我国防范境外短期资本流向逆转的一种补充或储备性的政策工具。

(二) 改进的两级托宾税的设计模型及操作思路

单一结构的托宾税对所有"导致错误结果"的交易不加区别地一律征税，因而也惩罚了正常的流动性交易。施潘提出的两级托宾税更为灵活有效，但仍然存在着一些问题。如图 5-1 所示，施潘关于两级托宾税的设计是以汇率的变动作为风向标的，通过汇率是否在合理区间内来判断是否存在投机资本冲击，其隐含的假设前提是汇率的变动主要受资本供求的影响。也就是说要使汇率完全市场化，以便透过真实市场汇率反映当前跨境资本流入是否过度，当市场汇率上升且大幅度超过有效汇率时，即是一个跨境资本过度流入的信号。但由于各个国家的汇率制度不同，汇率形成机制不同，汇率波动对资本流动的反映程度不同，托宾税与汇率波动的相关性也就不同，因此，以汇率作为两级托宾税的风向观测值不具有普遍性。有鉴于此，有必要对施潘的两级托宾税进行改进。

1. 设计模型

用托宾税来调节资本流动，资本流动量本身就是一个易于观测的数值，故可以考虑直接用资本流动量作为改进的两级托宾税的风向观测值，即当资本流入时，如果资本流入量在适度量以内则允许其自由流入，超过则进入征税区间；资本流出时亦然。这种改进的两级托宾税设计模型对汇率尚未市场化的我国更有意义。改进的两级托宾税通过对超出可承受范围的资本流动进行征税、以应对跨境短期资本流动，如图 6-3 所示。

改进的两级托宾税模型在图 5-1 的基础上稍作了些修正，主要体现在：

(1) 包含了资本流入和资本流出两方面的两级托宾税设计，两方面的机理是相同的，可视特定的资本类型和资本流动状况而作出选择。

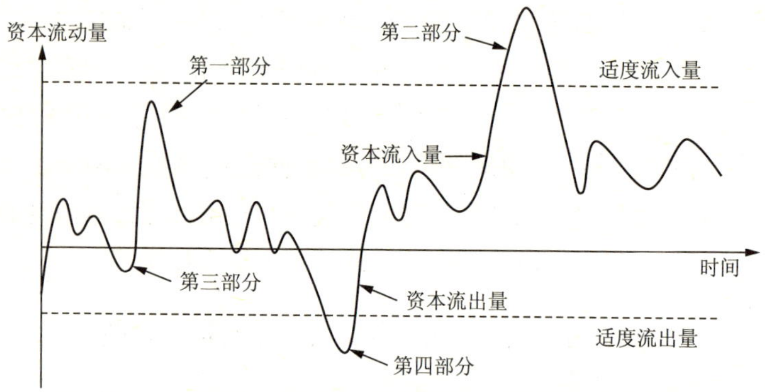

图 6-3　改进的两级托宾税设计模型

注:图中第一、二、三、四部分为改进的两级托宾税的税基。

资料来源:冯菊平:《改进的两级托宾税设计模型与我国的外资管理》,《金融研究》2002 年第 6 期,第 46 页。

(2) 该设计模型以资本流动量作为两级托宾税的征税基础。只要每天资本流动量保持在适度的资本流入量与适度的资本流出量之间,即资本流动的安全边界内,就不用征收托宾税(图 6-3 中的第一部分与第三部分);一旦资本流动量超出容许范围,就将对超出安全边界的部分,即图 6-3 中的第二部分与第四部分适度量以外的区间,课征一定的且很重的过度投机交易税。

(3) 资本适度流量的设置规范。资本适度流量的设置,是对正常资本流动的鼓励、保护,是一个理论值或经验值;应根据不同的资本类型确定不同的资本适度流量;它是一个针对经济个体的微观经济变量,而不是一个国家的资本流量适度规模这样的宏观经济变量;它不一定是一个固定的数值,可能是一个包含经济个体情况变量的计算公式。①

2. 操作思路

改进的两级托宾税可运用于两个阶段:(1)资本项目仍不可兑换阶段。这一阶段正处于逐渐放开资本项目、减少数量管制过程中,使用改进的两级托宾税来协助管理国际短期资本流动,通过稳定汇率来防止资本流向逆转。(2)资本项目可自由兑换阶段。这一阶段,跨境资本已实现自

① 冯菊平:《改进的两级托宾税设计模型与我国的外资管理》,《金融研究》2002 年第 6 期。

由流动，但在非常时刻或必要的时期，仍可启用一些管制性的手段，如前所述，许多实现资本项目可自由兑换的国家也仍使用一些管制措施。改进的两级托宾税这种市场型工具比数量型工具更为灵活，可作为我国的一种储备性政策工具建立起来，以备非常时期使用。

我国实施托宾税的框架可考虑如下：

（1）征收范围。为了防止扭曲市场，征收范围应尽可能宽泛，适用于所有的市场参与者，包括金融机构、政府、国际组织、商品生产者、服务提供者、工商企业和居民个人等从事的交易。托宾税的征税目的是为了限制引起汇市混乱的不稳定性扰市交易。有鉴于此，有学者认为应该对央行干预市场的交易、政府与国际组织间交易、造市商的交易及增加市场流动性的交易免税，即应该对主要进行稳定市场的流动性而非投机性交易的金融中介免税。但遗憾的是，改进的两级托宾税仍然无法从机构上区分稳定性和不稳定性交易。在资本大规模流动超过安全边界、外汇市场剧烈动荡而需启征过度投机交易税时，不必对稳定性交易免税，因为这种高额税收更多地会落在短期投机性交易的头上。如果对金融机构免税则会鼓励、诱使金融机构或客户通过金融中介进行交易并达到免税的目的，因此，为了平抑市场波动就应该对所有交易征税。

（2）征收方法。以施潘的两级托宾税为蓝本，将资本流动量作为征税的基础，并考虑到资本流入、流出两个适度的边界。如果短期内国际短期资本大量涌入，为避免大规模突然撤离引发金融震荡，除了对在流入（出）环节对超量流入（出）部分征税外，还可考虑流出环节征税时，应兼顾资本的存续期，即按照资本存续期的长短设计一个逐次递减的差别税率，即国际资本在国内存续期越长，税率越低；反之，存续期越短，则税率越高，从而达到防止跨境资本大规模撤离的目的。如果短期资本流动规模比较平稳，可以考虑借鉴智利无息准备金制度（URR）的做法。

（3）征收机关。由于短期外债、境外抵押借款的每笔结汇，都会在国家外汇管理局形成交易备案记录，因而由国家外汇管理局出面征收托宾税较为合适，同时也便于及时监管、检查资本管理措施的实施效果。当然，国家外汇管理局也应同商务部、海关等紧密合作，更好地掌握国际短期资本流动的新渠道、新特征，及时调整应对措施。

托宾税作为一种"轮中沙"的构想，学术界对其已进行了四十余年的深入研究，各种优化方案的提出使其可行性已大大增强。这种税最好在国际上统一实施，若单一国家实行，容易出现逃税行为。但对一国而言，当面临特殊时刻，尤其是在流动性泛滥、通胀率飙升时，通过实施托宾税来提高资本的流动成本，不仅可以减缓国际短期资本的流入速度，为国内其他政策的实施争取宝贵的时间，而且也可以通过对资本流入环节加强管制，防止出现境外短期资本大规模流向逆转的状况。这对维护一国宏观经济和金融市场的稳定发展，无疑具有重要意义。

四、 建立宏观审慎的管理框架

早在20世纪70年代末，国际清算银行(BIS)就意识到仅加强单个机构的监管不足以维护金融稳定且监管成本惊人，为此学术界提出宏观审慎管理。2000年9月21日，国际清算银行行长安德鲁·克罗克特(Andrew Crockett)在演讲中首次对宏观审慎管理概念进行了界定，主张将金融稳定划分为以确保单个金融机构稳健为目标的微观审慎监管和以维护整个金融体系稳定为目标的宏观审慎管理。国际清算银行研究与政策分析部主任克劳迪奥·鲍里奥(Claudio Borio, 2006)将宏观审慎管理定义为与微观审慎监管相对应的监管手段和方法。

尽管资本流入可带来好处，但突然的大幅激增可能带来政策挑战。这种资本流入可能导致资产市场的波动、货币的大幅迅速升值、经济过热以及其他宏观经济和金融稳定风险。各国以不同的方式应对这些挑战。在2010年后的资本流入激增期间，一些国家主要依靠货币升值和储备积累。这些国家包括菲律宾、南非和土耳其，其中菲律宾和南非还进一步放开了资本流出，以缓解资本流入带来的压力。同时，其他国家(包括巴西、印度西尼亚、秘鲁、泰国和乌拉圭)在实施宏观经济政策调整的同时，采取了资本流动管理措施和宏观审慎措施(见专栏6-5)，以维护金融稳定并平稳宏观经济调整。

专栏 6-5　资本流动管理措施(CFMs)和宏观审慎措施(MPMs)

资本流动管理措施(CFMs):旨在限制资本流动的措施,包括:(1)资本管制:区分居民和非居民的措施;(2)其他资本流动管理措施,不区分居民和非居民的措施。

宏观审慎措施(MPMs):旨在解决金融稳定的系统性风险的措施。

资本流动管理措施和宏观审慎措施可能重叠。

(一) 宏观审慎管理的目标

宏观审慎管理是指对系统性金融风险的监管。为防范系统性风险,宏观审慎管理将金融体系视作一个整体,立足于一国经济和金融的特点,研究金融体系与宏观经济的联系以及金融体系内部的相互关联性,在对宏观经济周期的趋势性和金融体系的风险状况作出判断的基础上,采取一系列的政策工具(主要内容包括:对银行的资本要求、流动性要求、杠杆率要求、拨备规则,对系统重要性机构的特别要求,会计标准,衍生产品交易的集中清算等),以期达到金融稳定并确保经济平稳发展的最终目标。

因此,宏观审慎管理的根本目标是防范系统性风险,维护金融稳定。系统性金融风险来源于两个方面:一是跨行业的(cross-section dimension),由于金融机构之间、金融机构与市场和基础设施之间的相互关联性导致金融体系的脆弱性;一是跨时间的(cross-time dimension):由于金融体系存在顺周期性,在经济周期的更迭过程中,金融风险通过金融体系内部以及金融体系与宏观经济的相互作用被催生甚至放大。

(二) 宏观审慎管理的政策框架

宏观审慎管理的政策框架由三部分构成:宏观审慎分析、宏观审慎政策选择,以及宏观审慎工具运用。

1. 宏观审慎分析

宏观审慎分析通过建立准确和简便的统计指标,开发金融体系的早期预警指标及宏观压力测试体系,对宏观经济周期的趋势性和金融体系的风险状况作出判断。

宏观审慎分析需关注一国经济和金融的特点，如果一国金融体系受宏观经济影响显著，宏观审慎分析就需要引入反映宏观经济健康发展的代表性指标；如果一国金融风险主要是由金融体系的某一行业或机构引发并跨行业传播形成，宏观审慎分析则需要采用关注跨行业风险的方法。

2. 宏观审慎政策选择

宏观审慎政策选择是指针对宏观审慎分析识别出的潜在系统性风险研究相应的政策措施。

针对各类顺周期因素积累的风险，采取逆周期行动。其中，逆向调节机制作为一项跨周期的制度安排，在经济上行期增加前瞻性拨备和资本要求，约束信贷过度增长，防止资产泡沫的累积，提高金融支持经济持续发展的能力；在经济下行期降低拨备和资本要求，缓解信贷萎缩和资产价格下跌，平滑经济波动，促使经济加快复苏。

针对跨行业风险方面，考虑不同金融机构对系统性风险的影响，确定系统重要性金融机构、市场和工具的范围，对具有系统性影响的金融机构制定严格的规则，或收取系统性风险费及额外费用。

3. 宏观审慎工具运用

宏观审慎工具并非一种特殊的、独立的政策工具，而是以中央银行的逆周期调控工具为主，服务于防范系统性风险、金融稳定的整体目标，对已有宏观调控工具、微观监管工具、财税会计工具的功能叠加、调整或组合。

具体包括：差异化的资本充足率、动态配置政策、流动性调节、贷款价值比率、工具多样化和信息共享等(见表 6-5)。

表 6-5　宏观审慎管理工具

工　具	操　作
差异化的资本充足率	在8%国际认可的资本充足率基础上进行调节，在经济上扬时期提高资本充足率，建立资源缓冲区，提高金融机构的储备规模，增强风险抵御能力；在经济衰退时期降低资本充足率，适度降低储备规模，缓解经济持续下滑的恶性循环
动态配置政策	在经济上升时期，要求银行机构提高拨备水平，限制信贷资产扩张；在经济下行时期，要求银行机构降低拨备水平，扩大资产规模，加大对国民经济的支持力度

续　表

工　　具	操　　　　作
流动性调节	持续监控国际和国内的金融市场状况，关注资本的流向和流量，避免整个资本市场的普遍流动性危机
贷款价值比率	贷款价值比率(LTVs)是指按揭贷款规模与房产价值的比率，该比率的迅速扩张说明银行风险普遍提高，应采取控制该比例的措施来缓解过度放贷，进而避免顺周期的扩散，在一定程度上降低系统性风险
工具多样化	除监管政策外，要充分利用货币政策、财政政策、汇率政策等宏观经济政策
信息共享	及时共享金融监管与宏观经济信息

资料来源：朱美玉：《宏观审慎监管及我国央行监管启示》，《金融经济》2010 年第 16 期。

（三）资本流动管理和宏观审慎管理的运用的案例

基金组织关于资本账户可兑换，列出了七类资本账户项目和 40 个子项目，其中包括资本市场、货币市场、集体投资工具、跨境信贷、个人投资和房地产交易。可兑换并不排除使用必要的工具来管理跨境资本流动。近年来，国际货币基金组织也开始支持这一观点。跨境资本流动管理有四种类型的工具：第一类包括反洗钱、反恐融资和防止滥用避税天堂的措施，主要针对非法资本流动。第二类是对外债的宏观审慎管理，外债若管理不善，可对金融和经济稳定构成风险。第三类是对短期资本流动的宏观审慎管理，例如巴西和其他国家在 2008 年金融危机发生后所使用的托宾税。最后一种是危机期间的临时管制，这是《国际货币基金组织协定》所允许的。这是在宏观经济调整空间十分有限的情况下，例如，因经济过热无法放松货币政策，财政政策已经处在紧缩状态，货币高估，储备水平已经很高。此外，如果资本流入增大了金融体系动荡风险，或如果必要的宏观经济调整要花很长时间才能实施或见效，那么可以在实施必要政策的同时采取资本流动管理措施。

1. 不同的应对

在 2010 年后的资本流入激增期间，一些国家主要依靠货币升值和储备积累。这些国家包括菲律宾、南非和土耳其,其中菲律宾和南非还进一步放开了资本流出,以缓解资本流入带来的压力。同时,其他国家(包括巴西、印度西尼亚、秘鲁、泰国和乌拉圭)在实施宏观经济政策调整的同时,采取了资本流动管理措施和宏观审慎措施,以维护金融稳定并平稳宏观经济调整。

在已经宣布资本账户可兑换的60个国家(或地区),经合组织国家的资本账户可兑换水平高于非经合组织国家。在经合组织国家资本流动管理主要侧重于宏观审慎和国家安全管理。在非经合组织经济体,更多的是行政控制,例如数量控制和账户管理。

在新兴市场,巴西和印度的情况具有代表性。巴西对资本账户可兑换采取渐进的方式,与其他金融改革相协调,并采用价格工具来管理跨境资本流动。印度宣布了指导市场预期的路线图和市场预期,与其他金融改革相协调,并结合价格和数量工具。①

(1) 应对跨境短期资本流入的举措

尽管资本流入可带来好处,但突然的大幅激增可能带来政策挑战。这种资本流入可能导致资本市场的波动、货币的大幅迅速升值、经济过热以及其他宏观经济和金融稳定风险。各国均以不同的方式应对这些挑战。②

① 资本流入国的应对

根据国际货币基金组织的观点,资本流入国应当采取的适当政策在很大程度上依赖于宏观经济调整,具体的政策搭配将取决于一国的具体情况。例如,有关考虑因素包括:一是降低国内收益率。如果不存在过热压力或资产价格膨胀,可以通过下调政策利率来实现;如果放松货币政策的空间有限,可以通过收紧财政政策来实现。二是如果不存在货币高估的情况,可以允许货币升值。升值有助于外部调整,也有助于缓解过热压

① 李波:《论资本账户的可兑换》,出自 Markus Rodlauer 和 Papa N'Diaye 编纂:《国际货币基金组织和中国人民银行联合研讨会:资本流动管理:国际经验》,第245页,2013年3月20日,中国北京金融街丽思卡尔顿酒店。

② 本书关于应对跨境短期资本流入、流出的举措主要参考 IMF.2012. "The Liberalization and Management of Capital Flows: An Institutional View", http://www.imf.org/external/np/pp/eng/2012/111412.pdf。

力。三是如果不存在储备过多的情况，可以进一步积累储备。但如果储备水平已经很高，考虑到对冲成本和定值损失，不应进一步增加储备。在某些情况下，可以利用资本流动管理措施来保障宏观政策调整和金融稳定。

针对资本流入采取的资本流动管理措施应当是透明的、有针对性的、临时性的，并且最好不区别对待居民与非居民。然而，如果不区别对待居民与非居民会导致措施无效，那么应采取歧视程度最低的有效措施。事实上，在采用资本流动管理措施时，有效性是一个重要的考虑因素。在金融市场发达或规模庞大的国家，资本流动管理措施不太有效，因为这些措施容易被规避。在其他情况下，这些措施的有效性也会逐渐下降，因为经济行为人会寻找途径规避这些措施。

② 资本来源国的责任

跨境短期资本流动管理，不仅需要资本流入国的有力应对，也需要资本来源国承担相应的政策责任。因为，今天流向新兴市场经济体的资本主要来源于发达经济体。近年来引起大规模、高风险资本流动的"推动"因素包括，系统性大型先进经济体的货币和审慎政策，全球风险偏好，以及活跃在全球范围的金融机构所创造的私人部门流动性。因此，所有国家都应考虑本国政策对其他国家的溢出影响。尽管各国在实施政策时着眼于本国目标，但它们应努力通过采取总体上产生最小负面溢出效应的政策来实现那些目标。这种溢出效应包括通过货币政策以及市场和机构的跨境活动产生的溢出效应。

从全球来看，需要完成各国和国际上的监管改革。近年来取得一些进展，例如，在改革最低银行资本金和流动性的国际标准方面，但总的来说这些进展是不均衡的，尚未最终完成。需要改善金融部门的政策协调，特别是破产处置计划和全球系统重要性金融机构处理方面的跨境合作，在这一领域仍需开展大量工作。

今天全球增长有两个引擎：先进经济体和新兴市场经济体，就好比两架喷气式飞机。2007 年以前，领头飞机是先进经济体，新兴市场的飞机处于滑流中。而今天，先进经济体飞机在依靠新兴市场飞机提供燃料，但先进经济体已进入动荡，接近停飞。为了保持飞行，货币政策相当于从左翼抽取燃料，提供给右翼。财政政策是关乎飞机能否减负并持续飞行。

宏观审慎则是强化飞机抵抗冲击的能力。①

(2) 应对短期跨境资本流向逆转的举措

在经济危机期间，大规模资本外流可能带来特别严峻的挑战。一国如果尚未建立起经济和金融抗冲击能力，或者已经积累了严重失衡(正如几个中欧、东欧和南欧国家在全球金融危机爆发之前的情况)，那么它会面临更大的风险。如果不面临危机，政策制定者通常有空间利用宏观经济政策应对资本外流。例如，韩国、俄罗斯和南非近年来都运用宏观经济政策应对破坏性资本外流。然而，在危机期间，或者当危机迫近时，资本流动管理措施可以发挥临时作用，它是包括宏观经济调整在内的更广泛的一揽子政策的一部分。针对资本外流采取的资本流动管理措施有助于防止或遏制资本外流(这种外流通常伴随危机)，使当局有时间实施必要的政策。这些措施不能取代必要的宏观经济调整。

资本流入管理措施应当针对某些交易，而针对资本外流采取的措施通常需是全面的，这样才能有效。与针对资本流入采取的措施一样，针对资本外流采取的措施也应当是临时的、透明的，并尽可能是非歧视性的。然而，非歧视性措施在危机期间可能无效，可能需要采取歧视性措施。同样，最好采取歧视性最小的有效措施。

过去十年里，只有几个国家针对资本外流使用了资本流动管理措施(截至 2013 年 3 月，包括阿根廷、冰岛、乌克兰)，只有冰岛的措施总体而言是有效的。即使资本流动管理措施是有效的，取消这些措施可能很复杂。在冰岛，一个担忧是，管制措施一取消，通过这些措施所控制住的非居民持有的大量本币可能会撤走，突然的大规模资本外流会导致动荡。因此，当局需要认真地设计退出战略，安排好有关措施的顺序，逐步、安全地取消管制措施。尽管资本流动管理措施有成本，并且公众希望迅速取消这些措施，但还是应当采取上述谨慎做法②。

---

① Andrew Sheng:《回归基本面:在全球交叉影响下支持亚洲的增长》，出自 Markus Rodlauer 和 Papa N'Diaye 编纂:《国际货币基金组织和中国人民银行联合研讨会:资本流动管理:国际经验》，第 147 页，2013 年 3 月 20 日，中国北京金融街丽思卡尔顿酒店。

② Vivek Arora:《基金组织近期关于资本流动放开和管理的机构观点》，出自 Markus Rodlauer 和 Papa N'Diaye 编纂:《国际货币基金组织和中国人民银行联合研讨会:资本流动管理:国际经验》，第 186—190 页，2013 年 3 月 20 日，中国北京金融街丽思卡尔顿酒店。

2. 韩国的应对

从2009年第二季度开始，以组合投资为主的资本重新流入韩国。危机发生后，美国为代表的发达经济体早期的量化宽松措施对韩国的资本流入有较大影响。但近年来韩国的资本流入有所下降，2012年以来一直保持稳定，这主要归功于宏观审慎措施的实施。

(1) 资本流动相关的宏观审慎措施

为了纠正市场失灵、减轻相关的系统性风险，从而提高金融稳定，近期韩国引入了三项与资本流动相关的宏观审慎措施：一是对银行的外汇衍生产品头寸施加上限(2010年10月)，通过限制银行的衍生产品头寸减少其短期债务。二是引入一项对非核心外币负债的收费(2011年8月)，以减少外国银行分支机构套利的积极性并加强银行对外借款的期限结构。三是恢复对外国投资者从事债券投资的利息收入征税(2011年1月)，以检查不断上升的非居民对韩国国债的投资(第二轮量化宽松措施之后)。2009年5月以来外国投资者免征所得税，这项措施恢复了居民和非居民之间的公平竞争。

这些措施有助于加强银行对外借款的期限结构。全球金融危机以来，在韩国的外资银行资产，由于欧洲银行的去杠杆政策和对银行外汇衍生产品头寸的限制更为严格，欧洲银行已经撤出，而亚洲银行有所扩张。

(2) 管理资本流动和实现政策协调

2010年以来提前积极地实施宏观审慎措施，帮助减少了对外负债的延续和宏观金融脆弱性。宏观审慎措施的成功实行和监督需要一个明确的框架，在宏观审慎机构之间就本国政策进行协调。正在进行资本账户开放的新兴市场经济体拥有很多机遇，例如科技的转移、外部流动性和本国金融市场的发展，但容易面临威胁，比如过度对外借款、资产价格波动性增加，以及宏观金融政策失去效力。

为了保持对外部冲击的抵御能力和防范/管理危机，各国应加强区域和全球的政策协调。区域金融合作(例如货币互换安排和区域债券市场发展)将有助于应对国别冲击、缓解跨境溢出影响，还能降低地区失衡。全球政策协调(在一个多层系统中包含全球、地区和国家的金融安全网)将有助于缓解全球银行业和流动性扩张的副作用，有利于金融稳定和促进增长。①

（四）宏观审慎管理下我国资本流动管理工具的优化

2008年金融危机发生后，国际社会对审慎的资本流动开放、适当的资本流动管理措施以及宏观审慎措施采取了更加认可的态度。中国可以用市场化工具取代行政措施，实现可兑换。在特殊情况下，可以恢复临时性资本管制。

1. 推进人民币资本账户可自由兑换过程中

通过逐步取消对目前仍受到严格管制的资本交易的限制，我国可实现相对较高程度的资本账户可兑换。

在这一阶段，除少数例外情况之外的其他资本交易都不受禁止。不同交易的开放程度和监管要求可能不同。一些资本流动管理措施可能会被保留，但会大幅放宽。

适当的监管措施是必要的，包括国家安全保护、反恐怖主义融资、反逃税、宏观审慎措施、价格工具（如金融交易税）、报告要求、国际收支临时性保障措施等。

2. 宣布人民币资本账户完全可兑换后

在人民币资本账户实现完全可兑换后，可更多地以宏观审慎措施取代剩余的资本流动管理措施。

小　　结

在某些情况下，一国可以利用资本管制措施来保障宏观经济政策调整和金融稳定。对于资本管制国中国而言，在迈向资本项目可自由兑换的过程中，对资本项目实行数量管控的难度越来越大，而操作公开市场业务、调整存款准备金率，以及更为灵活的汇率变动，都存在着明显的局限性。改进的两级托宾税这种市场型工具比数量型工具更为灵活，可作为

---

① Woon Gyu Choi：《韩国管理资本流动和政策挑战》，出自 Markus Rodlauer 和 Papa N'Diaye 编纂：《国际货币基金组织和中国人民银行联合研讨会：资本流动管理：国际经验》，第54—55页，2013年3月20日，中国北京金融街丽思卡尔顿酒店。

一种储备性政策工具建立起来，以备非常时期使用。针对跨境资本流动采取的管理措施并非万能，且通常要付出一定代价，但在特殊时候有助于防止或遏制资本无序流动，使政策当局有时间实施必要的政策。随着资本项目开放度的提升，还得关注资本流动管理措施和宏观审慎措施的有效配合。

参 考 文 献

Barry Eichengreen, Clarles Wyplosz. 1993. "The Unstable EMS", *Brookings Papers on Economic Activity*, Vol.1993(1):51—143.

Barry Eichengream, James Tobin and Charles Wyplosz. 1995. "Two Cases for Sand in the Wheels of International Finance", *The Economic Journal*, Vol.105(1):162—172.

Carmen M.Reinhart and R.Todd Smith. 2001. "Temporary controls on capital inflows", *MPRA Paper* 13863.

David Folkerts-Landau, Takatoshi Ito, Marcel Cassard. 1995. *International Capital Markets: Developments, Prospects and Policy Issues*, Wahington DC: IMF.

David Greenaway. 1995. "Policy Forum: Sand in the Wheels of International Finance: Editorial Note", *The Economic Journal*, Vol.105(1):160—161.

Dayanand Arora and Francis Xavier Rathinam. 2011. "OTC Derivatives Market in India: Recent Regulatory Initiatives and Open Issues for Market Stability and Development", *Macroeconomics and Finance in Emerging Market Economies*, *Taylor and Francis Journals*, Vol.4(2):235—261.

H.Hau. 2006. "The Role of Transactions Costs for Financial Volatility: Evidence from the Paris Bourse", *Journal of the European Economic Association*, Vol.4(4):862—890.

James Tobin. 1978. "A Proposal for International Monetary Reform", *The Eastern Economic Journal*, Vol.4(3—4):153—159.

J.Dow and G.Gordon. 2006. "Noise Traders", *NBER Working Paper* 12256. http://www.nber.org/papers/w12256.

Michael P.Dooley. 1995. "A Survey of Academic Literature on Controls Over International Capital Transactions", *IMF Working Paper* No.95/127.

Peter B.Kenen. 1995. "Capital Controls, The EMS and EMU", *The Economic Journal*, Vol.105(1):181—192.

Peter Garber and Mark P.Taylor. 1995. "Sand in the Wheels of Foreign Exchange Markets: A Skeptical Note", *The Economic Journal*, Vol.105(428):173—180.

Parthasarathi Shome. 2011. "Financial Transactions Taxes", *ICRIER Working Paper* 254. http://saber.eaber.org/sites/default/files/documents/Financial%20Transactions%20Taxes.pdf.

戴相龙:《全球金融危机下的国际资本流动》,《中国金融》2009 年第 12 期。

国际货币基金组织:《资本账户自由化和金融部门稳定》,中国金融出版社 2006 年版。

国际货币基金组织:《世界经济展望:复苏、风险和再平衡》(2010 年 10 月),中国金融出版社 2011 年版。

国际货币基金组织:《世界经济展望:双速复苏带来的压力——失业、商品和资本流动》(2011 年 4 月),中国金融出版社 2011 年版。

国际货币基金组织:《全球金融稳定报告:持久的金融稳定——步步为营》(2011 年 4 月),中国金融出版社 2011 年版。

国际货币基金组织:《全球金融稳定报告:追求持久的稳定》(2012 年 4 月),中国金融出版社 2012 年版。

李翀:《短期资本流动的成因、效应与风险》,人民出版社 2004 年版。

刘仁伍:《资金跨境流动与货币政策》,社会科学文献出版社 2011 年版。

R.巴里·约翰斯顿、V.桑德拉拉加主编:《金融部门改革的次序——国别经验与问题》,中国金融出版社、国际货币基金组织 2000 年版。

石井详悟、卡尔·哈伯迈尔:《资本账户自由化和金融部门稳定》,中国金融出版社、国际货币基金组织 2002 年版。

于洋、杨海珍:《中国资本控制有效性的实证检验及启示》,《管理评论》2005 年第 5 期。

王国刚:《中国资本账户开放:经济主权、重点和步骤》,载李扬等:《中国金融理论前沿Ⅲ》,社会科学文献出版社 2003 年版。

王元龙:《人民币资本项目可兑换与国际化的战略及进程》,《中国金融》2008 年第 10 期。

国家外汇管理局网站:http://www.safe.gov.cn/。

国际货币基金组织网站:http://www.imf.org/external/index.htm。

后　　记

本书是在作者主持的上海市哲学社会科学规划办课题"境外短期资本流向逆转的风险防范"(课题批准号 2008FJB005)研究的基础上写作而成的。在此,我要感谢李明灿老师与郭小霞老师为课题研究提供的大量服务保障工作。

本书的出版得到了上海市委党校的大力支持。科研处马昊老师承担了繁琐的专家联络、出版协调工作。评审专家为书稿完善提出了建设性修改意见。上海人民出版社的鲍静同志为本书的出版付出了很多心血。本书的写作也得到了上海社会科学院哲学社会科学创新工程创新型学科"社会主义政治经济学"的资助。在写作过程中参考了国内外专家的大量文献资料。我的同事郝身永博士为书中的实证检验提供了无私的智力支持。在此,一并表示衷心感谢。

由于作者的认识和研究水平有限,书中难免有不足与不当之处,敬请读者批评指正。

唐珏岚

2014 年 11 月

图书在版编目(CIP)数据

防范短期资本流向逆转研究/唐珏岚著.—上海：
上海人民出版社，2014
ISBN 978-7-208-12690-9

Ⅰ.①防…　Ⅱ.①唐…　Ⅲ.①资本流动-研究-中国
Ⅳ.①F832.6

中国版本图书馆 CIP 数据核字(2014)第 277148 号

责任编辑　鲍　静
封面设计　范昊如

防范短期资本流向逆转研究
唐珏岚 著
世 纪 出 版 集 团
上海人民出版社出版
(200001　上海福建中路 193 号　www.ewen.co)
世纪出版集团发行中心发行　　上海商务联西印刷有限公司印刷
开本 635×965　1/16　印张 16　插页 2　字数 240,000
2014 年 12 月第 1 版　2014 年 12 月第 1 次印刷
ISBN 978-7-208-12690-9/F·2277
定价 45.00 元